CRITIQUE AS STANDPOINT

批判之为定向

马克思经济认识论探赜

An Inquiry into Marxist Economic
Epistemology

刘道一　著

当代中国出版社
Contemporary China Publishing House

图书在版编目（CIP）数据

批判之为定向：马克思经济认识论探赜 / 刘道一著.
北京：当代中国出版社，2024. 11. -- ISBN 978 - 7
- 5154 - 1466 - 9

Ⅰ. F0 - 0

中国国家版本馆 CIP 数据核字第 2024V45C38 号

出 版 人　蔡继辉
责任编辑　战盈彤
责任校对　贾云华　康　莹
印刷监制　刘艳平
封面设计　宋　涛　鲁　娟
出版发行　当代中国出版社
地　　址　北京市地安门西大街旌勇里 8 号
网　　址　http：//www. ddzg. net
邮政编码　100009
编 辑 部　（010）66572154
市 场 部　（010）66572281　66572157
印　　刷　中国电影出版社印刷厂
开　　本　880 毫米 × 1230 毫米　1/32
印　　张　10 印张　1 插页　204 千字
版　　次　2024 年 11 月第 1 版
印　　次　2024 年 11 月第 1 次印刷
定　　价　88. 00 元

目录

引言 认识论问题

奠基于文艺复兴以降的“认识论转向”[1]（Epistemological Turn），西方近代哲学聚焦并发轫自笛卡尔（Rene Descartes）“我思”（Cogito）概念所蕴含的“在认识任何物体之前我们就认识了人的心灵”[2]这一关键命题，开启了迥异于古希腊哲学与中世纪经院哲学的新的运思路向。[3]笛卡尔以人的认识（Cognition）与感知（Perception）为核心关切，设定“自我意识是真理的主要

〔1〕周晓亮：《西方哲学史—近代：理性主义和经验主义，英国哲学》，江苏人民出版社2023年版，第11页。

〔2〕［英］帕金森：《劳特利奇哲学史：文艺复兴和17世纪理性主义》，田平、陈喜贵等译，中国人民大学出版社2009年版，第6页。

〔3〕“如果说古希腊哲学主要是一种本体论哲学，中世纪哲学主要是一种生存论哲学，那么近代哲学就主要是一种认识论哲学。经验论和唯理论作为近代西方哲学的两大派别，它们的主要兴趣都集中在认识的来源、过程和真理性等问题上，它们之间的分歧也主要是一种认识论上的分歧。”赵林：《西方哲学史讲演录》，上海三联书店2021年版，第289页。

环节。哲学在它自己的土地上与哲理神学分了家，按照它的原则，把神学撇到完全另外的一边。在这里，我们可以说到了自己的家园，可以像一个在惊涛骇浪中长期漂泊之后的船夫一样，高呼'陆地'。"[1]而正是在"转向"的意义上，人的思维本身成为爱智者的"所思"之域，也从而使人的"自由全面发展"获得了的可能性。因为"以思维为原则，即不是以超越的理念为原则，按此原则，真理以人性的纯思能力为基础。真理的可能性，不取决于神意，而取决于人的主体思维。这样，现实的尘世，作为人生存与其中的世界，其真理便在人心中，它的状况因此就不再是神意的体现了。"[2]可以说，正是近代世界人类主体脱离超越性"他者"（Alterity）的宰制而实现"自我意识"（Self-Consciousness）的觉醒，造就了"认识论转向"这一划时代的思想史"事件"（Event）。对此，黑格尔（G. W. F. Hegel）在《哲学史讲演录》中做出如是总结：

> 近代哲学的出发点，是古代哲学最后所达到的那个原则，即现实自我意识的立场；总之，它是以呈现在自己面前的精神为原则的。中世纪的观点认为思想中的东西与实存的宇宙有差异，近代哲学则把这个差异发展成为对立，并且以消除这一对立作为自己的任务。因此主

---

〔1〕 黑格尔：《哲学史讲演录》第四卷，贺麟、王太庆译，商务印书馆 2009 年版，第 65 页。

〔2〕 王德峰：《哲学导论》，复旦大学出版社 2022 年版，第 122 页。

> 要的兴趣并不在于如实地思维各个对象，而在于思维那个对于这些对象的思维和理解，即思维这个统一本身。[1]

在《资本论》(*Das Kapital*)第一卷著名的“第二版跋”中，马克思(Karl Marx)以对黑格尔的批判性阐释郑重申明其政治经济学研究所秉持的“认识论”(Epistemology)立场。在公开宣布“承认我是这位大思想家的学生”的同时，鲜明地指出其理论中致命的认识论错误(Fallacy):“辩证法在黑格尔手中神秘化了，但这绝没有妨碍他第一个全面的有意识地叙述了辩证的一般运动形式。在他那里，辩证法是倒立着的。必须把它倒过来，以便发现神秘外壳中的合理内核。”[2]而同样是在“颠倒”(Versellung)的意义上，黑格尔在“哲学百科全书”中的“逻辑学”部分(通常所谓的《小逻辑》一书)关于“思辨逻辑”的正面论述中，也对他所明确批评的“知性”(Verstand)立场的理论内涵进行了分析。

> 我们以为构成我们表象内容的那些对象首先存在，然后我们主观的活动才联立而起，通过前面所提及的抽象手续，并概括各种对象的共同点而形成概念，—这种想法是颠倒了的。反之，宁可说概念才是真正在先的。事物之所以是事物，全凭内在于事物并显示它自身于事

---

〔1〕 黑格尔:《哲学史讲演录》第四卷，贺麟、王太庆译，商务印书馆 2009 年版，第 6 页。

〔2〕 马克思:《资本论》第一卷，人民出版社 2004 年版，第 22 页。

> 物内的概念活动。这个思想出现在宗教意识里，我们是这样表达的：上帝从无之中创造了世界。或换句话说，世界和有限的事物是从神圣思想和神圣命令的圆满性产生出来的。由此必须承认，思想，准确点说，概念，乃是无限的形式，或者说，自由的、创造的活动，它无需通过外在的现存的质料来实现自身。[1]

在此，黑格尔明确地将“事物”（Ding）与“概念”（Begriff）对举，直陈“内在于事物”的“概念”才是“事物”的“根据”，亦即构造“物之为物”的“物性”（Dingheit）实在性来源。黑格尔的这一观念论（Idealismus）思想与预设世界中事物在先存在的实在论（Realism）视角针锋相对，并以“无限的形式”“自由的、创造的活动”来刻画神秘性的“概念本体论”（Conceptual Ontology）。

通过将“上帝”这一“绝对者”（das Absolute）引入其“概念论”的论证，黑格尔一方面清晰展示了他以“绝对精神”为最终目标的理论进程的“原初摹本”，也即是说，黑格尔以“哲学全书”的宏大体式试图呈现的“大全一体”（hen-kai-pan），无非是“上帝创世”说的“概念论”演绎，而在另一方面，也是更为令人困惑的，黑格尔所宣称其要孜孜以求深入探究的“科学的认识活动”（《精神现象学》之“序言”的标题），竟然是从“宗教”

---

〔1〕 黑格尔：《小逻辑》，贺麟译，商务印书馆 1980 年版，第 334 页。

（Religion）中推演而来的，是对于“神圣思想”和因之而生的“神圣命令”的膜拜与服从，这又恰恰是对“启蒙运动”精神意旨的根本性颠覆。在这个意义上，马克思对黑格尔思想之“神秘”属性的批驳，也正切中其理论的要害。而与此同时，当我们从另一个角度来思考黑格尔如上论述的“合理”层面的时候，我们会发现，他所批评的“颠倒了的”理论立场，即认定事物的存在在先，人的认识活动（如经验论者强调的感知觉活动、观念的联想、记忆、想象等）是经由外在事物的刺激之下才经过“抽象手续”而最终形成概念，无疑预设了一种“不可回退”的理论态度：人的终极被动性（Ultimate Passivity）。在“实体即主体”的理论架构下，黑格尔认为概念“不仅是单纯的存在或直接的存在”，概念也包含中介性，但这种中介性只是自己和自己的中介。对于黑格尔而言，那种认为需要预设对象的存在及对认知主体的刺激作用，然后人的认知活动才发挥作用，并进而通过概括对象的共同之点来形塑概念的观点，是一种彻头彻尾的“颠倒”。与之对应，在“真相”（Warheit）的意义上，概念才是在先的，是无需经过主体的意识活动通过“抽象手续”来形成的，而且甚至无需经由现实指称对象即“外在的现存的质料”就可以获得知识论意义上的独立性的保证（Warrant），这无疑是如同上帝创世“进程”的可证成性（Justifiability）一样充满神秘的理论性断言（Assertion）。

黑格尔以对“颠倒”了的知性逻辑的拒斥，提出了他的概念逻辑所指向的理论图景：先有概念存在，然后才有世界整体和具体的认识对象，再之后才有人的认识活动。但是，在黑格尔的哲学体系之中，这一论断又是在“主观概念”部分提出的，这显然会令人困惑于在“逻辑学”此前两个部分“存在论”和“本质论”（也就是黑格尔所批判性指涉的关于“抽象手续”的内容）的各个环节运动，既然如黑格尔所说“与概念的形成无关”，那么又怎么最终达成将“概念界说为存在和本质的统一”〔1〕呢？更进一步追问，如果说《精神现象学》所展示的是从感知确定性到绝对知识的意识发展过程，并不构成“概念”的来源和形式，那么其中的探讨又有什么“理性”意涵可言？难道只能求助于“启示”性的“上帝”观念，来辩护“绝对就是概念”〔2〕？

事实上，黑格尔所论述的“概念”，其来源绝非神圣（Divine）意义下的上帝命令，也绝非“逻辑失序”的胡言乱语，而恰恰是内在于人类的意识状态与意识过程的观念性存在。黑格尔所否定的，是以康德为代表的那种从主观性出发而对概念进行的规定，也正是在这个意义上，他认为概念是“在先”的：“事物之所以是事物，全凭内在于事物并显示它自身与事物内的概念活动。”〔3〕而那种认为对象是在先的，主观活动随之而起，以“抽象手续”概括对象之共同点而构造“概念”的论点是完全“颠倒”的。

但是，在马克思批判眼光的审视之下，黑格尔在世时作出的试图“反转”知性逻辑的思辨论述错谬百出。“在黑格尔看来，思

〔1〕 黑格尔：《小逻辑》，贺麟译，商务印书馆1980年版，第326页。
〔2〕 黑格尔：《小逻辑》，贺麟译，商务印书馆1980年版，第328页。
〔3〕 黑格尔：《小逻辑》，贺麟译，商务印书馆1980年版，第334页。

维过程，即甚至被他在观念这一名称下转化为独立主体的思维过程，是现实事物的创造主，而现实事物只是思维过程的外部表现”。[1]这是对黑格尔片面性思辨逻辑的总体而切中要害的评断。也正是在这个意义上，马克思指出：“辩证法在黑格尔手中神秘化了。”[2]即使其中包含着黑格尔第一个“全面地有意识地叙述了辩证法的一般运动形式”[3]这样隐藏于“神秘”外壳之下的“合理内核”（Rational Belief）。历史地看，这个合理内核正是马克思批判地继承，并通过改造而贯彻于他本身研究和革命实践的全过程。

> 辩证法，在其神秘形式上，成了德国的时髦东西，因为它似乎使现存事物显得光彩。辩证法，在其合理形态上，引起资产阶级及其空论主义代言人的恼怒和恐怖，因为辩证法在对现存事物的肯定的理解中同时包含对现存事物的否定的理解，即对现存事物的必然灭亡的理解；辩证法对每一种既成的形式都是从不断的运动中，因而也是从它的暂时性方面去理解；辩证法不崇拜任何东西，按其本质来说，它是批判的和革命的。[4]

马克思将作为资产阶级现代哲学“集大成者”的黑格尔“倒立着”的认识系统再次“倒过来”，获得了对观念（Ideas）与外

---

〔1〕马克思：《资本论》第一卷，人民出版社 2004 年版，第 22 页。
〔2〕马克思：《资本论》第一卷，人民出版社 2004 年版，第 22 页。
〔3〕马克思：《资本论》第一卷，人民出版社 2004 年版，第 22 页。
〔4〕马克思：《资本论》第一卷，人民出版社 2004 年版，第 22 页。

物（Objects）之间、个体权利（Individual Rights）与社会秩序（Social Order）之间、概念反思（Conceptual Reflections）与实践推理（Practical Reasoning）之间关系的正确“认识”，而正是融贯于这一鲜明的“认识论图景”，马克思展现其“经济世界观”（Economical Worldview）由以指导和推进革命实践的“真理性”（Truthfulness）特质。

正如马克思和恩格斯在《共产党宣言》“1882年俄文版序言”中所说，马克思主义的根本任务，“是宣告现代资产阶级所有制必然灭亡。”[1]本书的讨论从考察资本主义意义下的“权利”观念，即“自然权利”（Natural Rights）观的悖谬性嬗变起始，指出在马克思“批判的和革命的”认识论的指引之下，“劳动者主体”将如何破除来自古典政治经济学与德国古典哲学的诸种谬误的困扰，重新在“惊涛骇浪”中重新发现自己的“陆地”。并由此在对“异化劳动”与“剩余价值”这两个马克思在不同时段使用的核心概念基本意蕴的阐释和分析中，资本主义秩序建制的本质性问题得以被揭示，以“概念”形态辩证运动的理性系统，最终在“逻辑与历史”的双重考辨之中，马克思主义政治经济学说的科学性、真理性与革命性、实践性得到了系统的证成，真正使马克思主义的科学理论（Wissenschaft）成为一种理智与知识上的内在“呼召”（Calling），呼召人们去把握那必然“存在于我们之中的时代精神，并且把时代精神从它的自然状态，亦即从它的闭塞境况和

〔1〕马克思、恩格斯：《共产党宣言》，人民出版社2018年版，第6页。

缺乏生命力中带到光天化日之下，并且每个人从自己的地位出发，把它提到意识的光天化日之下”。[1]“批判的与革命的”时代新思，[2]将角逐智慧与文明的未来航程，开启并践行全面的社会革命与自我革命。

---

〔1〕黑格尔:《哲学史讲演录》第四卷，贺麟、王太庆译，商务印书馆2009年版，第422页。

〔2〕在此，可对堪作为现代（沉思）认识论之肇始的勒内·笛卡尔（Rene Descartes）在《第一哲学沉思集》中的经典表述:“仅仅做了这些注意还不够，我还必须当心把这些注意记住；因为这些旧的、平常的见解经常回到我的思维中来，它们跟我相处的长时期的亲熟习惯给了它们权利，让它们不由我的意愿而占据了我的心，差不多成了支配我的信念的主人。……我确实相信在这条路上既不能有危险，也不能有错误，确实相信我今天不能容许我有太多的不信任，因为现在的问题还不在于行动，而仅仅在于沉思和认识。”［法］笛卡尔:《第一哲学沉思集》，庞景仁译，商务印书馆1986年版，第22—23页。

第一章

权利与秩序

基于现代自然法理论而建构的“自然权利”（Natural Rights）观念是资本主义统治的意识形态建构，在资产阶级反对封建主义和专制主义的斗争中起到过积极的作用，有其历史进步性，并通过《独立宣言》等关键文献成为奠立资本主义国家的“秩序”（Order）之基石。但是，在资产阶级革命完成以后，随着资本主义制度全面确立，自然权利论所宣扬的“人人生而平等”的基于个体生命存在而获得的平等权利，却与资本主义现实秩序构成深刻的矛盾。这首先体现在资本与雇佣劳动的关系上，资本所有者以其所有的资本购买劳动者的劳动力使用权，并且无偿占有劳动力在超过其“价值”的使用中生产出来的“剩余价值”。雇佣劳动是“自然权利”的施行主体依据契约与资本家进行交换，但劳动者所创造的全部价值却不能归劳动者本人所有，这显然违背且侵犯了“自然权利”论所赋予劳动者主体的基本权利。正是以这一关键环节为切入点，马克思在其“政治经济学批判”（Critique of Political Economy）的长时段研究和写作过程中，在“探究性认识论”（Zeteitic Epistemology）中高度深刻地揭示了资本主义经济制度的这一内在悖谬，并以改造了的权利观念达致对资本主义经济制度的体系性认知。

在马克思主义历史学家艾伦·梅克辛斯·伍德（Ellen Meiksins Wood）所著的《西方政治思想的社会史：自由与财产》（*Liberty and Property: A Social History of Western Political Thought from Renaissance to Enlightenment*）一书中，约翰·洛克关于权利之“平等性”（Equality）论证的“伪善性”得到了呈现：在《政府论》下篇“论财产一章，以及洛克对作为财产权来源的劳动重要性强调，是在向‘勤勉’阶层示意。排斥法案危机期间，沙夫茨伯里一派在试图促成一个反对派联盟时曾讨好这个阶层（我们稍后将看到，在洛克的财产权理论中，‘劳动’具有非常灵活的含义，它既适合凭自己双手工作的‘勤勉’阶层，也适合‘致力改良的’地主）。同时，论财产一章也有助于抹消激进自然权利概念所固有的更民主的可能性。财产权理论包括一种对巨大不平等的灵活辩护，这使洛克的革命性理论可以与英格兰既有的财产分配相容。"[1]从理性思辨的立意上溯，以"自然权利"为依归的资本主义权力场域，其"秩序性"的构造本身也是有待申明的。"首先'我作为工人实存着'或'我作为资产者实存着'，而且正是这种与世界和社会的交往方式既推动了我的各种革命的或保守的筹划，又推动了我的各种明确判断：'我是一个工人'或'我是一个资产者'，不过，我们不能从这些筹划推断出这些判断，也不能从这些判断推出这些筹划。将我定性为无产者的并不是被视为各种非个人力量之系统的经济或社会，而是像我在我这里承载它们那样的、像我亲历到它们那样的经济或社会，——更不是没有动机的理智活动，而是我在这一制度框架中在世存在的方式。"[2]这也就进一步回溯到"自然权利"理论的意义结构中，回溯到现代革命理论的内部，必须正视："反抗不是一些客观条件的产物，相反，工人采取的想进行革命的决定使他成了一个无产者。现在的评估是由对将来的自由谋划形成的。我们由此可以得出：历史自身没有意义，它具有我们通过我们的意志给予它的那种意义。"[3]意义的"给予"必然形成"召唤"，呼召全方位"破晓

〔1〕［加］艾伦·梅克辛斯·伍德：《西方政治思想的社会史》，曹帅译，译林出版社 2019 年版，第 270 页。
〔2〕［法］莫里斯·梅洛－庞蒂：《知觉现象学》，杨大春、张尧均、关德群译，商务印书馆 2021 年版，第 607 页。
〔3〕［法］莫里斯·梅洛－庞蒂：《知觉现象学》，杨大春、张尧均、关德群译，商务印书馆 2021 年版，第 606 页。

的潜势”[1]：行动即答案。

一、资本主义的经济秩序建构以自然权利为基础

资本主义是对封建主义和君主专制主义的否定。十二到十三世纪欧洲的几个大国的君主将发展商业作为强国争霸的主要手段，容许商业资本家的存在，并驱使他们积极地开展国内和国际贸易，为此，就要用君主的权威打破封建主义限制商业利润的教条，初步确立商人的财产权及其获取利润的合法性。但随着经济的快速发展，君主专制不仅未能充分保证，而是越来越限制资产阶级的权利和发展，不断壮大的资产阶级在反对封建主义的同时，开始要求明确资本的所有权，以建立资产阶级主导的社会制度。资本主义是资产阶级利益和意志的集中体现，它的基础概念，就是自然权利，以及由此而派生的社会契约和国家。

在资产阶级从经济、政治上与君主专制进行斗争的同时，代表其利益的思想家们也展开了理论上的革命，其中最有代表性、最具影响力的就是通过改造古典自然法思想而建构起来的“17世

〔1〕“在此，我们认识到：在实现中，某物本身并未成熟，尚未得到实现，因此，它显得软弱无力。这种未成熟性标明自身是一再持续的趋势、一再破晓的潜势。因此，这里的黑暗瞬间、那里的恰当开放性可被标明为冉冉上升的源泉和江口。这些东西乃是客观上与自身相称的那种预先推定意识的极点。”［德］恩斯特·布洛赫：《希望的原理（第一卷）》，梦海译，上海译文出版社2012年版，第351页。

纪自然法思想的基本概念框架”[1]，推动这一理论框架的较为突出理论家是英国的霍布斯、洛克和法国的霍尔巴赫等。他们以物质论哲学观念，从世界是物质的，物质是自然的，人是自然存在的物质世界中的一部分，依循自然规律存在和运动这一逻辑，批判封建主义和君主专制主义，进而论证资本主义的合理性和必然性。自然权利就是他们论证资本主义及其制度架构的基础概念。自然权利理论家认为，自然权利是个人直接根源于其自然生命和人性的权利，是外力不可以侵犯的。霍布斯指出：“著作家们一般称之为自然权利的，就是每一个人按照自己所愿意的方式运用自己的力量保全自己的天性—也就是保全自己的生命—的自由。”[2]而对物质财产的占有和使用，就是保证个体生命的首要条件，每个人都可以运用“一切可能的办法”，包括“自然的权势”，即身心官能，与“获得的权势”，也就是身心官能的发挥以及因运气而取得的财富、名誉、朋友等，来获取和维持其利益。在这个意义上，虽然人和人之间在“自然的权势”方面差异不大，但是其“获得的权势”差异则相当大，由此个体之间的贫富差距和竞争也应运而生。在“自然状态”（State of Nature）下，每个人都可以运用自己的权势而相互争斗，势必呈现为敌对的战争状态。资本是财产所有权的一部分，属于“获得的权势”，运用资本的权势获取利润，增殖财富，属于自然权利论的范畴。

---

〔1〕 李猛:《“社会”的构成：自然法与现代社会理论的基础》,《中国社会科学》2012年第10期。

〔2〕［英］霍布斯:《利维坦》，黎思复、黎廷弼译，商务印书馆1985年版，第97页。

洛克认为，人的自然权利就是人在自然状态下依据自然法所具有的权利，首先是生产权，进而是自由、平等和财产的所有权，“自然状态有一种为人人所应遵守的自然法对它起着支配作用；而理性，也就是自然法，教导着有意遵从理性的全人类：人们既然都是平等和独立的，任何人就不得侵害他人的生命、健康、自由或财产。”[1]他以个体农业劳动者来论证财产所有权：“土地和一切低等动物为一切人所共有，但是每个人对他自己的人身享有一种所有权，除他以外任何人都没有这种权利。他的身体所从事的劳动和他的双手进行的工作，我们可以说，是正当地属于他的。所以只要他使任何东西脱离自然所提供的和那个东西所处的状态，他就已经掺进他的劳动，在这上面参加他自己所有的某些东西，因而使它成为他的财产。”[2]进而，“劳动在万物之母的自然所已完成的作业上面加上一些东西，这样它们就成为他的私有的权利了。”[3]由此，洛克提出了在自然事物作为“原初共有物”的情形下，如何证成“一种为基于个人劳动的私有制辩护的理论”[4]。洛克进一步指出：“一个人能耕耘、播种、改良、栽培多少土地和能

〔1〕［英］洛克：《政府论》下篇，叶启芳、瞿菊农译，商务印书馆 2011 年版，第 4 页。

〔2〕［英］洛克：《政府论》下篇，叶启芳、瞿菊农译，商务印书馆 2011 年版，第 18 页。

〔3〕［英］洛克：《政府论》下篇，叶启芳、瞿菊农译，商务印书馆 2011 年版，第 18—19 页。

〔4〕段忠桥：《马克思对洛克财产权理论的定性与继承》，《武汉大学学报（哲学社会科学版）》2021 年第 3 期。

用多少土地的产品，这多少土地也就是他的财产。”[1]个人对其财产的所有权使得他不仅可以享用这部分财产，还可以以之与他人的财产相交换。交换的扩大产生了货币，为人们积累和增加财产创造了条件，进而出现了以货币财产形式进行投资的资本，其所得到的利润，属于资本所有者。可见，作为现代自然法的开拓者，“洛克的惊人成就，就是将自然财产权利建立在自然权利和自然法的基础上”。[2]而在这个意义上，从增加国家财力的角度，资本主义国家应当鼓励个人将他的财产以货币形式转化为资本，并保证其对资本和利润的所有权。

霍布斯和洛克关于自然权利的论证，深刻冲击了封建主义和君主专制主义的观念，“饱含着为新政治形态立法奠基的雄心抱负”[3]，并得到了法国启蒙学者的积极响应和进一步充实。霍尔巴赫在《自然政治论》中强调：“自然赋予的权利是永恒的和不可剥夺的。”[4]而“自然法授予每个人一种名叫所有权的权利，这种权利并不是别的东西，而只是人独自利用他凭自己的才干、劳动和技艺所创造出来的物品的可能性”。[5]由此，也就在普遍性的意义上，

---

〔1〕［英］洛克：《政府论》下篇，叶启芳、瞿菊农译，商务印书馆 2011 年版，第 20—21 页。

〔2〕［加拿大］C. B. 麦克弗森：《占有性个人主义的政治理论：从霍布斯到洛克》，张传玺译，浙江大学出版社 2018 年版，第 207 页。

〔3〕王利：《从政治哲学视角看自然权利的力量》，《中国人民大学学报》2011 年第 1 期。

〔4〕［法］霍尔巴赫：《自然政治论》，陈太先、眭茂译，商务印书馆 1994 年版，第 30 页。

〔5〕［法］霍尔巴赫：《自然政治论》，陈太先、眭茂译，商务印书馆 1994 年版，第 32 页。

“要求人们耗费体力和智力获得的一切物品的所有权，应该归属个人。”[1]由此，霍尔巴赫和洛克一样，认为在一块土地上施加劳动，“这块地是由他的汗水灌溉出来的，可以把这块地和他视同一体，在这块地里培育出来的果实就等于他的身体和他的能力的一部分，应该归他所有。”[2]

自然权利概念的提出具有极其广泛、巨大的社会影响，是资产阶阶级形成、壮大、发展的鲜明体现，看似单纯的对人的生命、劳动、财产所有权的规定，事实上却颠覆了封建主义以上帝名义、依血统对人的身份地位的界定，以及君主专制对民众之权利和自由的控制与损害。每个人都是自然的产物，也是自由行动的主体，都有着由自然法所赋予的权利。正如魁奈在《自然权利》一文中所说：“每一个人的自然权利是与结成社会的人，对于构成最有利秩序的可能最好的法的确实遵守程度而成比例地伸展的。”[3]在对于“所有可能世界”中“最好的法”的遵守中，尽管资产阶级学者对自然法与自然权利有着不同角度的表述，其基本内容是一致的，资产阶级就是在“自然权利”这个基本点上展开其经济活动，并进而在现代“自然法”（本质上基于资本逻辑）的指引之下推动社会变革，为新兴的资本主义制度提出政治权威层面的“合法性”论证[4]，并且，

---

〔1〕［法］霍尔巴赫：《自然政治论》，陈太先、眭茂译，商务印书馆1994年版，第33页。

〔2〕［法］霍尔巴赫：《自然政治论》，陈太先、眭茂译，商务印书馆1994年版，第33页。

〔3〕［法］魁奈：《魁奈经济著作选集》，吴斐丹、张草纫译，商务印书馆2009年版，第335页。

〔4〕龚群：《洛克的自然权利说》，《道德与文明》2016第6期。

也恰恰“是在对权利的深入研究中，作为近代道德科学体系一个分支的古典政治经济学才产生出来”。[1]自然权利的观念充分体现在英、法、美的资产阶级革命及其所建立的制度中，并在美国的《独立宣言》、法国的《人权和公民权利宣言》、法国《民法典》(《拿破仑法典》) 等资本主义制度的奠基性文献中切实地确定下来。

资产阶级并非从事个体生产的农民，虽然洛克和霍尔巴赫都以个体农民的劳动为依据来论证自然权利，但个体农民的自然权利本身并不产生利润，为了论证资本获取利润的合理性，资产阶级学者从自然权利概念推衍出社会契约概念。社会契约有两种形式，一种是个体人之间订立的契约，另一种则是个人与社会总体之间的契约。第一种社会契约是人们的权利相互交换或转让，霍布斯说：“当一个人转让他的权利或是放弃他的权利时，那总是由于考虑到对方将某种权利会让给他，要不然就是因为他希望由此得到某种别的好处。因此这是一种自愿行为，而任何人的自愿行为目的都是为了某种对自己的好处。”[2]个人之间的权利让渡，是资本主义商品经济的普遍行为，亚当·斯密甚至提出交换是人的本能、本性的说法，认为人的生活几乎随时随地都要和他人进行交换。“请给我以我所要的东西吧，同时，你也可以获得你所要的东西。”[3]“权利”的转让是理性协商（Rational Negotiation）的结

---

〔1〕 聂敏里：《古典政治经济学与自然法传统》,《中国人民大学学报》2019 年第 5 期。

〔2〕［英］霍布斯：《利维坦》，黎思复、黎廷弼译，商务印书馆 1985 年版，第 100 页。

〔3〕［英］亚当·斯密：《国民财富性质和原因的研究》上册，郭大力、王亚南译，商务印书馆 2009 年版，第 12 页。

果，并以契约形式明确交换双方的义务（Obligation）。这是“民法”的范畴，也是资本主义经济学家和法学家所共同关注的内容。资本主义的经济关系，即资本所有者以其资本来购买劳动者的劳动力进行物质生产并获取利润的关系，就是依交换双方的契约而达成的。

而第二种社会契约则是在个人与社会总体之间完成立约，由每个人转让部分自然权利以完成国家的建构，而国家则保证个人的自然权利以及个人之间契约的履行，并代表民族全体抵御外来侵略。霍布斯指出，所谓国家“就是一大群人相互订立信约、每个人都对它的行为授权，以便使它能按其认为有利于大家的和平与共同防卫的方式运用全体的力量和手段的一个人格”。[1]他认为，依照社会契约建立国家，不同于历史上的以武力夺取被征服者的自然权利而建立的国家，那样的国家是背离自然权利和社会契约的，是以死亡的威胁而实行的统治，因而是资产阶级革命所要革除的对象。按照社会契约由每个人让渡一部分自然权利或权能构建国家以形成“共同权力”的主张，是资产阶级上升期的利益和意志的集中体现。虽然后来有论者从不同角度提出不同的意见，但其中的基本原则已经为英法美等各国资产阶级所接受，并贯彻于资产阶级革命后的政权建制之中。

以自然权利为基础，依社会契约处理人际关系并建构国家以此来保证自然权利，是资本主义制度的基本理念，这是资产阶级

〔1〕［英］霍布斯:《利维坦》，黎思复、黎廷弼译，商务印书馆1985年版，第132页。

的利益和意志的概括，并通行于资本主义经济制度及其体制和机制当中。资产阶级思想家围绕这个基本理念展开了多角度、多层次的论证，将其衍证成“自然规律”的要求和体现。以自然权利为基础的、依社会契约建构并由国家保证的资本主义经济制度，相对于君主专制主义和封建主义的经济体系来说，无疑是进步的，并由此推动人类历史进入了一个新阶段。但是，这一曾经先进的制度本身并不是自洽的，资本主义经济制度的内在矛盾，首先就在于它与作为其基础的自然权利的矛盾，这是基础性的矛盾，它集合于资本与雇佣劳动的关系，即资本所有者以其所有的资本购买劳动者的劳动力使用权，并无偿占有对劳动力的超过其价值的使用中生产出来的剩余价值。这是自然权利主体依据社会契约而进行的交换，但劳动者所创造的剩余价值却不归劳动者所有，这显然违背了劳动者主体的自然权利，但却合乎资本主义建制下的社会契约原则并受到国家权力的保护。

随着资本主义经济制度的巩固与不断扩张，这种张力日益突出并导致复杂的社会问题，资产阶级思想家无视这个矛盾的存在，并为之极力辩护，而雇佣劳动者即工人的思想代表马克思，则正以此矛盾为切入点，展开对资本主义经济矛盾的系统性规定。

二、资本主义经济制度与“自然权利”之矛盾的集中体现

马克思在大学时学习的专业是法律，并对黑格尔的哲学体系进行了深入的研究，毕业后在《莱茵报》因写作关于“林木盗窃

法”和“犹太人问题”的专题文章，他开始转向政治经济学研究，专注于对资本主义经济制度的批判性考察。马克思深刻理解自然权利在资本主义经济制度中的基础性地位，并从劳动者立场对之进行了改造，并以此为切入点对资本主义经济制度展开全面的批判。在《1844年经济学哲学手稿》中，马克思提出“异化劳动”概念，深刻揭示了资本主义经济制度本身与“自然权利”的矛盾。马克思对资本主义经济制度的批判，首先针对工资概念展开。他指出：“国民经济学把劳动抽象地看作物；劳动是商品；价格高，就意味着对商品的需求很大；价格低，就意味着商品的供给很多；劳动作为商品，其价格必然日益降低。”[1]也就是说，工资是作为商品的劳动的价格，是工人出卖自己劳动力体现的劳动与资本家的资本货币按照契约进行交换的结果。根据资产阶级经济学家们的说法，工人出卖劳动和资本家购买劳动，都是自由而且自愿的，是自然权利主体之间依据契约进行的交易。马克思援引劳顿的话指出：“工人在雇用他的人面前不是处于自由的卖者地位……资本家总是自由雇佣劳动，而工人总是被迫出卖劳动。”[2]由此可见，劳动作为商品，绝非“自由交易的自由结果”。[3]

马克思从斯密、李嘉图的工资概念发现劳动作为商品所体现的矛盾：“国民经济学家对我们说，劳动的全部产品，本来属于工人，并且按照理论也是如此。但是他同时又对我们说，实际上

〔1〕《马克思恩格斯全集》第3卷，人民出版社2002年版，第237页。
〔2〕《马克思恩格斯全集》第3卷，人民出版社2002年版，第236页。
〔3〕《马克思恩格斯全集》第3卷，人民出版社2002年版，第236页。

工人得到的是产品中最小的、没有就不行的部分，也就是说，只得到他不是作为人而是作为工人生存所必要的那一部分；只得到不是为繁衍人类而是为繁衍工人这个奴隶阶级所必要的那一部分。”[1]这正是资本主义经济制度与“自然权利”矛盾的关键。马克思在这里所提到的“国民经济学家”，依然承袭洛克、霍尔巴赫的自然权利概念，他们认可“劳动的全部产品，本来属于工人”，并且认为“劳动是人用来增加自然产品价值的唯一东西，劳动是人能动的财产”。[2]但是以自然权利为基础建立的资本主义经济制度，在工人把劳动作为商品，依社会契约而与资本家进行交换后，却只能得到他们自己的劳动产品中“最小的”一部分，其余部分则被不从事生产性劳动的资本家和土地所有者所有。

进而，马克思对资本概念做出界定：“资本，即对他人劳动产品的私有权。”[3]也就是说，“资本是对劳动及其产品的支配权力。资本家拥有这种权力并不是由于他的个人或人的特性，而只是由于他是资本的所有者。他的权力就是他的资本的那种不可抗拒的购买的权力。”[4]在这个意义上，资本是其所有者的财产，是归属于他自身的自然权利的一部分，在未用以交换劳动商品时，是基金或资金，而“资金只有当它给自己的所有者带来收入或利润的时候，才叫作资本”。[5]资本购买劳动商品，是其所有者的财产所

〔1〕《马克思恩格斯全集》第3卷，人民出版社2002年版，第230页。
〔2〕《马克思恩格斯全集》第3卷，人民出版社2002年版，第231页。
〔3〕《马克思恩格斯全集》第3卷，人民出版社2002年版，第238页。
〔4〕《马克思恩格斯全集》第3卷，人民出版社2002年版，第238页。
〔5〕《马克思恩格斯全集》第3卷，人民出版社2002年版，第238页。

有权的体现，出卖劳动的工人也是自然权利的主体，他出卖劳动给资本所有者，是两个“自然权利”主体之间依社会契约而进行的平等、自愿的交易，但资本所有者出让的是资金或货币，工人出让的则是“自己和自己的人性”[1]所体现的劳动。劳动是可以生产产品、创造价值的，资本所有者与劳动者达成交易的契约，就拥有了“对劳动及其产品的支配权”。由此，资本家只需通过支付给工人工资，即“工人在劳动期间的生活费用，再加上使工人能够养家糊口并使工人种族不致死绝的费用”[2]，就可以使用已归他支配的工人的劳动，从而生产出属于资本所有者的利润，“在对自然产品加工和再加工时人的劳动的增加，不是使工资增加，而是一方面使获利资本的数额增加，另一方面使每一笔后来的资本比先前的资本增大。”[3]

依社会契约而进行的两个或两种“对等”的自然权利主体——资本家和工人—之间的交换，从形式上看，是符合自然权利的规范性要求的，但也正是通过这种交换，却在本质上导致了对于自然权利的真正背离：按照洛克、霍尔巴赫以及斯密和李嘉图等古典经济学家也认同的说法，劳动的产品，应当属于工人，但是事实上，工人却只能得到维持生命和延续后代的工资，多余的部分即利润则归不进行生产劳动的资本家所有。“工人生产的财富越多，他的产品的力量和数量越大，他就越贫穷。工人创造的商品越

[1]《马克思恩格斯全集》第3卷，人民出版社2002年版，第230页。
[2]《马克思恩格斯全集》第3卷，人民出版社2002年版，第223页。
[3]《马克思恩格斯全集》第3卷，人民出版社2002年版，第241页。

多，他就越变成廉价的商品。”[1]马克思以“异化劳动”概念来界定这种以自然权利为基础而又违背自然权利的悖谬状态。“劳动所生产的对象，即劳动的产品，作为一种异己的存在物，作为不依赖于生产者的力量，同劳动相对立。”[2]在这种矛盾的境况下，“工人同自己的劳动产品的关系就是同一个异己的对象的关系。”[3]工人进行劳动，是“把自己的生命投入对象；但现在这个生命已不再属于他而属于对象了。因此，这种活动越多，工人就越丧失对象。凡是成为他的劳动产品的东西，就不再是他本身的东西”。[4]根据洛克等现代自然法学家对于“自然权利”的定义，劳动是确立财富所有权的根据，劳动生产的产品属于劳动者自己。但是，在经过同资本所有者进行的依社会契约并得到国家法权保证的“平等交换”以后，工人却不能够按照自然权利的原则而所有其劳动的产品。“工人在他的产品中的外化，不仅意味着他的劳动成为对象，成为外部的存在，而且意味着他的劳动作为一种与他相异的东西不依赖于他而在他之外存在，并成为同他对立的独立力量；意味着他给予对象的生命是作为敌对的和相异的东西同他相对立。”[5]

资产阶级思想家为了论证资本主义经济制度的合理与应然，从人的生命及其劳动规定自然权利，但以自然权利为基础的资本主义经济制度中，劳动却在资本的支配下被异化，劳动产品不为

〔1〕《马克思恩格斯全集》第3卷，人民出版社2002年版，第267页。
〔2〕《马克思恩格斯全集》第3卷，人民出版社2002年版，第267页。
〔3〕《马克思恩格斯全集》第3卷，人民出版社2002年版，第268页。
〔4〕《马克思恩格斯全集》第3卷，人民出版社2002年版，第268页。
〔5〕《马克思恩格斯全集》第3卷，人民出版社2002年版，第268页。

其劳动者所有，却成为不劳动的资本所有者的私有财产，并以资本主义国家法权所保证的财产所有权继续通过社会契约购买工人的劳动产品，由此来延续资本主义经济制度。

工人与他劳动产品的异化是异化劳动的结果，“但是异化不仅表现在结果上，还表现在生产行为中。”[1]异化劳动对于工人来说是外在的，不属于他本质的东西，因而劳动者“在自己的劳动中不是肯定自己，而是否定自己；不是感到幸福，而是感到不幸；不是自由地发挥自己的体力和智力，而是使自己的肉体受折磨和精神遭摧残”。[2]作为人本质活动的劳动，被异化为强制的劳动，对工人来说，劳动不再是出于意愿本身，也不再属于他本人：“他在劳动中也不属于他自己，而是属于别人。”[3]工人与其劳动的异化，导致人的类本质的异化。人是有意识的类存在物，并把类作为自己的本质，正是在改造对象性世界的过程中，人证明了自己是类存在物。“劳动的对象是人类生活的对象化，人不仅像在意识中那样使自己二重化，而且能动地、现实地使自己二重化，从而在他所创造的世界中直观自身。因此，异化劳动从人那里夺去了他的生产的对象，也就从人那里夺去了他的类生活。”[4]不断反复出现的被损害、被剥夺的境遇，使人的类本质异化为仅仅是维持生存的手段，从而使生命的整全的价值被彻底否定。

---

〔1〕《马克思恩格斯全集》第3卷，人民出版社2002年版，第270页。
〔2〕《马克思恩格斯全集》第3卷，人民出版社2002年版，第270页。
〔3〕《马克思恩格斯全集》第3卷，人民出版社2002年版，第271页。
〔4〕《马克思恩格斯全集》第3卷，人民出版社2002年版，第274页。

人同自己的劳动产品、生命活动和类本质的异化，造成人与人的异化，“当人同自身相对立的时候，他也同他人相对立”。[1]这种对立集中体现在工人同他的雇主资本家的关系。“通过异化劳动，人不仅生产出他对作为异己的、敌对的力量的生产对象和生产行为的关系，而且还生产出其他人同他的生产和他的产品的关系，以及他对这些他人的关系。”[2]资本家是“站在劳动之外的人”，他通过资本对劳动商品的购买，获得对工人劳动及其成果的支配权，并在使工人同劳动的关系相异化的同时，“生产出资本家—或者不管人们给劳动的主人起个什么别的名字—对这个劳动的关系。因此，私有财产是外化劳动即工人同自然界和自身的外在关系的产物、结果和必然后果。”[3]工人劳动的产物，没有依自然权利而归属于劳动者本人，而是属于不劳动的资本家，并且作为资本家继续支配工人劳动的条件而积累和强化。

资本主义经济制度以财产权归属的私有性“自然权利”为基础，资产阶级思想家（包括经济学家）在论证私有财产所有权时，都将其视为人劳动的产物。但是，在社会的整体视域上，“国民经济学由于不考察工人（劳动）同产品的直接关系来掩盖劳动本质的异化。”[4]马克思是站在工人的立场，“通过分析，从外化劳动这一概念，即从外化的人、异化劳动、异化的生命、异化的人这一

〔1〕《马克思恩格斯全集》第3卷，人民出版社2002年版，第274页。
〔2〕《马克思恩格斯全集》第3卷，人民出版社2002年版，第276页。
〔3〕《马克思恩格斯全集》第3卷，人民出版社2002年版，第277页。
〔4〕《马克思恩格斯全集》第3卷，人民出版社2002年版，第269页。

概念得出私有财产这一概念。”[1]由此，他进一步指出：“国民经济学虽然从劳动是生产的真正灵魂这一点出发，但是它没有给劳动提供任何东西，而是给私有财产提供了一切。”[2]这是资本主义经济学的内在悖谬，也是其为之进行合理性辩护的资本主义经济制度的内在矛盾。

马克思指出，资本主义经济学家为了论证“自然权利”意义上的私有财产所有权，“总是置身于虚构的原始状态”，[3]也就是洛克等现代自然法学者设想的“自然状态”，以证明私有财产所有权是合乎“自然”的规律，并为此而“把劳动提高到国民经济学的唯一原则”。[4]然而，在现实的“作为资本的人类活动的对象的生产”中，这一“自然规律”却被资本的强制所推翻，“在这里，对象的一切自然的和社会的规定性都消失了；在这里，私有财产丧失了自己的自然的和社会的性质（因而丧失了一切政治的和社会的幻想，没有任何表面上的人的关系混合在一起）；在这里，同一个资本在各种不同的自然的和社会的存在中始终是同一的，而完全不管它的现实内容如何。劳动和资本的这种对立一达到极端，就必然是整个关系的顶点、最高阶段和灭亡。”[5]资本既是劳动异化的结果，又是异化劳动不可消弭的始点，它不仅是货币形式的资金，更是支配劳动的经济关系，在这个意义上，它与劳动的异

〔1〕《马克思恩格斯全集》第3卷，人民出版社2002年版，第277页。
〔2〕《马克思恩格斯全集》第3卷，人民出版社2002年版，第277页。
〔3〕《马克思恩格斯全集》第3卷，人民出版社2002年版，第267页。
〔4〕《马克思恩格斯全集》第3卷，人民出版社2002年版，第282页。
〔5〕《马克思恩格斯全集》第3卷，人民出版社2002年版，第283页。

化一样，都意味着自然权利的异化。资本主导的经济关系和制度在其名义上是以人人平等享有的“自然权利”为基础的，但是它事实上从一开始就同真正意义上的“自然权利”相矛盾。马克思从劳动者的立场出发，准确地抓住这个基础性矛盾，由此展开对资本主义经济制度矛盾的系统规定。

三、资本主义经济制度与“自然权利”之矛盾的本质规定

“异化劳动”是马克思对现实的资本主义经济制度与自然权利之矛盾的初步概念规定，它充分地体现了马克思的无产阶级立场和卓越的思维方法，他在进行政治经济学研究的初期就发现了问题的关键，并深入揭示了矛盾的核心。经过二十余年深入地思考和探究，马克思在《资本论》中论证了以“剩余价值”概念为核心的理论体系，对资本主义经济制度同自然权利的矛盾进行了本质性的规定。

“剩余价值”概念是“异化劳动”概念的充实、升华与完善，在坚持无产阶级立场和基本理念的前提下，马克思充分占有现实的和历史的材料，克服研究方法中纯思辨的成分，形成实证的辩证思维，将改造了的自然权利概念纳入劳动价值论，对资本和雇佣劳动进行价值分析，从质与量的统一中规定了剩余价值的生产及其积累再生产，说明了工资、利润、地租等范畴。

斯密、李嘉图等资产阶级经济学家将自然权利作为资本主义经济制度的基础，是以价值概念为中介的，即把自然权利中的生

命权所体现的劳动构造的财产所有权，具体化为劳动价值论，从而既说明了资本主义经济制度以自然权利为基础，又可以对工资、利润等范畴进行价值量的分析。马克思注意到这一点，认为“把劳动提高为国民经济学的唯一原则”，本身就是“一个合乎逻辑的大进步”。[1]但是，他在《1844年经济学哲学手稿》中，并没有对劳动价值论作出进一步的论述，也没有从价值分析的角度来规定资本与劳动的关系，而是直接从劳动与异化劳动的关系进行论证。这样的做法，虽然有其思想的深刻性，但是却有明显的思辨色彩，也不够明确，使得现实的批判难以真正展开。在完成《1844年经济学哲学手稿》之后，通过不懈的研究和反思，马克思发现了“异化劳动”概念的内在缺陷，认识到劳动价值论在规定资本主义经济制度与作为其基础的自然权利的矛盾中重要的理论意义。在《资本论》中，马克思对斯密、李嘉图的劳动价值论进行了批判性的审理，将他们从劳动者立场出发对自然权利观念的理解、改造纳入价值论域，形成了自己的站在劳动者立场上的劳动价值论，从而不再是直接从劳动论述产品和财产，而是从劳动所创造的价值论述商品、货币和资本。

马克思认为，资本是货币转化而来，而货币又是在商品交换中形成的，因此，要说明资本主义经济制度的内在问题，就必须从对商品的分析开始。商品是用来交换的劳动产品，“自然权利”论域中的财产所有权和社会契约，就存在于商品生产和交换之中。

---

〔1〕《马克思恩格斯全集》第3卷，人民出版社2002年版，第282页。

正是商品的交换，才使生产该商品的劳动体现出其价值，“价值的对象性只能在商品同商品的社会关系中表现出来，我们实际上也是从商品的交换价值或交换关系出发，才探索到隐藏在其中的商品价值。”[1]并且，“一切劳动，一方面是人类劳动力在生理学意义上的耗费；就相同的或抽象的人类劳动这个属性来说，它形成商品价值。”[2]通过对商品和价值概念的规定，马克思克服了《1844年经济学哲学手稿》中从劳动论产品、财产的不准确性，将分析集中于生产商品的劳动，通过商品的分析规定劳动创造价值，并进而从价值规定货币，从货币规定资本和剩余价值。

霍布斯、洛克、霍尔巴赫等现代自然法理论家是从个体生产者的角度来构想自然权利和社会契约的，因而其财产所有权与生命权所体现的劳动是统一的，但是他们以及斯密、李嘉图等经济学家却将个体劳动生产者自己的劳动构造的财产所有权混同于不劳动的资本家的资本所有权，或者说，是用个体生产者自己劳动生产的财产所有权来论证不劳动的资本家的资本所有权。这样，就将资本所有权作为自然权利中财产权的一部分，并通过契约来交换劳动者自然权利中生命权所包含的劳动力，说成是两个或两类自然权利主体平等、自愿的交换。资本主义经济制度也就在自然权利的基础上得到了正当性的证成。斯密、李嘉图用劳动来规定价值，将资本所有权作为自然权利而贯通于资本主义经济制度。

〔1〕 马克思:《资本论》第一卷，人民出版社 2004 年版，第 61 页。
〔2〕 马克思:《资本论》第一卷，人民出版社 2004 年版，第 60 页。

马克思在《资本论》中将“商品和货币”作为第一篇，界定了商品经济与资本主义经济一般与特殊的关系，既肯定了劳动创造价值的一般性，又为分析资本购买劳动力商品的特殊性，特别是其中资本家生产并所有剩余价值在形式上符合、内容上背离自然权利的矛盾，提供了理论的前导。

作为劳动者阶级的思想代表，马克思是从劳动者立场来看待和理解自然权利问题的。通过明确生命权利及生命所体现的劳动生产的产品所有权是劳动者的利益所在，马克思对劳动价值论进行了改造与发展。他强调商品交换是“具有契约形式的（不管这种契约是不是用法律固定下来的）法的关系，是一种反映着经济关系的意志关系”。[1]资本与劳动力的交换，是以契约形式进行的两个“私有者”之间的交换，虽然是基于资本主义国家法权而进行的，受到其国家权力的保证，但是交换的内容却有着质上的不同：交易的一方是代表一定的商品价值的货币，而另一方则是由人的生命所承载的劳动力，或者说是表现为劳动力的生命。这种交换本身就是违背人性和劳动者意志的，但它却实实在在地发生了，而且是以自由的名义“平等”地进行。

马克思将货币规定为作为一般等价物的商品，“是商品内在的价值尺度即劳动时间的必然表现形式。”[2]货币同时承担着流通手段、贮藏货币、支付手段和世界货币的多重职能。货币是商品，

---

〔1〕 马克思:《资本论》第一卷，人民出版社 2004 年版，第 103 页。
〔2〕 马克思:《资本论》第一卷，人民出版社 2004 年版，第 114 页。

它有价值，但不创造价值。“商品流通的直接形式是 W—G—W，商品转化为货币，货币再转化为商品，为买而卖。但除这一形式外，我们还看到具有不同特点的另一形式的 G—W—G，货币转化为商品，商品再转化为货币，为卖而买。在运动中通过这后一种流通的货币转化为资本，成为资本，而且按它的使命来说，已经是资本”。〔1〕但如果 G—W—G 的过程中，货币量并没有增加，“那么这个流通过程就是荒唐的、毫无内容了。”〔2〕货币转化为资本，必须有货币量的增加，即 G—W—G'，这个增加的货币就是剩余价值。但是，“剩余价值不能从流通中产生，因此，在剩余价值的形成上，必然有某种在流通中看不到的情况发生在流通的背后。”〔3〕事实上，这一变化“只能从这种商品的使用价值本身，即从这种商品的消费中产生。要从商品的消费中取得价值，我们的货币占有者就必须幸运地在流通领域内，即在市场上发现这样一种商品，它的使用价值本身具有成为价值源泉的独特属性，因此，它的实际消费本身就是劳动的对象化，从而是价值的创造。货币占有者在市场上找到了这样一种独特的商品，这就是劳动能力或劳动力”。〔4〕在这个意义上，劳动力就是“一个人的身体即活的人体中存在的、每当他生产某种使用价值时就运用的体力和智力的总和”。〔5〕

---

〔1〕 马克思：《资本论》第一卷，人民出版社 2004 年版，第 172 页。
〔2〕 马克思：《资本论》第一卷，人民出版社 2004 年版，第 173 页。
〔3〕 马克思：《资本论》第一卷，人民出版社 2004 年版，第 192 页。
〔4〕 马克思：《资本论》第一卷，人民出版社 2004 年版，第 194—195 页。
〔5〕 马克思：《资本论》第一卷，人民出版社 2004 年版，第 195 页。

在写作《1844年经济学哲学手稿》时期，马克思仍旧沿用资产阶级经济学家的“劳动是商品”的提法，经过20多年的研究，他发现，劳动是劳动力发挥作用的过程，能够作为商品的，是劳动力而非劳动。这是他从劳动者立场出发，深入研究资本主义经济矛盾得出的重要成果，是他的经济学说的必要环节。劳动力的买卖关系，是劳动力的所有者同货币资本的所有者之间的关系，而“双方是在法律上平等的人”。[1]劳动力的出卖者是“自由的工人”,“一方面，工人是自由人，能够把自己的劳动力当作自己的商品来支配；另一方面，他没有别的商品可以出卖，自由得一无所有，没有任何实现自己的劳动力所必需的东西”。[2]这是资本主义经济关系的特殊性所在。资本主义经济学家认识不到或故意遮掩这种特殊性，将劳动力的买卖说成是一般的商品交换，是具有平等的财产所有权的双方以契约形式进行的自由交易。马克思从无产阶级的立场出发，指出了这种形式上平等、自由的交换，在实质内容上是不自由、不平等的。其不平等在于资本家是以体现其物质财产所有权的货币与体现劳动者的生命的劳动力来进行交换，是物与人的交换；而其不自由则在于劳动者一旦出卖其劳动力，在契约所规定的时间内，其生命活动就被资本家所支配，他们便不是按照自己的意愿，而是按照资本家的意愿来进行劳动。这也就是异化劳动概念所界定的工人“在自己的劳动中不是肯定

---

〔1〕 马克思:《资本论》第一卷，人民出版社2004年版，第195页。
〔2〕 马克思:《资本论》第一卷，人民出版社2004年版，第197页。

自己，而是否定自己”。[1]资本家购买了工人的劳动力，就在契约规定的范围内拥有了对劳动力的支配权，就可以通过延长劳动时间、增加劳动强度或者改进劳动方式，提升生产技术来生产超过其所支付购买劳动力价格（工资）的剩余价值。

为了明晰剩余价值的来源，马克思将资本分为购买劳动力的可变部分和购买生产资料的不变部分，并规定了可变资本与剩余价值量的比率，即剩余价值率，对资本家无偿所有工人劳动创造的剩余价值进行了定量与定性相统一的分析。进而，他又通过剩余价值转化为资本的积累过程的分析，指出：“把剩余价值再转化为资本，叫做资本积累。”[2]作为资本家私有财产的资本，不过是工人劳动创造的剩余价值累积的结果，由此展开并量化论证了他在《1844 年经济学哲学手稿》中论述的“私有财产是外化劳动即工人对自然界和对自身的外在关系的产物、结果和必然后果”。[3]剩余价值概念比异化劳动概念更为明确、深刻、充分地规定了资本主义经济制度与作为其基础的自然权利之间矛盾的本质，以“剩余价值”为核心，马克思对资本、工资、积累、资本再生产、利润、利息、地租等等一系列概念进行改造和规定，系统地论证了资本主义经济制度与“自然权利”的具体矛盾，说明了资本主义经济制度的历史特殊性和局限性，并以从劳动者立场出发所改造的新的权利观念证成对资本主义经济制度的否定。

---

〔1〕《马克思恩格斯全集》第 3 卷，人民出版社 2002 年版，第 270 页。
〔2〕 马克思：《资本论》第一卷，人民出版社 2004 年版，第 668 页。
〔3〕《马克思恩格斯全集》第 3 卷，人民出版社 2002 年版，第 277 页。

四、马克思以改造了的权利观对资本主义的秩序结构进行否定

马克思高度重视作为资本主义经济制度之基础的“自然权利”，他不仅以辩证法认识了它的概念及定位，更进一步从劳动者的立场对之进行改造。洛克、霍尔巴赫等资产阶级思想家是从个体生产劳动状态来规定自然权利的，但其目的是从总体上论证资本主义制度否定封建主义和专制主义制度的必然性，因而其自然权利概念的重点在于财产所有权。斯密、李嘉图等经济学家则承袭洛克的自由主义思路，以财产所有权为依据，论述作为资本的财产所有权购买劳动力进行生产并获取利润以增殖资本的合理性。与之相对，马克思从劳动者立场出发，强调人身权、生命权在自然权利中的主导性，坚持和发展劳动生产物质财富、创造价值的观点，反对非劳动的财产可以生产并所有新的财产。这是马克思的新的权利观，虽然他本人很少直接论述自然权利，但是他的权利观从历史和逻辑上说，都是霍布斯、洛克、霍尔巴赫的“自然权利”概念的改造和发展，也可以说是基于劳动者立场的自然权利观。“异化劳动”和“剩余价值”概念集中体现了马克思以劳动者的自然权利观对资本主义经济制度矛盾的规定，并由此来论证对于资本主义经济制度的否定和超越。

在《1844年经济学哲学手稿》中规定异化劳动和私有财产概念以后，马克思指出，资本和劳动的对立达到极限，就必然成为私有财产关系即资本主义经济制度的顶点，并由此走向其否定。

而这所谓的“对私有财产的最初的积极的扬弃”，[1]体现了巴贝夫等人“粗陋的共产主义”设想。马克思指出，这种“共产主义是扬弃私有财产的积极表现；起先它是作为普遍的私有财产出现的。共产主义是从私有财产的普遍性来看私有财产关系”。[2]在这样的共产主义的“最初的形式中不过是这种关系的普遍化和完成。这样的共产主义以两种形式表现出来：首先，物质的财产对它的统治力量如此之大，以致它想把不能被所有人作为私有财产占有的一切都消灭；它想用强制的方法把才能等抛弃。在它看来，物质的直接占有是生活和存在的唯一目的；工人这个规定并没有被取消，而是被推广到一切人身上；私有财产关系仍然是共同体同实物世界的关系”。[3]在这个意义上，“共同性只是劳动的共同性以及由共同的资本—作为普遍的资本家的共同体—支付的工资的平等的共同性。”[4]马克思将巴贝夫等人的“完全平等”的共产主义称为是“粗陋的”，认为其“不过是想把自己设定为积极的共同体的私有财产的卑鄙性的一种表现形式”。[5]这种共产主义是权利的平均主义的表现，是通过私有财产的普遍化来否定私有财产。

在批判巴贝夫等人共产主义观的基础上，马克思提出了自己对作为否定和替代资本主义私有权制度的共产主义的基本观念：“共产主义是私有财产即人的自我异化的积极的扬弃，因而是通过

〔1〕《马克思恩格斯全集》第3卷，人民出版社2002年版，第297页。
〔2〕《马克思恩格斯全集》第3卷，人民出版社2002年版，第295页。
〔3〕《马克思恩格斯全集》第3卷，人民出版社2002年版，第295页。
〔4〕《马克思恩格斯全集》第3卷，人民出版社2002年版，第296页。
〔5〕《马克思恩格斯全集》第3卷，人民出版社2002年版，第296页。

人并且为了人而对人的本质的真正占有；因此，它是向人自身、向社会的即合乎人性的人的复归，这种复归是完全的，自觉的和在以往发展的全部财富的范围内生成的。这种共产主义，作为完成了的自然主义 = 人道主义，而作为完成了的人道主义 = 自然主义，它是人和自然之间、人和人之间的矛盾的真正解决，是存在和本质、对象化的自我确证、自由和必然、个体和类之间的斗争的真正解决。”〔1〕马克思在这里对洛克、霍尔巴赫等启蒙学者及早期空想社会主义者们作为思想基础的“自然主义”，也即从物质主义推导出来的自然的人性和自然法进行了改造。这种所谓的“自然主义”的核心就是自然权利，洛克、霍尔巴赫等资本主义启蒙思想家关注其中的财产所有权，而早期社会主义者则注重其中的生命权或人身权，主张消灭私有财产，实行平均主义。前者导向资本主义的经济制度，并在这种制度中强化了作为私有财产的资本对劳动的统治和支配，造成劳动的异化和社会关系的异化；后者是对前者的反对，但这种反对仍然是空想性的，也是不能够实现的。马克思受费尔巴哈的启发，用“完成了的人道主义”来理解和改造自然主义，消除巴贝夫“共产主义”思想中空想的、平均主义的成分，对“共产主义”进行了全新的理论界定。在这个意义上，马克思强调对私有财产即人的自我异化的“积极的扬弃”，并保存了以往发展的全部财富，也就是要从人劳动的类本质来确定人的权利，并以人的生命权和自由发展来处理人与自然界、

〔1〕《马克思恩格斯全集》第3卷，人民出版社2002年版，第297页。

人与劳动生产的财富的本质关系，从而，“共产主义是作为否定的否定的肯定，因此，它是人的解放和复原的一个现实的，对下一段历史发展来说是必然的环节。”[1]

马克思在这里所论关于共产主义的观点，是以异化劳动概念为依据的，而异化劳动概念只是他规定资本主义经济制度矛盾的起始概念，虽然有其深刻性，但仍不够明确、彻底。在异化劳动概念中的思辨成分，也说明了马克思对于共产主义，即扬弃异化劳动和私有财产的论述中，依然在沿用黑格尔的思辨演化的“否定的否定的肯定”，这无疑是一种“正—反—合”式的论证：劳动者生产并所有其劳动产品，这是马克思改造的“自然”权利，是正；资本家购买劳动者的劳动并所有其产品，即劳动异化和私有财产，是反；社会中的所有个体按照“共产主义”的原则，即所有人都进行劳动，并共同享有其劳动产品，是合。这样的推论是合乎辩证法的，但仍然缺乏现实材料和实践活动的支撑，因此，马克思说：“共产主义是最近将来的必然的形式和有效的原则。但是，这样的共产主义并不是人的发展的目标，并不是人的社会的形式。”[2]而“整个革命运动必然在私有财产的运动中，即在经济的运动中，为自己既找到经验的基础，也找到理论的基础”。[3]这也是马克思在积极参与和领导国际共产主义运动的同时，深入研究政治经济学理论的内在理由。

---

〔1〕《马克思恩格斯全集》第3卷，人民出版社2002年版，第311页。
〔2〕《马克思恩格斯全集》第3卷，人民出版社2002年版，第311页。
〔3〕《马克思恩格斯全集》第3卷，人民出版社2002年版，第298页。

经过20多年的卓越探索，马克思在《资本论》中，对此进行了明确而系统的论证。首先，马克思回答了资本的历史起源问题。在《1844年经济学哲学手稿》中，马克思仅仅指出作为资本的私有财产是异化劳动的结果、产物，而未能充分论证其历史来源，《资本论》第一卷在对剩余价值做了系统论证后，从“资本主义积累的历史趋势”对此进行了说明。“资本的原始积累，即资本的历史起源，究竟是指什么呢？既然它不是奴隶和农奴直接转化为雇佣工人，因而不是单纯的形式变换，那么它就只是意味着直接生产者的被剥夺，即以自己劳动为基础的私有制的解体。”[1]进而，马克思对私有制进行了分析：“私有制作为社会的、集体的所有制的对立物，只是在劳动资料和劳动的外部条件属于私人的地方才存在。但是私有制的性质，却依这些私人是劳动者还是非劳动者而有所不同。”[2]由此，马克思就克服了之前较为宽泛使用“私有财产”“私有财产制度”概念的局限，论述了“以自己劳动为基础的私有制”和通过异化劳动而形成的“私有财产”及“私有财产制度”之间的本质差别，说明异化劳动和私有财产正是对“以自己劳动为基础的私有制”的否定。在此，马克思将他改造了的权利观念展开为“以自己劳动为基础的私有制”，这个“私有制”形式，是劳动者的生命权和财产所有权的统一，也是洛克、霍尔巴赫等人诠证自然权利的现实依据。接下来，马克思论证了“以自己劳动为基础的私有制”的历史存在和特征。他指出，虽然在

〔1〕马克思：《资本论》第一卷，人民出版社2004年版，第872页。
〔2〕马克思：《资本论》第一卷，人民出版社2004年版，第872页。

奴隶制度和农奴制度之中，也有部分的作为从属的“劳动者对他的生产资料的私有权”，但是只有在农奴制度解体之后，“以自己劳动为基础的私有制”和相应的个体小生产方式才真正普遍化了：“只有在劳动者是自己使用的劳动条件的自由私有者，农民是自己耕种的土地的自由私有者，手工业者是自己运用自如的工具的自由私有者的地方，它才得到充分发展，才显示出它的全部力量，才获得适当的典型的形式。”[1]以洛克为代表的现代自然法学家对自然权利的规定，就是以个体小生产方式的“自由私有者”为依托的，与之对应，马克思则把这种个体小生产方式及其“以自己劳动为基础的私有制”看作是资本主义社会之前的一个特定历史时期的存在，并且把“自由私有者”的劳动作为劳动力商品化的历史性前提。

个体小生产方式和“以自己劳动为基础的私有制”是以土地和其他生产资料的分散为前提的，它排斥生产资料的积累，也排斥协作和分工，排斥对自然的社会统治与调节，排斥社会生产力的发展，只同自然产生的生产和社会的界限相适应。因此，它发展到一定的程度，就产生出消灭它自身的物质手段，“靠自己挣得的私有制，即以各个独立劳动者与其劳动条件相结合为基础的私有制，被资本主义私有制，即以剥削他人的但形式上是自由的劳动为基础的私有制所排挤。”[2]资本主义私有制是在剥夺“以自己的劳动为基础的私有制”之中的劳动者的土地、生产资料、生活

---

〔1〕 马克思：《资本论》第一卷，人民出版社 2004 年版，第 872 页。
〔2〕 马克思：《资本论》第一卷，人民出版社 2004 年版，第 873 页。

资料之后才得以建立的，“是用最残酷无情的野蛮手段，在最下流、最龌龊、最卑鄙和最可恶的贪欲的驱使下完成的。”[1]而这又恰恰正是历史的必然。

但是，历史并没有就此终结，资本主义私有制也“必然”会在其矛盾的演化中被新的所有制形式所替代。资本的集中导致少数资本家对多数资本家的剥夺，随着协作和分工的发展，科学创新不断被自觉地应用于推动技术进步，劳动资料日益转化为只能共同使用而不再能支持单独而分立进行的生产形态，资本主义制度向全世界扩张。资本巨头的垄断和剥削程度不断地加深，资本主义生产过程的机制所训练、联合和组织起来的工人阶级规模也随之不断增长。这一系列矛盾是资本主义私有制度造成的，也是导致其灭亡的内在原因。“资本的垄断成了与这种垄断一起并在这种垄断之下繁盛起来的生产方式的桎梏。生产资料的集中和劳动的社会化，达到了同它们的资本主义外壳不能相容的地步。这个外壳就要炸毁了。资本主义私有制的丧钟就要响了。剥夺者就要被剥夺了。”[2]

马克思由此提出：“从资本主义生产方式产生的资本主义占有方式，从而资本主义的私有制，是对个人的、以自己劳动为基础的私有制的第一个否定。但资本主义生产由于自然过程的必然性，造成了对自身的否定。这是否定的否定。这种否定不是重新建立私有制，而是在资本主义时代的成就的基础上，也就是说，在协

---

〔1〕马克思：《资本论》第一卷，人民出版社 2004 年版，第 873 页。
〔2〕马克思：《资本论》第一卷，人民出版社 2004 年版，第 874 页。

作和对土地及靠劳动本身生产的生产资料的共同占有的基础上，重新建立个人所有制。”[1]马克思在这里使用了“否定之否定”的逻辑论证资本主义私有制的历史演化，但是这样的论证不是单纯思辨性的推演，而是对历史和现实材料的充分概括，是从由剩余价值概念所规定的资本主义经济制度的本质展开论证。在这一否定之否定的历史进程中，自然权利始终是矛盾演化的基本要素。资产阶级思想家们的自然权利论实际上是从“以自己劳动为基础的私有制”出发的，但是他们的目的却是要为资本主义私有制否定“以自己劳动为基础的私有制”提供依据。资本主义经济制度在与自然权利的矛盾中形成、发展和衰落，对它的否定，是劳动者以其劳动创造的生产力为根据，充分运用其生命权和人身权所体现的经济政治权利，形成组织，展开斗争的结果。资本主义私有制被否定之后建立的“个人所有制”，是人的生命权和财产所有权的有机统一，其所实现的已不会是退回到被资本主义私有制所否定的“以自己劳动为基础的私有制”，而是由一种全新的社会秩序来有效保障劳动者之个人权利（Individual Rights）的制度。[2]

---

〔1〕马克思:《资本论》第一卷，人民出版社 2004 年版，第 874 页。

〔2〕在当代语境下,“权利论”进一步扩展为统摄性的“分配”论述:“每个公民的平等地位体现为以平等原则分配的权利，人们的经济活动通过无数的自愿交换而实现物品的分配，税收是在初次分配的基础上依据某种正义原则而进行的二次分配，社会保障体系建构一种分配公共资源的机制以满足人们生老病死的基本需要，公立教育是对教育资源的分配，人才选拔是对稀缺资源的分配，司法体系主导着对惩罚的分配，荣誉的授予是对名望和社会影响力的分配。”[西班牙]塞雷娜·奥尔萨雷蒂:《牛津分配正义手册》，李石等译，商务印书馆 2024 年版。

第二章

本质与奠基

以黑格尔为代表的“德国古典哲学”（Classical German Philosophy）的“唯心史观”论者将历史中现实存在的人错误地界定为抽象的、精神性的存在，从而将“人的本质”化约为认识论的构件，使其彻底服膺于绝对精神的“自我—认知”的“自指”性（Self-Referential）过程，使“能动的”实践理性完全禁锢、驯服、搁浅于理论理性的滩涂之上。马克思经济认识论中对“人的本质”的思考破除了黑格尔式的奴役立场，突出“人类实践”（Human Praxis）的变革性意义，认为从人的社会性、人的能动的历史建构能力来考察人类的以经济为“视角性”（Perspectives）主题的认识 / 实践活动，从根本上就是要以人类的实践自我意识（Practical Self-Consciousness）为继往开来的革命行动（Revolutionary Actions）重新进行“奠基”，从而使“后启蒙”的现代主体跳脱出黑格尔主义足以框限任何意识主体的思辨“大全”陷阱（Trap）。在其中，“理智，作为普遍概念之源泉，把感官质料统合进一个体系之中，与接受性的感官相对立，它被清楚地标识为‘自发的’或‘能动的’活动；并且把感性杂多用确定方式加以规定的过程就是心灵的一种自发活动。那种自发活动相关于理智的本质，被隐含在‘自我意识的综合统一’之中，这种统一性是我们能够由的所有知识之最高条件。”[1] 通过本章的文本剖析，可以看到马克思经济认识论从政治经济学的“古典”窠臼破茧跃升，全方位推进探研“变革之可能”的批判理论（Critical Theory）的坚毅动机，而这也是在资本逻辑遮蔽之下“人的本质力量”得以重塑本真性境遇中“此在向着世界绽出”（eine Ekstase des Daseins zur Welt）的崭新契机。

---

〔1〕［英］约翰·华特生：《谢林先验唯心论的批判性阐释》，解清钰译，商务印书馆 2023 年版，第 19 页。

基于“人的本质”问题而展开的思虑与言述（特别是对哲学史相关论域的反思），是马克思经济认识论的关键基点，是马克思批判黑格尔的绝对唯心主义和费尔巴哈的人本唯物主义由以开展其“劳动—社会”论旨的核心命题。在《关于费尔巴哈的提纲》一文中，马克思展示了他的“劳动—社会”人本质观对黑格尔的“意识—精神”人本质观和费尔巴哈“自然—感性”人本质观的否定。在其中重要的段落，马克思指出，“人的本质”论题必须在一个“集体性”维度（Collective Dimensions）来展开思考，“费尔巴哈把宗教的本质归结于人的本质。但是，人的本质不是单个人所固有的抽象物，在其现实性上，它是一切社会关系的总和。”〔1〕以此，马克思精准地论述了他的“人的本质”观的基础理论

〔1〕《马克思恩格斯文集》第1卷，人民出版社2009年版，第501页。

内容。

定位于“解释世界”与“改变世界”的关键区分，马克思与“前马克思”的社会思想家（以康德、费希特、黑格尔、费尔巴哈为代表，同时也可以上溯至柏拉图、亚里士多德）严格区别开来。以“解释世界”的认知诉求为圭臬，“认知主体”本身并没有显见的相互差异性，对事物的普遍认识也并非“主体依赖”（Agent-Dependence）的，例如对于“三角形”（Triangle）的定义，不可能因为认知者的主体差异（时间的或者空间的）而得出“三角形内角和不等于 180 度”或者“三角形是正方形”的认知结果。在这个维度上，“社会—历史”的因果性延传并非一个关键因素，也就是说，笛卡尔著名的“我思，故我在”（Cogito ergo sum）命题之中的“我”，其实是“非人格”（Impersonal）化的，不局限于一时一地的理性观察者所具有的独特视角，更有甚者，“我思故我在是纯思维性的知识，而不是观察和实验的结果。严格来看，我思也并非依据严格逻辑推导得出的，而是自明的。任何怀疑他自己在思考的人，也必定在思考，于是便陷入自我矛盾中。只有当人们不是从有广延的物体，而是从纯粹的思维世界的逻辑出发，才能找到最坚实的基础。”[1]但是，迥异于“认知”（Cognitive）维度所限定的“解释性”论题（Explanatory Thesis），在以“改变世界”为原则的能动性（Agency）领域，“行动主体”的社会差异就变得至关重要，不仅“奴隶起义”与“工人运动”有着极大的差

〔1〕［德］理查德·大卫·普莱希特：《普莱希特哲学史之认识你自己：近代哲学四百年》，贺腾等译，上海人民出版社 2022 年版，第 137 页。

别，作为其“斗争”成果的种种建制（Constitution）也因所处时代的差异而大相径庭，而这正是马克思所揭示的“人的本质”论题的核心意旨所在，因为“全部社会生活在本质上是实践的。”[1]由此，本章将以马克思对黑格尔式抽象的、精神性的“人本质观”的批判性继承为中心展开讨论，通过将马克思的“黑格尔批判”话语与哲学史思想资源的深层次结合来展开分析，在理论上尝试刻画以马克思经济认识论所规定的“人的本质”视域推动现实行动的可能性边界，并探讨其内蕴的引导“变革”发生的“规范性推理”（Normative Reasoning）机制。[2]

一、普遍性论域

黑格尔哲学体系中关于“人的本质”论述集中体现在《精神现象学》这个经典的哲学文本之中，马克思在《1844 年经济学哲

---

〔1〕《马克思恩格斯文集》第 1 卷，人民出版社 2009 年版，第 501 页。

〔2〕从根本上讲，马克思的“经济哲学分析”有其“知识社会学”的构化意义，特别是对应于齐格蒙特·鲍曼在《不平等的灾难》一书中所指出的，缺乏行动能力和意愿的“绝大多数人，不管他们的信仰和意愿多么崇高伟大，经常会发现自己面对的是充满敌意、仇恨，且毫不退让的现实；无所不在的贪婪、腐败、竞争与自私，以及由此带来的相互猜疑与持续提防。孤军奋战是无法改变这一现实的，祈祷、争辩、无视，都于事无补，留给人们的选择很少，只能遵循一种行为模式，不管是有意的还是无意的，不管是人为设计的还是自然天成的，这种行为模式最终导致‘一切人反对一切人’的世界被反复复制。由此导致我们经常将这些现实（在我们的帮助下每天不断被再生产出来的、人为的、被灌输的、想象的现实）误认为是人力无法挑战和修改的‘事物的本质’。”［英］齐格蒙特·鲍曼：《不平等的灾难》，李丁译，北京出版社 2024 年版。

学手稿》中对之做出了如下的批判性概括：

> 黑格尔根据否定的否定所包含的肯定方面把否定的否定看成真正的和唯一的肯定的东西，而根据它所包含的否定方面把它看成一切存在的唯一真正的活动和自我实现的活动，所以他只是为历史的运动找到抽象的、逻辑的、思辨的表达，这种历史还不是作为一个当作前提的主体的现实历史，而只是人的产生的活动、人的形成的历史。〔1〕

黑格尔的“否定哲学”试图以思维的强度达致“唯一真正的活动”和“自我实现的活动”，这无疑是对费希特“知识学体系”中关键性的“本原行动”（Tathandlung）的理念性延展，但也与费希特“知识学”（Wissenschaftslehre）的“自我设定自我”（Self-Positing I）论述一样地限于“抽象的、逻辑的、思辨的表达”而无法自拔，其所困囿的“人的形成的历史”虽然可以作为规定人和人的本质的基础信念（Fundamental Ideas），但仍旧不是在人类总体意义上“当作前提的主体的现实历史”，因为这样的视角性局限了作为“普遍性”存在准则的奠基性可能。同时，马克思认为，黑格尔延续德国唯心论（German Idealism）的传统所发展的“以自我意识的、理解自身的哲学或绝对的”〔2〕精神哲学为论述基调的

〔1〕《马克思恩格斯全集》第3卷，人民出版社2002年版，第316页。
〔2〕《马克思恩格斯全集》第3卷，人民出版社2002年版，第317页。

“逻辑的泛神论”体系，本身已经迷失在“自身与他者”（Self and Other）的错综关系之中。因为

> 这些对象从中异化出来的并以现实性自居而与之对立的，恰恰是抽象的思维。哲学家——他本身是异化的人的抽象形象——把自己变成异化的世界的尺度。[1]

马克思指出，在黑格尔所构建的“理性的狡计”中，“全部外化历史和外化的全部消除，不过是抽象的、绝对的思维的生产史。”[2]由此可知，

> 在这里，不是人的本质以非人的方式同自身对立的对象化，而是人的本质以不同于抽象思维的方式并且同抽象思维对立的对象化，被当作异化的被设定的和应该扬弃的本质。[3]

马克思这里所使用的“生产史”的提法，准确地概括了《精神现象学》的基本论点和思路，将所谓的“自在与自为之间、意识和自我意识之间、客体和主体之间的对立”[4]落到实处。黑格尔是从“意识—精神”层次的“思维的生产史”来规定人，“因为我们在

[1]《马克思恩格斯全集》第3卷，人民出版社2002年版，第318页。
[2]《马克思恩格斯全集》第3卷，人民出版社2002年版，第318页。
[3]《马克思恩格斯全集》第3卷，人民出版社2002年版，第318页。
[4]《马克思恩格斯全集》第3卷，人民出版社2002年版，第318页。

历史中创造了、改造了和理解了我们所生活的世界，我们才有可能全面认识意识的诸形态，最终获得绝对知识。”[1] 由此可知，“人的本质”也就是对这个“生产史”的概括。

如前所述，“人的本质及其异化”论题是黑格尔《精神现象学》一书的核心和主干，“突破了近代认识论只研究个人意识的局限性，把劳动、实践、历史、伦理、道德、宗教等意识形态引入知识发展过程，认为只有在辩证法的基础上阐述个人的经验意识发生和世界历史发展的一致性，”[2] 也即从“感知确定性”（Sense Certainty）到“知性”（Understanding）到“理性”（Reason）到“精神”（Spirit）的普全性的“生产”过程的各环节出发，才能真正将人的本质全面和系统地揭示出来，而这一切又自有其内在的“秩序”（Order）。

> 因此，对于人的已成为对象而且是异己对象的本质力量的占有，首先不过是那种在意识中、在纯思维中即在抽象中发生的占有，是对这些作为思想和思想运动的对象的占有；其次，要求把对象世界归还给人——例如，有这样一种说法：感性意识不是抽象的感性意识，而是人的感性意识；宗教、财富等等不过是人的对象化的异化了的现实，是客体化了的人的本质力量的异化了的现实；因此，宗教、财富等等不过是通向真正人的现实的

〔1〕 赵敦华：《西方哲学简史》，北京大学出版社 2012 年版，第 343 页。
〔2〕 赵敦华：《西方哲学简史》，北京大学出版社 2012 年版，第 343 页。

> 道路，——这种对人的本质力量的占有或对这一过程的理解，在黑格尔那里是这样表现的：感性、宗教、国家权力等等是精神的本质，因为只有精神才是人的真正的本质，而精神的真正的形式则是思维着的精神，逻辑的、思辨的精神。[1]

在此，马克思将黑格尔的核心命题概括为“只有精神才是人的真正的本质”，从而展现其“理念的神秘主义”[2]理论特质。运思中的精神以其动词态的形式统御人的价值旨归，并最终完成对人的终极“生产”。“自然界的人性和历史所创造的自然界——人的产品——的人性，就表现在它们是抽象精神的产品。因此，在这个限度内，它们是精神的环节即思想本质。”[3]在黑格尔看来，想要实现“把对象世界归还给人”这一宏旨，就正需要从“自然哲学向精神哲学的过渡”，而在这个过程中，逻辑学一直是其中运作的关键。马克思以此来总括他对黑格尔的认识，指出在黑格尔抽象的思辨逻辑中，实际上正是以精神的运动来论证人的本质，并以他特有的表述方式主张“宗教、财富不过是通向真正人的现实的道路”，而这其中，正蕴含了潜在的“批判性”特征。

---

〔1〕《马克思恩格斯全集》第3卷，人民出版社2002年版，第318—319页。
〔2〕顾伟伟:《〈历史哲学〉的逻辑学及其批判》,《学习与探索》2016年第11期。
〔3〕《马克思恩格斯全集》第3卷，人民出版社2002年版，第319页。

> 可见，《现象学》是一部隐蔽的、自身还不清楚的、神秘化的批判；但是，因为《现象学》坚持人的异化，——尽管人只是以精神的形式出现，——所以它潜在地包含着批判的一切要素，而且这些要素往往已经以远远超过黑格尔观点的方式准备好和加过工了。[1]

马克思敏锐地把握了《精神现象学》的“批判哲学”立意，并将其进一步“激进化”（Radicalized）为资产主义社会现实的总体性批判，以面对被压制和被榨取的真实生命需求（Human Demand）。

二、“自我意识”的神话

在全面地分析和把握了黑格尔“人的本质”思想基调的基础上，马克思在《1844年经济学哲学手稿》中展开对黑格尔论点的进一步批判。

> 人的本质，人，在黑格尔看来＝自我意识。因此，人的本质的全部异化不过是自我意识的异化。[2]

在黑格尔那里，“异化”并非一个典型的负面概念，而是一个

〔1〕《马克思恩格斯全集》第3卷，人民出版社2002年版，第319页。
〔2〕《马克思恩格斯全集》第3卷，人民出版社2002年版，第322页。

“同一与差异”意义上的形而上学语汇，指向别于“自身”的“异在”，是“性质与关系”论域中的“外化”意谓。也因此，

> 自我意识的异化没有被看作人的本质的现实异化的表现，即在知识和思维中反映出来的这种异化的表现。相反，现实的即真实出现的异化，就其潜藏在内部最深处——并且只有哲学才能揭示出来的——本质来说，不过是现实的人的本质即自我意识的异化现象。[1]

马克思将“人的本质”议题引入到“现实的人”的论述之中，强化其“人的本质 = 自我意识”的论证结构，并从中找到“复归于自身”的精神运动的内在驱动趋向。“因此，对异化了的对象性本质的全部占有都表现为把这种本质合并于自我意识：掌握了自己本质的人，仅仅掌握了对象性本质的自我意识。因此，对象向自我的复归就是对象的重新占有。”[2]《精神现象学》因此正可以视作是从整体上演绎“现实的异化现象”的人学著作。

马克思进一步指出，从“自我与他者”的差异性关系出发，“自我意识的外化设定物性。因为人 = 自我意识，所以人的外化的、对象性的本质即物性（对他来说是对象的那个东西，而且只有对他来说是本质的对象并因而是他的对象性的本质的那个东西，才是他的真正的对象。既然被当作主体的不是现实的人本身，因

〔1〕《马克思恩格斯全集》第 3 卷，人民出版社 2002 年版，第 322 页。
〔2〕《马克思恩格斯全集》第 3 卷，人民出版社 2002 年版，第 322 页。

而也不是自然——人是人的自然——而只是人的抽象，即自我意识，所以物性只能是外化的自我意识）= 外化的自我意识，而物性是由这种外化设定的。”[1] 基于费希特式“设定”的思路，主体是自我意识，现实的、自然存在的人却成了人的自我意识外化的对象，是外化的自我意识，这是黑格尔“人的本质”思想的根本性悖谬所在。

> 一个有生命的、自然的、具备并赋有对象性的即物质的本质力量的存在物，既拥有它的本质的现实的、自然的对象，而它的自我外化又设定一个现实的、却以外在性的形式表现出来因而不属于它的本质的、及其强大的对象世界，这是十分自然的。这里没有什么不可捉摸的和神秘莫测的东西。相反的情况倒是神秘莫测的。但是，同样明显的是，自我意识通过自己的外化所能设定的只是物性，即只是抽象物、抽象的物，而不是现实的物。[2]

马克思充分发挥了“外在性”（Alterity）分析的批判效力，确定这种“他异性”的力量并不能构成“现实”的“人与物”之间的关系，也就是说，“物性因此对自我意识来说决不是什么独立的、实质的东西，而只是纯粹的创造物，是自我意识所设定的东西，这个被设定的东西并不证实自己，而只是证实这一行动，这

〔1〕《马克思恩格斯全集》第 3 卷，人民出版社 2002 年版，第 323 页。
〔2〕《马克思恩格斯全集》第 3 卷，人民出版社 2002 年版，第 323 页。

一行动在一瞬间把自己的能力作为产物固定下来，使它表面上具有独立的、现实的本质的作用——但仍然只是一瞬间。”[1]马克思在这里再次回应了费希特的“本原行动”理论，在其中，“自我意识由作为‘主体我’的自我返回关系构成。只要我们使用这个自我返回关系来解释自我意识的可能性，这个‘主体我’就已经被提前假设了。事实上，‘我’必须被看做是‘主体我’与‘客体我’同一体的整个结果。”[2]这种瞬间性的自我意识之“本原行动”完成了“自我设定”，但却仅仅是完成了一个“表面”上的本体论“奠基”（Grounding），因为“意识——作为知识的知识——作为思维的思维——直接地冒充为它自身的他物，冒充为感性、现实、生命。”[3]从而无疑意味着“精神现象学”的自我否证（Self-Defeating）。

马克思呈现了黑格尔观念中的不自洽和虚假之处，认为黑格尔所认为的自我意识的所谓“自己的异在本身中就是在自身。这段议论汇集了思辨的一切幻想。”[4]马克思此处对于“幻想”（Illusion）的指责，指向黑格尔的整个哲学计划（Philosophical Project），

这里包含着：因为有自我意识的人认为精神世

[1]《马克思恩格斯全集》第3卷，人民出版社2002年版，第323—324页。
[2] 刘哲：《黑格尔辩证—思辨的真无限概念：在康德与费希特哲学视域中的黑格尔〈逻辑学〉》，北京大学出版社2009年版，第88—89页。
[3]《马克思恩格斯全集》第3卷，人民出版社2002年版，第328页。
[4]《马克思恩格斯全集》第3卷，人民出版社2002年版，第324页。

> 界——或人的世界在精神上的普遍存在——是自我外化并加以扬弃，所以他仍然重新通过这个外化的形态确证精神世界，把这个世界冒充为自己的真正的存在，恢复这个世界、假称在自己的异在本身中就是在自身。因此，在扬弃例如宗教之后，在承认宗教是自我外化的产物之后，他仍然在作为宗教的宗教中找到自身的确证。黑格尔的虚假的实证主义或他那只是虚有其表的批判主义的根源就在于此。〔1〕

在马克思看来，黑格尔所精心编制的“精神世界”只是一个“被给予的神话”（Myth of Given），其中充满了虚伪的证言与错乱的运思，并必然以“另一种宗教”的形式将世人引入歧途。奠基于“非现实”的本体论承诺，那所谓“知道自己是绝对自我意识的主体，就是神，绝对精神，就是知道自己并且实现自己的观念。现实的人和现实的自然界不过是成为这个非现实的自然界的谓语、象征。因此，主语和谓语之间的关系被绝对地相互颠倒了。”〔2〕

马克思全面地批判和否定了黑格尔以“自我意识”的精神维度确证的“人的本质”，也从中展现了自己独特的思考维度。正是在对黑格尔之理论缺陷的阐明中，在对黑格尔以《精神现象学》为代表文本的思想论证的重构性审思中，发现其辩证法的合理性内核，同时指出其中存在的缺陷与矛盾，进而探讨解决这一矛盾

〔1〕《马克思恩格斯全集》第3卷，人民出版社2002年版，第328页。
〔2〕《马克思恩格斯全集》第3卷，人民出版社2002年版，第332页。

的路径，也就是在这个过程中，马克思逐渐形成了自己的人本质观，这也就是一个“否定之否定”的过程。在对黑格尔人本质观的批判性反思中马克思确立其“人的本质”思想，在马克思的人本质观中黑格尔哲学的合理成分被改造成为新的有机内容而得到了进一步的阐扬。

三、奠基：共产主义作为“本质”之思

马克思对“人的本质”的整全之思是在“共产主义”（Communism）的高度展开的“社会性”致思，共产主义的“实现”（而非绝对精神的自我实现）作为人的本质性发展的必然，也是使人从根本上扬弃异化而实现自由发展的过程，这个过程是总体的、社会的，体现了人的本质的普遍性特征。同样作为“生产”的结果，

> 正像社会本身生产作为人的人一样，社会也是人生产的。活动和享受，无论就其内容或就其存在方式来说，都是社会的活动和社会的享受。自然界的人的本质只有对社会的人来说才是存在的；因为只有在社会中，自然界对人来说才是人与人联系的纽带，才是他为别人的存在和别人为他的存在，只有在社会中，自然界才是人自己的人的存在的基础，才是人的现实的生活要素。只有在社会中，人的自然的存在对他来说才是自己的人的存

> 在，并且自然界对他来说才成为人。因此，社会是人同自然界的完成了的本质的统一。[1]

马克思强调了“社会性”的终极意义，认为对“人的本质”的讨论“只有在社会中”才能发挥效用，因为人之为人的关键恰恰在于对“社会性”维度的彰显：社会是人同自然界的完成了的本质的统一。从这一点来说，马克思已经超越了黑格尔的“逻辑主义”而回归现实的基础之上。社会性是人的总体存在形式，社会的活动不仅体现于直接的共同生活中，而且“在社会性的上述直接表现以这种活动的内容的本质为根据并且符合其本性的地方都会出现。”[2]马克思强调，在以“普遍性”为名的运思过程中，应当避免重新把“社会”还原（延异）为“抽象”的东西而与“现实的人”对立起来。“个体是社会存在物。因此，他的生命表现，即使不采取共同的、同他人一起完成的生命表现这种直接形式，也是社会生活的表现和确证。”[3]

马克思指出，“共产主义”作为对私有财产的扬弃，是为了人并且通过人对人的本质和人的生命的占有，这不能被简单地理解为直接的、片面的获得，更不应当被理解为感性的“享受”，而毋宁是“人以一种全面的方式，就是说，作为一个总体的人，占有自己的全面的本质。”[4]在此，正如笛卡尔“我思”（Cogito）概念

〔1〕《马克思恩格斯全集》第3卷，人民出版社2002年版，第301页。
〔2〕《马克思恩格斯全集》第3卷，人民出版社2002年版，第301页。
〔3〕《马克思恩格斯全集》第3卷，人民出版社2002年版，第302页。
〔4〕《马克思恩格斯全集》第3卷，人民出版社2002年版，第303页。

所包含的多种“思”的样态（Modes），“总体的人”也实现其对自身诸感知觉内容（Perceptual Content）的内在占有。人的社会性不是抽象的演绎结论，而是具体的现实，不仅体现于人与人之间的关系，更体现于每一个个体人的感官判断与现实的关系之中，个体的知觉样式在形式上直接就是社会的认知内容，其感受也就是社会总体意义上的感受，并随历史的变化而变化。“正像在形式上直接是社会的器官的那些器官一样，是通过自己的对象性的关系，即通过自己同对象的关系而对对象的占有，对人的现实的占有；这些器官同对象的关系，是人的现实的实现（因此，正像人的本质规定和活动是多种多样的一样，人的现实也是多种多样的），是人的能动和人的手动，因为按人的方式来理解的手动，是人的一种自我享受。”〔1〕作为使人离弃自我的物质性的“异化”力量，私有制使人变得愚昧，只懂得片面追求不平等的生存境遇，将人类的生命形态归结为私有财产的积累，只有其可以被直接“享用”，才具有“对象性”的阈值。“尽管私有制本身又把占有的这一切直接实现仅仅看作生活手段，而它们作为手段为之服务的那种生活，是私有制的生活——劳动和资本化。”〔2〕

马克思将其对“人的本质”的思考凝结在“社会在这个对象中对人来说成为本质”这一命题中，充分说明了社会性（而非黑格尔所谓“精神性”）是人的本质的集中体现。也就是说，人的本质不仅体现于人的社会关系本身，也体现于人与对象之间的物质

〔1〕《马克思恩格斯全集》第3卷，人民出版社2002年版，第303页。
〔2〕《马克思恩格斯全集》第3卷，人民出版社2002年版，第303页。

性关系上，只有同时从这两类关系的统一中才能全面地认识人的本质。

> 随着对象性的现实在社会中对人来说到处成为人的本质力量的现实，成为人的现实，因而成为人自己的本质力量的现实，一切对象对他来说也就成为他自身的对象化，成为确证和实现他的个性的对象，成为他的对象，这就是说，对象成为他自身。[1]

在人的个体与社会总体性达到统一的条件下，“对象”是社会总体的，同时也是个体的，有所归属的。人的社会性不仅体现于人与人的关系上，也体现于人自身，体现于人的感官及其本质力量的历时性发展上。“五官感觉的形成是迄今为止全部世界历史的产物。”[2]个体人之对象感觉能力的形成和变化，充分体现了人的社会性。“一方面为了使人的感觉成为人的，另一方面为了创造同人的本质和自然界的本质的全部丰富性相适应的人的感觉，无论从理论方面还是从实践方面来说，人的本质的对象化都是必要的。”[3]这也就意味着，通过私有财产及其所导致的物质的和精神的运动，正在生成社会发展的内在机制，而已经生成的社会“创造着具有人的本质的这种全部丰富性的人，创造着具有丰富的、

〔1〕《马克思恩格斯全集》第3卷，人民出版社2002年版，第304页。
〔2〕《马克思恩格斯全集》第3卷，人民出版社2002年版，第305页。
〔3〕《马克思恩格斯全集》第3卷，人民出版社2002年版，第306页。

全面而深刻的感觉的人作为这个社会的恒久的现实。"[1]人类社会总体性的"繁盛"（Human Flourishing）也正建基于此。

马克思在对黑格尔"人的本质"的"逻辑的、思辨的"断言的反思中，展开其"劳动—社会"视域下的人本质观。正是在对具体的资本主义社会矛盾的探讨中，认识到劳动在人的主体性生命（Subjective Life）中所具有的核心地位，劳动因此是人之为人的本质性要素。在这个意义上，劳动是社会性的活动，有劳动构造的生产过程是人类社会存在与发展的基础。马克思从劳动和社会的统一及其矛盾中建构"人的本质"思想，与他的社会历史观相呼应。马克思的人本质观是他的社会历史观的抽象概括，其社会历史观则是人本质观的具体展开，两者共同为"批判的经济认识论"[2]奠基。马克思的"人的本质"思想以人类解放为根本方向、以无产阶级的革命行动为切实依据、以共产主义为斗争目标，作用于他不断为无产阶级革命斗争而推进的关于资本主义经济矛盾的认识论研究之中，并且以革命者的"具身化"（Embodied）行动者视角显现于波澜壮阔的国际共产主义运动的历史场景之中。

---

〔1〕《马克思恩格斯全集》第 3 卷，人民出版社 2002 年版，第 306 页。

〔2〕在这样的动态的认识论研究之中，"按照待实现目的的实践知识，被认识的对象为行动提供基础。反过来，通过由实践知识指导的行动，世界及关于世界的理论知识针对性地发生了改变。"[德] 君特·策勒:《十九世纪哲学》，周烨楠译，上海三联书店 2024 年版，第 19—20 页。

第三章

劳动与主体

“劳动”（Labour）是马克思主义经济认识论的基础性概念，也是马克思批判资本主义经济制度异化本质的“出发点”（Standpoint）所在。在对“劳动”现象的理论认识上，亚当·斯密经由洛克的资产阶级劳动产权论而提出的“劳动是商品”命题，是古典自由主义经济哲学典型的“资产者”意识形态的产物。这一命题从根本上否定了“劳动者”在生产过程中的主体性地位，其主旨是以资本契约关系掩盖剥削实质，将工人从生产活动的“劳动—主体”异化、集置为等价交换中的“劳动—商品”，从而以“劳动”的“去主体化”论证为资产阶级的利润攫取做出合理性辩护。黑格尔对于“劳动”概念的界定迥异于以斯密为代表的古典自由主义学者，在其代表作《精神现象学》中，黑格尔强调了“劳动”意识在人确立其“主体性”，即自我意识之“生成”进程中的枢轴意义（Hinge Proposition）。但是，正如马克思所批评的，黑格尔只是在“抽象的精神层面”来规定其“劳动”概念，由此造成了意识与现实的颠倒，从而无法克服古典自由主义经济哲学“劳动是商品”命题的根本缺陷。马克思以其坚定的视野，直面西方资本主义制度下的真实经济矛盾，秉持“否定之否定”的辩证理路，首先以“异化劳动”概念阐明“劳动是商品”命题所蕴含的工人与资本家之间的矛盾，进而在批判与克服黑格尔思辨痼疾的基础上，深入分析劳动本质和劳动过程，革新劳动价值论，最终以“剩余价值理论”突破意识形态困蔽，实现了“劳动”的“再主体化”，从而为通过社会性革命，重塑主动性、创造性、实践性的劳动者“自我—主体”开辟了道路。

资本主义经济哲学的“谋制”（Manifestation）企图构建全然“他者化”的世界图景，“对我们来说，‘有存在者而不是虚无’这个事实给我们带来的意义已经缩减为仅仅是现成在手的东西。意义的丰富性已经消失，只留下一片惨淡的灰暗荒地。”[1]无往不在的权力结构订造了“古典政治经济学”的理性界限，亦即完全被“对象化”了的人性形象，“未来”停滞了，不再关联着改变。“经济人并不是对自己的需求和能满足这些需求的物品进行表象的人；而是为逃避死亡的逼近而度过、耗费和丧失其生命的人。它是一个有限的存在：并且诚如自康德以来，有限性（la finitude）问题变得比表象的分析更基本（表象的分析只能来自有

〔1〕［美］理查德·波尔特：《海德格尔导论》，陈直译，上海文艺出版社 2024 年版。

限性问题），自李嘉图以来的经济学也以一种或多或少明确的方式基于一种设法为有限性规定具体形式的人类学之上。18 世纪经济学相关于一种作为所有可能性秩序之一般科学的普遍数学（une mathesis）；19 世纪经济学将诉诸于一种作为有关人的自然有限性话语的人类学。”[1] 与这一状况相对应的，是作为马克思经济哲学之认识论基础的“劳动”（Arbeit）概念，是马克思从无产阶级的立场出发，长期深入研究资本主义制度经济矛盾的过程中，对亚当·斯密（Adam Smith）、大卫·李嘉图（David Ricardo）等古典政治经济学家以及德国古典哲学家黑格尔（G.W.F. Hegel）所提出的“劳动”概念的批判、改造和完善而确立的。正是经由马克思的批判之思，“劳动是商品”这一发端自约翰·洛克（John Locke）之“劳动财产论”的资产阶级意识形态建构，历史性地转向为重塑劳动者之“主体性”（Subjectivity）的“辩证进程”（Dialectical Movement）。在此，古典自由主义经济学者麦克库洛赫在其《政治经济学原理》中有如下表述：“亚当·斯密在《国富论》中说：‘在初期蒙昧社会状态下，劳动的全部产品属于劳动者自己；一般运用于取得或生产任何商品的劳动量，是唯一决定那种购买、支配或交换其他商品劳动量的条件。’这样便没有怀疑或持不同意见的余地了。当没有别的阶级而只有劳动者的时候，一切劳动产品，明显地必然属于他们；每一个人在生产商品中的牺牲，或消耗与产品的劳动量，大家都承认是能够决定产品交换价

〔1〕［法］米歇尔·福柯：《词与物：人文科学的考古学》，莫伟民译，上海三联书店 2016 年版，第 261 页。

值的唯一原则。”[1]从这个“唯一原则”出发展开对于现代世界的“劳动”论题的系统性考察，是马克思经济认识论的关键性表述，“正如马克思的幽灵所告诫我们的，这个世界的系统不是死的劳动的轨道，甚至也不是耗尽了构成力量的劳动的存储器。这个世界是被活的劳动的具有建构性的轨道所不断冲击和撕裂的系统。”[2]革命的阶级意识系统贯彻于其异化劳动学说向科学的劳动价值论和剩余价值理论的演进过程之中，呈现出理论体系的核心性筹划（Projecting）。

一、“劳动商品论”的构造

以亚当·斯密和大卫·李嘉图为代表的古典自由主义经济学家，作为“上升时期”资产阶级意识形态的代表，其经济哲学思想以英国十七世纪的“现代自然法思想家”托马斯·霍布斯（Thomas Hobbes）、约翰·洛克（John Locke）所提出的“自然权利论”（Natural Rights Theory）为理论前导。霍布斯在其著名的《利维坦》中指出：“著作家们一般称之为自然权利的，就是每一个人按照自己所愿意的方式运用自己的力量保全自己的天性——也就是保全自己的生命——的自由。”[3]霍布斯试图以此为基础为

〔1〕［英］麦克库洛赫：《政治经济学原理》，郭家麟译，商务印书馆2009年版，第166页。

〔2〕［意］安东尼奥·内格里：《超越帝国》，李琨、陆汉臻译，北京大学出版社2016年版，第190页。

〔3〕［英］霍布斯：《利维坦》，黎思复、黎廷弼译，商务印书馆1985年版，第97页。

现代人的生活奠立不同于古典化的亚里士多德主义所期许的秩序与意义。对此，正如列奥·施特劳斯（Leo Strauss）所指出的，“实现此种社会秩序的确定性或许来自这一事实：健全的社会秩序是基于最强烈的激情之上的，并且从而是基于人们身上最强大的力量之上的。然而，如果对于死于暴力的恐惧真是人们身上最强大的力量，人们就应该指望，他们所意欲的社会秩序就是一直存在着的，或者几乎是一直存在着，因为它是由自然的必然性、由自然秩序所创造的。”〔1〕人类的现世“幸福”抑或“幸存”，都不再与其“德性”密切相关，而只是其“畏死”之激情（Passions）所投射生发的“在世之在”。〔2〕

与霍布斯的观点相呼应，洛克在《政府论》下篇中提出，人的自然权利主要包括生命权和财产所有权，以及自由和平等。“自然状态有一种为人人所应遵守的自然法对它起着支配作用；而理性，也就是自然法，教导着有意遵从理性的全人类：人民既然都是平等和独立的，任何人就不得侵害他人的生命、健康、自由或

---

〔1〕［美］列奥·施特劳斯:《自然权利与历史》，彭刚译，生活·读书·新知三联书店 2016 年版，第 205 页。施特劳斯在同一语境下进一步指出：在这一“激情社会”，统摄一切的“‘看不见的手’倘若得不到《利维坦》或者（如果你愿意的话）《国富论》的支持，只能是软弱无力的”。

〔2〕由此，“霍布斯确信，哲学只要成为普及化了的哲学并且从而成其为公众见解，它自身就能带来哲学与政治权力的合一。在系统化的启蒙中所阐发出来的系统哲学将会战胜偶然性：人民是被逐步教化的。发明了正确的制度，启蒙了公民大众，哲学就能够确保社会问题的解决，而如果指望道德训诫的话，社会问题是无从被人们稳妥解决的。”［美］列奥·施特劳斯:《自然权利与历史》，彭刚译，生活·读书·新知三联书店 2016 年版，第 204 页。

财产。"[1]进而，洛克以人类生命所体现的劳动来界定劳动的"自我所有权"（Self-Ownership）："土地和一切低等动物为一切人所共有，但是每人对他自己的人身享有一种所有权，除他以外任何人都没有这种权利。他的身体所从事的劳动和他的双手进行的工作，我们可以说，是正当地属于他的。所以只要他使任何东西脱离自然所提供的和那个东西所处的状态，他就已经掺进他的劳动，在这上面掺加他自己的所有的某些东西，因而使它成为他的财产。"[2]从而，"财产"（Property）就被定位为"劳动在万物之母的自然所已完成的作业上面加上一些东西，这样它们就成为他的私有的权利了。"[3]也就是说，在洛克看来，"占有事物的唯一正当的办法，就是直接从自然、从'万物之母'而不是从他人那里得到它们；要使原来不属于任何人因此人人都可以获得的东西成为自己的，唯一正当的办法就是通过自己的劳动来占有它。每个人天然地就是他的肉体的独一无二的所有者，因此也是他肉体的工作（亦即劳动）的独一无二的所有者。"[4]因而，从"自然权利"的角度，不仅是劳动产品本身，劳动所利用的土地，也同样应当属于劳动者，"一个人能耕耘、播种、改良、栽培多少土地和能用多少

[1]［英］洛克：《政府论》下篇，叶启芳、瞿菊农译，商务印书馆1964年版，第4页。

[2]［英］洛克：《政府论》下篇，叶启芳、瞿菊农译，商务印书馆1964年版，第18页。

[3]［英］洛克：《政府论》下篇，叶启芳、瞿菊农译，商务印书馆1964年版，第18—19页。

[4]［美］列奥·施特劳斯：《自然权利与历史》，彭刚译，生活·读书·新知三联书店2016年版，第241页。

土地的产品，这多少土地就是他的财产。”[1]

由此可见，洛克以“个体生命”为基础给出论证，“不是社会，而是个人——全然由其自身利益所驱动的个人——才是财产的创始人。”[2]历史地看，这一在古典自由主义（Classical Liberalism）立场下“为基于个人劳动的私有制辩护的理论”[3]，其所针对的是他生活的时代的英国，在农奴制的消亡过程之中短暂出现过的个体农民的生产方式及其个体所有制，也就是马克思在《资本论》第一卷中论述的“以自己劳动为基础的私有制”。[4]在这一论域下，洛克以“自身性”（Selfhood）证成了“劳动可以赋予一个人对原始共有之物的私人所有权”，[5]也即是说，劳动的施行者“主体”的人身权所体现的劳动既是财产/财富的来源，又是其财产所有权的根据。[6]在这一典型的自由主义视角下，“劳动乃是与自然权利相符合的唯一的占有财产的资格。”[7]劳动也就不

〔1〕［英］洛克：《政府论》下篇，叶启芳、瞿菊农译，商务印书馆1964年版，第20—21页。

〔2〕［美］列奥·施特劳斯：《自然权利与历史》，彭刚译，生活·读书·新知三联书店2016年版，第241页。

〔3〕段忠桥：《马克思对洛克财产权理论的定性与继承》，《武汉大学学报（哲学社会科学版）》2021年第3期。

〔4〕马克思：《资本论》第1卷，人民出版社，2004年，第872页。

〔5〕［美］潘戈：《18世纪北美的共和主义与洛克哲学》，朱颖译，华东师范大学出版社2020年版，第254页。

〔6〕“无疑，劳动赋予了拥有财产的最初资格。然而，劳动也是几乎所有价值的源泉：‘劳动创造了我们在世间所享有的事物的价值的绝大部分’。”［美］列奥·施特劳斯：《自然权利与历史》，彭刚译，生活·读书·新知三联书店2016年版，第248页。

〔7〕［美］列奥·施特劳斯：《自然权利与历史》，彭刚译，生活·读书·新知三联书店2016年版，第241页。

再是古代世界的奴役与依附的标志，而可以“被理解为社会解放和自由的证明”。[1]

与自然权利论相呼应的，是关涉人与人之间权利交换的社会契约论思想（Social Contract Theory）。这一理论传统同样是霍布斯、洛克的现代自然法思想中的重要组成部分。现代社会契约理论主要关涉财产所有权意义上的交换，在此，“权利的互相转让就是人们所谓的契约。”[2]霍布斯认为，基于契约的逻辑预设（Logical Presupposition），“当一个人转让他的权利或是放弃他的权利时，那总是由于考虑到对方将某种权利会让给他，要不然就是因为他希望由此得到某种别的好处。”[3]而正是基于“自我利益”（Self-Interest）的考虑，“一个人转让任何权利时，就是将他权力范围内的享受权利的手段转让了。”[4]霍布斯主义的契约观念得到了资产阶级思想家的普遍认同和延续发展，现代西方世界的法理学及政治人物也对人与人之间的“假设性契约”进行了论证，使得资本主义经济所赖以维系的契约交换关系得到了理论确证和法律保证。

霍布斯和洛克进一步将个人与个人之间的契约进行扩展，扩

〔1〕［德］霍耐特:《劳动：一个现代概念的简史》，王卓群译,《国外理论动态》2022年第6期。

〔2〕［英］霍布斯:《利维坦》，黎思复、黎廷弼译，商务印书馆1985年版，第100页。

〔3〕［英］霍布斯:《利维坦》，黎思复、黎廷弼译，商务印书馆1985年版，第100页。

〔4〕［英］霍布斯:《利维坦》，黎思复、黎廷弼译，商务印书馆1985年版，第104页。

大至个人与社会总体的关系上。霍布斯主张，按照契约由每个人都让渡一部分自然权利而构建“共同权力”的机构，即国家（Common-wealth），就是“把大家所有的权力和力量付托给某一个人或一个能通过多数的意见把大家的意见化为一意志的多人组成的集体”。[1]以“合众为一”的方式，“这就是一大群人相互订立信约、每人都对它的行为授权，以便使它能按其认为有利于大家的和平与共同防卫的方式运用全体的力量和手段的一个人格。”[2]作为“复合体”的现代国家是以“自然权利”为依据的，其职能就是保证公民的自然权利并规范社会契约的履行。洛克则同时强调这一“普遍联合”建立契约的行为本身必须以第一人称视角下的“同意”（Consent）为基础，“当某些人基于每人的同意组成一个共同体时，他们就因此把这个共同体形成一个整体，具有作为一个整体而行动的权力。”[3]而一旦缺失了这一“共主观性”（Intersubjective）的维度，“它就不可能作为一个整体、一个共同体而有所行动或继续存在，而根据组成它的各个个人的同意，它正是应该成为这样的整体的。”[4]由此，虽然早期现代西方思想界在国家及政府的构建模式上存在着不同的见解，但国家以个人为

---

〔1〕［英］霍布斯：《利维坦》，黎思复、黎廷弼译，商务印书馆1985年版，第131页。

〔2〕［英］霍布斯：《利维坦》，黎思复、黎廷弼译，商务印书馆1985年版，第132页。

〔3〕［英］洛克：《政府论》下篇，叶启芳、瞿菊农译，商务印书馆1964年版，第60页。

〔4〕［英］洛克：《政府论》下篇，叶启芳、瞿菊农译，商务印书馆1964年版，第60页。

权利之主体，国家的首要职能是保证个人自然权利和维护社会契约这一根本原则，已经成为资产阶级意识形态的首要环节，并贯彻于资本主义经济制度的早期形态当中，正是在这个意义上，“古典政治经济学作为现代一门典范的社会科学学科，其在基础问题上的理论思考正是在近代自然法传统的内部孕育、产生出来。”[1]

以亚当·斯密为代表的18世纪古典自由主义经济哲学家，深切地承继和沿循着霍布斯、洛克所开创自由主义脉络下的自然权利论和社会契约论，并进一步明确“劳动”概念及其在古典政治经济学中的地位和作用。[2]亚当·斯密在《国民财富的性质和原因的研究》的开篇即以劳动作为创造性“源泉”的论断展开立论：“一国国民每年的劳动，本来就是供给他们每年消费的一切生活必需品和便利品的源泉。”[3]而在资本积累和土地私有制尚未发生的初期野蛮社会，“劳动的全部生产物都属于劳动者自己。”[4]在论述“劳动”及其创造物的原初的直接性“自我关联”（Self-Relation）基础上，斯密指出：“只有劳动才是价值的普遍尺度和正确尺度，换言之，只有用劳动作标准，才能在一切时代和一切地方比较各

〔1〕聂敏里：《古典政治经济学与自然法传统》，《中国人民大学学报》2019年第5期。

〔2〕［德］霍耐特：《劳动：一个现代概念的简史》，王卓群译，《国外理论动态》2022年第6期，第52页。

〔3〕［英］亚当·斯密：《国民财富的性质和原因的研究》上卷，郭大力、王亚南译，商务印书馆2008年版，第1页。

〔4〕［英］亚当·斯密：《国民财富的性质和原因的研究》上卷，郭大力、王亚南译，商务印书馆2008年版，第41页。

种商品的价值。”[1]这是对自然权利论的引申，并树立了“劳动”概念在古典政治经济学中的独特地位。“劳动所有权是一切其他所有权的主要基础，所以，这种所有权是最神圣不可侵犯的。一个穷人所有的世袭财产，就是他的体力与技巧。不让他以他认为正当的方式，在不侵害他邻人的条件下，使用他们的体力和技巧，那明显的是侵犯这神圣的财产。”[2]正是通过对“劳动”的“主体性品格”（Subjective Character）之神圣不可侵犯性的刻画，斯密在其政治经济论述中进一步“将洛克所开启的工作继续了下去”。[3]

但是，与霍布斯、洛克的问题意识不同，斯密的着眼点并不在于论证“自然权利”本身，而是要从“自然权利”证成资本获取利润的合理性：既然物质财富的创造是通过劳动来实现，并在自然权利的意义上理应当归劳动者所有，那么，不进行生产劳动的资本家为什么可以获取其利润？这是一个在根本上充满矛盾的问题，因而也是每一个资产阶级思想家都必须面对并给出回答的问题。为了解答这个难题，斯密将论证的重点从自然权利具体内涵转向社会契约所保证的交换关系。“妨害一个人，使不能在自己认为适当的用途上劳动，也就妨害了另一个人，使不能雇用自己

〔1〕［英］亚当·斯密：《国民财富的性质和原因的研究》上卷，郭大力、王亚南译，商务印书馆2008年版，第31页。

〔2〕［英］亚当·斯密：《国民财富的性质和原因的研究》上卷，郭大力、王亚南译，商务印书馆2008年版，第115页。

〔3〕［德］霍耐特：《劳动：一个现代概念的简史》，王卓群译，《国外理论动态》2022年第6期。

认为适当的人。”[1]在这个层面上，斯密显然更为关切契约—雇佣关系的“神圣不可侵犯”性。他进一步提出“劳动生产力的改良”这一命题，并以“分工”的必要性来给出回应：“劳动生产力上最大的增进，以及运用劳动时所表现的更大的熟练、技巧和判断力，似乎都是分工的结果。”[2]也就是说，“分工”提高了劳动生产力，同时也推动了劳动的专业化，而分工之所以能够正当地得到发展，其原因正在于“交换”的正当性。

斯密从人的自然本性来界定交换，试图从劳动作为商品与资本相交换的社会契约来解释利润的合理性，以规避自然权利论证中的矛盾。斯密认为，交换是人类所共有，而又是人类特有的倾向，这是“由于我们所需要的相互帮忙，大部分是通过契约、交换和买卖取得的，所以当初产生分工的也正是人类要求互相交换这个倾向”。[3]由此，在依据契约进行交换的前提下，“劳动”就作为劳动者本身所有的，为了满足自己的生存需要而用以交换生活资料的商品。从而，同所有商品一样，契约关系中的劳动作为商品也有其价格，即工资。“劳动者的普通工资，到处都取决于劳资双方所订的契约。”[4]而且，“劳动的货币价格，必然受两种

〔1〕［英］亚当·斯密：《国民财富的性质和原因的研究》上卷，郭大力、王亚南译，商务印书馆 2008 年版，第 115 页。
〔2〕［英］亚当·斯密：《国民财富的性质和原因的研究》上卷，郭大力、王亚南译，商务印书馆 2008 年版，第 3 页。
〔3〕［英］亚当·斯密：《国民财富的性质和原因的研究》上卷，郭大力、王亚南译，商务印书馆 2008 年版，第 12—13 页。
〔4〕［英］亚当·斯密：《国民财富的性质和原因的研究》上卷，郭大力、王亚南译，商务印书馆 2008 年版，第 61 页。

情况的支配：其一，是对劳动的需求；其二，是生活必需品和便利品的价格。"[1]依契约而达成的劳动商品的交换关系，是合法的交易行为，是受国家保护的，因而也是可以在资本主义社会得到合理性辩护。从而，正如马克思所说，斯密就将"去主体化"（Desubjectification）的"劳动一般"生动地呈现在人们面前，"亚当·斯密大大地前进了一步，他抛开了创造财富的活动的一切规定性，——干脆就是劳动，既不是工业劳动，又不是商业劳动，也不是农业劳动，而既是这种劳动，又是那种劳动。"[2]正是通过"最一般的抽象"，劳动恰切地成为"财富的对象"，从而使我们"有了创造财富的活动的抽象一般性，也就有了被规定为财富的对象的一般性，这就是产品一般，或者说又是劳动一般"。[3]在普遍化的资本主义契约的宰制与奴役之下，产品生产者的"自我所有制"被雇佣关系下的商品交换逻辑所彻底取代，在这个过程中，劳动者本身不再是"目的因"意义上的存在，而是"仅仅充当着作用因，服从于资本增殖的需要"。[4]对此，斯密做出如此的总结：在他看来，现代社会"推动社会大部分有用劳动活动的，正是为追求利润而使用的资本。资本使用者的规划和设计，支配指导着劳动者的一切最重要动作。但他们这一切规划和设计，都是以利

〔1〕［英］亚当·斯密：《国民财富的性质和原因的研究》上卷，郭大力、王亚南译，商务印书馆2008年版，第79页。
〔2〕《马克思恩格斯全集》第30卷，人民出版社1995年版，第45页。
〔3〕《马克思恩格斯全集》第30卷，人民出版社1995年版，第45页。
〔4〕王代月：《劳动辩证法：从黑格尔到马克思》，《哲学动态》2018年第4期。

润为目标”。[1]这一切使得广大劳动者失去其自由全面发展的根基，“不仅仅是资产阶级的、资产阶级国家的奴隶，他们每日每时都受机器、受监工、首先是受各个经营工厂的资产者本人的奴役。”[2]

沿袭斯密的思路，李嘉图进一步阐述了劳动是生产财富价值的商品这一论点。他坚持劳动价值论，明确“商品的价值或其所能交换的任何另一种商品的量，取决于其生产所必需的相对劳动量”。[3]作为商品的劳动，也有作为其价值体现的价格，“劳动正像其他一切可以买卖并且可以在数量上增加或减少的物品一样，具有自然价格和市场价格。劳动的自然价格是让劳动者大体上能够生活下去并不增不减地延续其后裔所必需的价格。”[4]李嘉图毫不掩饰资本利润是对劳动所创造价值的扣除，其所强调的依据社会契约论的“平等”逻辑（同时也是资本的“宰制”逻辑）恰恰加深了劳动的“去主体化”问题：“劳动对它的产品的直接关系，是工人对他的生产的对象的关系。有产者对生产对象和生产本身的关系，不过是这前一种关系的结果”，[5]而一旦劳动者与其“产品”之间直接的自我所有权被剥夺，工人也就因此“不再是有血

〔1〕［英］亚当·斯密：《国民财富的性质和原因的研究》上卷，郭大力、王亚南译，商务印书馆 2008 年版，第 245 页。
〔2〕《马克思恩格斯文集》第 2 卷，人民出版社 2009 年版，第 38 页。
〔3〕［英］大卫·李嘉图：《政治经济学及赋税原理》，《李嘉图著作和通信集》第 1 卷，商务印书馆 1962 年版，第 7 页。
〔4〕［英］大卫·李嘉图：《政治经济学及赋税原理》，《李嘉图著作和通信集》第 1 卷，商务印书馆 1962 年版，第 77 页。
〔5〕《马克思恩格斯文集》第 1 卷，人民出版社 2009 年版，第 159 页。

有肉的主体性的人，而是客观的劳动机器部件”。[1]由此，资本家使用其购买的“劳动—商品”并占有其价值的行径就获得了法权意义上的证成，“现在，所有权对于资本家来说，表现为占有他人无酬劳动或它的产品的权利，而对于工人来说，则表现为不能占有自己的产品。”[2]从而，“当主体与劳动产品都置于商品这一水平面时，人作为‘主体’消隐了”[3]，而资产阶级古典政治经济学也就顺理成章地做到“不考察工人（劳动）同产品的直接关系而掩盖劳动本质的异化”。[4]

马克思在《1844年经济学哲学手稿》中准确概括了古典自由主义政治经济学家“劳动”概念的实质，“国民经济学抽象地把劳动看作物；劳动是商品”。[5]并且，由于在资本主义制度下“劳动产品”和“劳动者”必然相脱离，“如果劳动是商品，那么它就是一种具有最不幸的特性的商品。”[6]而且，“对人的需求必然调节人的生产，正如其他任何商品生产的情况一样。”[7]由此可见，“劳动在国民经济学中仅仅以谋生活动的形式出现”，[8]而资本主义的现实发展需求无疑加剧了劳动的“去主体化”趋势，使之逐渐成

---

〔1〕张一兵：《私有财产的主体本质与劳动异化及其扬弃—马克思〈1844年经济学哲学手稿〉第二、三笔记再研究》，《学术界》2021年第7期。

〔2〕《马克思恩格斯文集》第5卷，人民出版社2009年版，第674页。

〔3〕仰海峰：《劳动力成为商品意味着什么？—关于〈资本论〉的经济学—哲学研究》，《中国高校社会科学》2015年第2期。

〔4〕《马克思恩格斯文集》第1卷，人民出版社2009年版，第158页。

〔5〕《马克思恩格斯文集》第1卷，人民出版社2009年版，第127页。

〔6〕《马克思恩格斯文集》第1卷，人民出版社2009年版，第127页。

〔7〕《马克思恩格斯文集》第1卷，人民出版社2009年版，第115页。

〔8〕《马克思恩格斯文集》第1卷，人民出版社2009年版，第124页。

为纯粹的工具。“资本逻辑的现实化体现为资本无限增殖和膨胀的过程，资本是现代社会支配一切的经济权力，劳动是资本的‘酵母’”，[1]劳动者不仅失去其本然的作为产品“主人”的身份，甚至在资本制度下被扭曲成“非人”：“国民经济学把工人只当作劳动的动物，当作仅仅有最必要的肉体需要的牲畜。”[2]

马克思认为，在资本主义制度下，“工人”是作为商品的劳动的承担者。从古典政治经济学关于劳动是商品的概念规定中，马克思深刻揭示了资本主义经济制度的矛盾：“国民经济学家对我们说，本来，依照概念来说，劳动的全部产品，是属于劳动者的。但是，他同时又对我们说，实际上工人得到的是产品中最小的、万万不能缺少的部分，也就是说只得到他不是作为人而是作为工人生存所必要的那一部分，只得到不是为繁衍人类而是为繁衍工人这个奴隶阶级所必要的那一部分。”[3]在此，从“主体性”的维度，马克思重申了“按照理论而是如此”的劳动产品“自我所有”的意义，清晰地论述了曾经作为“劳动—主体”而可以拥有“劳动的全部产品”的主体劳动者，是如何在资本主义的奴役逻辑下被降格为仅仅是提供“劳动—商品”以获得最低生活条件的“奴隶阶级”。马克思从古典政治经济学的这一矛盾中，发现“商品”意义上的“劳动”完全是异质性的，对于工人来说，“这种劳动不是他自己的，而是别人的；劳动不属于他自己，而是属于

〔1〕 臧峰宇：《马克思的现代性思想与中国式现代化的实践逻辑》，《中国社会科学》2022年第7期。
〔2〕《马克思恩格斯文集》第1卷，人民出版社2009年版，第125页。
〔3〕《马克思恩格斯文集》第1卷，人民出版社2009年版，第122页。

别人。”〔1〕

综上所述，古典政治经济学的“劳动是商品”命题是依据社会契约而形成的，但与资产阶级制度所赖以维系的自然权利理论却是相互抵触、自相矛盾的：既然劳动生产财富及其价值，那么，按照自然权利理论，劳动的全部产品理应归属于劳动者本人所有，但基于“劳动是商品”这一论断，工人就是作为生产商品的劳动的承担者，当他按照契约将自己的生命所体现、承载的劳动售卖给资本家之后，他的劳动和产品都将属于资本家，自己的生命权和财产权也都因按照契约的出卖而丧失。在此，正如马克思所说“劳动本身，不仅在目前的条件下，而且就其一般目的仅仅在于增加财富而言，在我看来是有害的、招致灾难的，这是从国民经济学家的阐发中得出的。”〔2〕进一步地，马克思指出，“劳动是商品”是资本主义经济制度矛盾的集中表现，是资产阶级意识形态妄图掩盖其制度本性，并导致无产阶级的生命力、创造力被扭曲和压制的直接根源。经由古典自由主义的理论建制，“资本逻辑被隐藏在人与人、物与物、物与人的多重关系背后，成为借助于劳动来现身的‘幽灵’，建构出一个由人、物来‘表演’的自组织世界。”〔3〕因此，批判和改造古典政治经济学的“劳动”概念，是重塑劳动的主体之维、论证资本主义经济制度矛盾、开展政治经济学批判，并由以系统建构马克思经济哲学的立论基础和基本环节。

---

〔1〕《马克思恩格斯文集》第1卷，人民出版社2009年版，第160页。
〔2〕《马克思恩格斯文集》第1卷，人民出版社2009年版，第123页。
〔3〕仰海峰：《马克思资本逻辑场域中的主体问题》，《中国社会科学》2016年第3期。

二、黑格尔与“主奴辩证法”

马克思“劳动”概念的另一个理论渊源，是黑格尔的劳动辩证法。在《1844年经济学哲学手稿》中，马克思指出：“黑格尔是站在现代国民经济学家的立场上的。”[1]也即是说，黑格尔与资产阶级古典政治经济学家的立场是一致的，都是资本主义意识形态的代表。事实上，早在完成《精神现象学》之前的“耶拿时期”，黑格尔就通过阅读和学习斯密等人的政治经济学著作，[2]展开其“对英国经济学，特别是劳动学说的研究”。[3]在《伦理体系》的“基于关系的绝对伦理”中，黑格尔将“劳动”确立为其理论进程中“主体进入客体”的关键性环节：“获得占有是（把产品归摄于主体）这种归摄的观念物，或者它的静止；劳动（第二个环节），是实在性或者运动，是归摄着的主体进入客体的实在性之中的入口；综合（第三个环节），是客体的占有、保存以及储存。在这第三个环节之中出现了根据第一个环节而形成的那种观念性的规定，但是，根据第二个环节，它出现在作为实在的客体中。”[4]而在《法哲学原理》“伦理篇”的“市民社会章”，黑格尔延续洛克、亚当·斯密、李嘉图的思路，以“需要的体系”刻画其对于

---

〔1〕《马克思恩格斯文集》第1卷，人民出版社2009年版，第205页。

〔2〕关于亚当·斯密对黑格尔的学术影响，参见：James Henderson and John Davies: “Adam Smith’s Influence on Hegel’s Philosophical Writings”, *Journal of the History of Economic Thought*, Vol. 13, No.2(Fall 1991).

〔3〕高全喜：《论相互承认的法权—〈精神现象学〉研究两篇》，北京大学出版社2004年版，第168页。

〔4〕黑格尔：《伦理体系》，王志宏译，人民出版社2020年版，第10页。

“资本主义经济”（Capitalist Economy）的反思性认识，[1]从而通过人的“需要”与“劳动”来进一步界定“政治经济学”的理论内涵：“政治经济学就是从上述需要和劳动的观点出发，然后按照群众关心和群众运动的质与量的规定性以及它们的复杂性来阐明这些关系和运动的一门科学。这是在现代世界所产生的可作为现代世界之基础的科学之一。”[2]由此可知，黑格尔的劳动概念与古典政治经济学家的劳动概念是相贯通的，或者说，是对古典政治经济学从经济现象出发所规定的“劳动”概念的思辨性推进。在这个意义上，马克思指出，黑格尔“把劳动看作人的本质，看作人的自我确证的本质；他只看到劳动的积极的方面，没有看到它的消极的方面。劳动是人在外化范围之内或者作为外化的人的自为的生成”。[3]马克思坚定地认为，受限于绝对唯心论（Absolute Idealism）的思辨立场，“黑格尔唯一知道并承认的劳动是抽象的精神的劳动。因此，黑格尔把一般说来构成哲学的本质的那个东西，即知道自身的人的外化或者思考自身的、外化的科学，看成劳动的本质。”[4]

具体而论，黑格尔是在《精神现象学》的“自我意识”章对“抽象的精神的劳动”进行规定的。黑格尔认为，自我意识就是自我作为主体，而以我的意识中对客体的知识为对象的意识。“自我

〔1〕 Tony Smith: “Marx’s Hegelian Critique of Hegel”, *Pbilosophia*, 54, Lisboa, 2019.

〔2〕 黑格尔:《法哲学原理》，邓安庆译，商务印书馆 2016 年版，第 336 页。

〔3〕《马克思恩格斯文集》第 1 卷，人民出版社 2009 年版，第 205 页。

〔4〕《马克思恩格斯文集》第 1 卷，人民出版社 2009 年版，第 205 页。

意识是从感性的和知觉的世界的存在反思而来的，并且，本质上是从他物的回归。”[1]在黑格尔的思辨方法论中，主体与客体是统一的，主体对客体的认识，也就是主体的精神通过意识而外化于客观对象，在对客体的认识中，反思和证明主体自身的存在。自我意识的载体是生命，生命以欲望（Begierde）呈现自身，自我意识只有以另一个自我意识为对象，并扬弃这个对象才能实现欲望的满足，并由此达到自己的自身统一。但这种扬弃又不是要消灭对方的生命，而是两个自我意识都要从对方获得作为对等“理性的主体性”[2]的“承认”（Anerkennung）：“每一方都通过对方作为中项的这种中介作用自己同它自己相结合、相联系；并且每一方对它自己和它的对方都是直接地自为存在着的东西，同时只由于这种中介过程，它才这样自为地存在着。”[3]而由于“就它是对方的行动言，每一方都想要消灭对方，致对方于死命”，[4]致使双方必然陷入一种“生死斗争”（Kampf auf Leben und Tod）境遇。“因此两个自我意识的关系就具有这样的特点，即它们自己和彼此间都通过生死的斗争来证明它们的存在。它们必定要参加这一场生死的斗争，因为他们必定要把它们自身的确信，它们是自为存在的确信，不论对对方或对它们自己，都要提高到客观真理的地位。”[5]

---

〔1〕黑格尔:《精神现象学》上卷，贺麟译，商务印书馆 1979 年版，第 131 页。
〔2〕［德］阿克塞尔·霍耐特:《承认：一部欧洲观念史》，刘心舟译，上海人民出版社 2021 年版，第 165 页。
〔3〕黑格尔:《精神现象学》上卷，贺麟译，商务印书馆 1979 年版，第 141 页。
〔4〕黑格尔:《精神现象学》上卷，贺麟译，商务印书馆 1979 年版，第 141 页。
〔5〕黑格尔:《精神现象学》上卷，贺麟译，商务印书馆 1979 年版，第 142 页。

与霍布斯在“自然状态”理论中对“一切人反对一切人的战争”（bellum omnium in onnes）的极端构想不同，黑格尔认为，在现实世界中，不仅有人与物之间的对立统一，同样也包含着人与人之间的对立统一。自我意识就包含在这两个统一之中。两个自我意识主体之间的斗争，不仅是为了满足生存的欲望，更是要得到对方的承认。这实际上是从自我意识的对立来论述人的社会矛盾，黑格尔比霍布斯更深刻的地方在于，他不是简单地将人视作生命体，更将人作为精神实体来看待。在黑格尔看来，人与人之间的关系既有因生命存在而产生的为满足欲望而体现于物质资源和生产上的矛盾，更有从他者的自我意识获得承认和服从的愿望。由此可知，人与人的关系，实质上是众多自我意识内在的精神的关联。黑格尔将这种关系刻画为“主人与奴隶”（Herrschaft und Knechtschaft）关系，并且在这一辩证关系中定位和展示他的“劳动”概念。

黑格尔认为，主人的意识是独立的意识，它的本质是自为存在。“主人是自为存在着的意识”，[1]而主人“既然有力量支配他的存在，而这种存在又有力量支配他的对方（奴隶），所以在这个推移过程中，主人就把他的对方放在自己权力支配之下。同样主人通过奴隶间接地与物发生关系”。[2]而与之相对应，奴隶是在“斗争”中失败的一方，而“经过一个奇怪的辩证性的曲折，正是这

〔1〕 黑格尔：《精神现象学》上卷，贺麟译，商务印书馆 1979 年版，第 145 页。
〔2〕 黑格尔：《精神现象学》上卷，贺麟译，商务印书馆 1979 年版，第 145 页。

个胆怯的奴隶成为趋向于更深自我意识水平的人性的原动力”。[1]在最初的阶段，奴隶不得不屈从于主人，奴隶的意识是依赖的意识，它的本质是为“对方”—即“主人”而存在，而这种存在方式突出地表现在奴隶与物的关系上。“奴隶作为一般的自我意识也对物发生否定的关系，并且能够扬弃物。但是对于奴隶来说，物也是独立的，因此通过他的否定作用他不能一下子就把物消灭掉，这就是说，他只能对物予以加工改造。”[2]对物的加工改造，就是“劳动”。奴隶服从主人意识而以自己的生命进行劳动，为主人的欲望的满足而“加工改造”物，“然而通过劳动奴隶的意识却回到了它自身。”[3]主人强迫奴隶进行劳动，同时也使自己脱离了与物的关系，而使奴隶直接面对物，并将自己的意识外化于物中。主人享用奴隶劳动加工改造了的物，欲望得到了满足，但“这种满足本身只是一个随即消逝的东西，因为它缺少那客观的一面或持久的实质的一面”。[4]也就是说，主人由于不进行劳动，“表明他的本质正是他自己所愿意做的反面，所以，同样，奴隶在他自身完成的过程中也过渡到他直接的地位的反面。他成为迫使自己返回到自身的意识，并且转化自身到真实的独立性。”[5]

黑格尔进一步指出：“劳动是受到限制或节制的欲望，亦即延

---

〔1〕［美］史蒂芬·B. 史密斯：《黑格尔的自由主义批判：语境中的权利》，杨陈译，华东师范大学出版社版，2020 年，第 152 页。
〔2〕黑格尔：《精神现象学》上卷，贺麟译，商务印书馆 1979 年版，第 145 页。
〔3〕黑格尔：《精神现象学》上卷，贺麟译，商务印书馆 1979 年版，第 147 页。
〔4〕黑格尔：《精神现象学》上卷，贺麟译，商务印书馆 1979 年版，第 147 页。
〔5〕黑格尔：《精神现象学》上卷，贺麟译，商务印书馆 1979 年版，第 146 页。

迟了的满足的消逝，换句话说，劳动陶冶（bilden）事物。对于对象的否定关系成为对象的形式并且成为一种有持久性的东西，这正因为对象对于那劳动者来说是独立性的。这个否定的中介过程或陶冶的行动同时就是意识的个别性或意识的纯粹自为存在，这种意识现在在劳动中外化自己，进入持久的状态。因此那劳动着的意识便达到了以独立存在为自己本身的直观。"[1]奴隶的劳动是在主人的强迫之下进行的，是为主人欲望的满足而以自己的生命对外在物的加工和改造。在劳动过程中奴隶的意识外化、作用于对象物，经劳动所陶冶的对象物，也已不再是原来的自然物，它体现着劳动的奴隶的意识。"没有异化就没有陶冶，异化是陶冶的前提；不能获得陶冶，个体也就不会异化，在这个意义上，陶冶是个体扬弃异化的契机。"[2]奴隶将自己的意识和生命活动外化于对象物，虽然并不能以"属己的"方式享用这个对象物，但却可以从对象物中发现自己的意识和生命力以一种"异己的"方式，悖谬性地呈现出来。"奴隶据以陶冶事物的形式由于是客观地被建立起来的，因而对他并不是一个外在的东西而即是他自身；因为这形式正是他的纯粹的自为存在，不过这个自为存在在陶冶事物的过程中才得到了实现。因此正是在劳动里（虽说在劳动里似乎仅仅体现异己者的意向），奴隶通过自己的再重新发现自己的过程，才意识到他自己固有的意向"。[3]

---

〔1〕黑格尔：《精神现象学》上卷，贺麟译，商务印书馆1979年版，第147—148页。

〔2〕韩立新：《〈巴黎手稿〉研究》，北京师范大学出版社2014年版，第238页。

〔3〕黑格尔：《精神现象学》上卷，贺麟译，商务印书馆1979年版，第148页。

与奴隶的这种“再重新发现自己”（“再主体化”进程）不同，主人的意识从表面上看来是独立的、自由的，但是他对奴隶的支配和对奴隶劳动产品的享用，不仅使他失去了与物的直接关系，更在以奴隶为统治对象的辩证关系中丧失了其主体地位。“他所达到的确定性并不是以自为存在为他的真理；他的真理反而是非主要的意识和非主要的意识之非主要的行动。”[1]从而，主人也就在意识的结构中面临一种颠转，因为最终“独立的意识的真理乃是奴隶的意识”。[2]也正是由于奴隶的这一“转化自身到真实的独立性”[3]的关键性转变，黑格尔得以通过“自我意识”结构中的“主奴辩证法”，阐明只有通过劳动，才能使人的自我意识获得独立性，并实现其本质。这是因为“在自己的劳动中，奴隶为另外一个人的满足而劳作，因而它学会了尊重它周围对象—它发现它能够劳作于它们—独立的实存。因而，意识对它自己作为世界中的一个个体，获得了一种新的构想，如今它把世界看作它与之相协调的地方，这不仅仅因为，它具有各种各样的、使它‘精通某些事物’的技能，还因为它掌握了‘普遍的赋形活动’，这些活动赋予了它对‘整个对象性存在’的‘普遍力量’”。[4]也就是说，劳动是作为人本质规定的自我意识由以确立和展现的关键环节。

黑格尔对“劳动”的理性规定，并不像其他资产阶级学者那

〔1〕 黑格尔：《精神现象学》上卷，贺麟译，商务印书馆 1979 年版，第 146 页。
〔2〕 黑格尔：《精神现象学》上卷，贺麟译，商务印书馆 1979 年版，第 146 页。
〔3〕 黑格尔：《精神现象学》上卷，贺麟译，商务印书馆 1979 年版，第 146 页。
〔4〕［英］罗伯特·斯特恩：《黑格尔的〈精神现象学〉》，丁三东译，广西师范大学出版社 2022 年版，第 149—150 页。

样试图以没有阶级区隔、由原子化个体所组成的“原初状态”或“自然状态”立论，而是直接引入结构化、斗争化的现实矛盾图景，以“主人与奴隶”这一典型的社会差异关系进行立论。我们知道，主奴关系不仅是历史上的奴隶制的具体形态，也同样体现着“阶级关系”论域的一般性特征，在这个意义上，领主与农奴、地主与佃户、资本家与工人阶级，都体现着现实中“主奴关系”的一般性：一方是拥有财富和权力的统治者，另一方是为了生存而不得不服从统治者意志的劳动者，其差别只在具体的表现形式上。也正是在这种典型的“差序统治”格局中，“劳动对自我意识具有塑造功能，因为在劳动中，主体将自身客观化在外部对象中，从而可以意识到自己的力量和能力。”〔1〕

黑格尔在抽象的精神层面对“劳动”所作的规定，深刻地启发和影响了马克思。〔2〕在《1844年经济学哲学手稿》中，马克思指出：“黑格尔的《现象学》及其最后成果—辩证法，作为推动原则和创造原则的否定性—的伟大之处首先在于，黑格尔把人的自我产生看作一个过程，把对象化看作非对象化，看作外化和这种外化的扬弃；可见，他抓住了劳动的本质，把对象性的人、现实的因而是真正的人理解为人自己的劳动的结果。人同作为类存在物的自身发生现实的、能动的关系，或者说，人作为现实的类存在

〔1〕［德］阿克塞尔·霍耐特：《劳动：一个现代概念的简史》，《国外理论动态》2022年第6期。
〔2〕吴晓明：《〈精神现象学〉的劳动主题与马克思的哲学奠基》，《北京大学学报（哲学社会科学版）》2010年第5期。

物即作为人的类存在物的实现，只有通过下述途径才有可能：人确实显示出自己的全部类力量—这又只有通过人的全部活动、只有作为历史的结果才有可能。”[1]马克思以其对黑格尔辩证法的精深把握，从无产阶级的立场出发，敏锐认识到黑格尔“劳动”概念中蕴含着“自我”生成的辩证进程，而恰恰是通过“外化和这种外化的扬弃”“现实的因而是真正的人”才得以生成和确立。然而，黑格尔的这种从抽象的精神层面对劳动概念的规定，却难以真正说明工业社会中的现实矛盾。马克思指出，黑格尔“把劳动看作人的本质”，在这个意义上，“人的本质，人，在黑格尔看来 = 自我意识。”[2]在劳动中，人确立其自我意识，形成其本质，也同时面对自身的异化。“因此，人的本质的全部异化不过是自我意识的异化。”[3]由此，黑格尔彻底颠倒了意识与现实的关系，“自我意识的异化没有被看作人的本质的现实异化的表现，即在知识和思维中反映出来的这种异化的表现”，[4]反而将现实层面的异化，演绎为抽象的精神层面的“自我意识的异化现象”。[5]因此，正如洛维特所给出的评论，“精神哲学根据其神学起源对自然科学和由自然科学促成的工业一无所知，也没有认识到，人在工业劳动中物化了自己。”[6]黑格尔的劳动概念完全无法直面和揭示“被李嘉图

〔1〕《马克思恩格斯文集》第1卷，人民出版社2009年版，第207页。
〔2〕《马克思恩格斯文集》第1卷，人民出版社2009年版，第207页。
〔3〕《马克思恩格斯文集》第1卷，人民出版社2009年版，第207页。
〔4〕《马克思恩格斯文集》第1卷，人民出版社2009年版，第207页。
〔5〕《马克思恩格斯文集》第1卷，人民出版社2009年版，第207页。
〔6〕［德］卡尔·洛维特：《从黑格尔到尼采：19世纪思维中的革命性决裂》，李秋零译，生活·读书·新知三联书店2006年版，第374页。

物性逻辑所遮蔽起来的对象化的劳动主体活动”。[1]

马克思从对黑格尔劳动辩证法的批判中，认识到“劳动”绝不像古典政治经济学从经济现象上所描述的单纯的“商品”，劳动是人本质的要素和体现，“劳动是商品”实际上刻画了现实的人本质异化的主奴辩证关系。但是，在接受黑格尔的理论洞见的同时，也必须将黑格尔颠倒了的“劳动”与“自我意识”的关系“再颠倒过来”，通过对“劳动异化”的分析正确规定“劳动”概念，进而揭示和批判将劳动彻底对象化、商品化的资本主义经济制度的矛盾。

三、私有产权与劳动异化

通过对于古典自由主义经济学家和黑格尔的“劳动”概念的批判性反思，马克思充分认识到“劳动”在资本主义经济制度中的基础地位和作用，明确将对劳动概念的改造和完善作为自己的经济学说的基础和基本环节。马克思认为，要对劳动概念进行改造，既不能继续以黑格尔式的思辨方式进行，也不能像古典政治经济学家那样未经反思地采纳“自然状态”（State of Nature）式的原初设定，“当他想说明什么的时候，总是置身于一种虚构的原始状态。”[2]而应“从当前的国民经济的事实出发”，[3]也就是

〔1〕张一兵:《私有财产的主体本质与劳动异化及其扬弃——马克思〈1844年经济学哲学手稿〉第二、三笔记再研究》,《学术界》2021年第7期。
〔2〕《马克思恩格斯文集》第1卷，人民出版社2009年版，第156页。
〔3〕《马克思恩格斯文集》第1卷，人民出版社2009年版，第156页。

“从国民经济学的各个前提”出发，即“私有财产，把劳动、资本、土地的互相分离，工资、资本利润、地租的互相分离以及分工、竞争、交换价值概念等等当作前提。我们从国民经济学本身出发，用它自己的话指出，工人降低为商品，而且降低为最贱的商品；工人的贫困同他的生产的影响和规模成反比。”[1]与洛克在《政府论》中所许诺的资本主义国家所做的“一切都没有别的目的，只是为了人民的和平、安全和公众福利”[2]大相径庭，在资本奴役劳动的“去主体化”境遇下，工人生产的财富越多，他就越贫穷；工人通过劳动创造的商品越多，他就越被“客体化”“对象化”为廉价的商品。“这一事实无非是表明：劳动所生产的对象，即劳动的产品，作为一种异己的存在物，作为不依赖于生产者的力量，同劳动相对立。劳动的产品就是固定在某个对象中、物化的劳动，这就是劳动的对象化。劳动的现实化就是劳动的对象化。在国民经济的实际状态中，劳动的这种现实化表现为工人的非现实化，对象化表现为对象的丧失和被对象奴役，占有表现为异化、外化。”[3]在资本主义“国民经济学”的理论规定之下，以劳动产品的“现实化”为特征的劳动的“对象化”过程，也就同时成为劳动者的被剥夺和被压制的“非现实化”过程，在这个过程中商品的生产者最终与其生产的商品“相对立”，失去其对于本已“财产”的“主体性”占有，他们的“自然权利”也必然遭到彻底的

〔1〕《马克思恩格斯文集》第1卷，人民出版社2009年版，第155页。

〔2〕［英］洛克:《政府论》下篇，叶启芳、瞿菊农译，商务印书馆1964年版，第80页。

〔3〕《马克思恩格斯文集》第1卷，人民出版社2009年版，第156—157页。

无视与侵吞。在这个意义下，“这种劳动所创造的是资本，即剥削劳动的财产，只有在不断产生出新的雇佣劳动来重新加以剥削的条件下才能增殖的财产。”[1]

毫无疑问，资产阶级古典政治经济学家只是从“劳动是商品”的现象层面论证工资与资本利润的关系，完全没有对劳动的本质进行考察。在马克思之前的英国社会主义者，也同样只能以自然权利概念来论述“劳动是商品”这一现象所蕴含的利润的不合理性，以及商品的价值应当归劳动者，或大部分归劳动者所有。这是与资产阶级经济学家在同一个思维层次上的争论。马克思则通过对黑格尔关于劳动本质论证的批判，指出劳动的对象化即劳动者将自己的生命和意识对象化于物，由此加工改造物的存在形式和用途，劳动生产的产品，也就是体现了劳动者生命和意识的物的对象。从劳动的对象化可以更深刻地理解劳动产品只归劳动者所有的权利，但是，在现实中，由于资本主义制度的内在逻辑，劳动的现实化或对象化，不仅没有使劳动者占有自己的生命和意识所注入的对象，反而导致其因这种对象化而陷入“主体性的悖论”（Paradox of Subjectivity）：“工人在劳动中耗费的力量越多，他亲手创造出来反对自身的、异己的对象世界的力量就越强大，他自身、他的内部世界就越贫乏，归他所有的东西就越少。”[2]劳动产品的原初制造者不仅没能将其生产的产品合理合法地“拨归己用”，相反却在悖谬的制度下被“对象世界”所束缚、奴役和宰

〔1〕《马克思恩格斯文集》第2卷，人民出版社2009年版，第45—46页。
〔2〕《马克思恩格斯文集》第1卷，人民出版社2009年版，第157页。

制，在这个意义下，“关键不在于对象化，而在于异化，外化，外在化，在于不归工人所有，而归人格化的生产条件即资本所有，归巨大的对象［化］的权力所有，这种对象［化］的权力把社会劳动本身当作自身的一个要素而置于同自己相对立的地位。”[1]

马克思从他改造了的黑格尔“异化”概念和否定的辩证法出发，对古典政治经济学家从现象上规定“劳动是商品”进行深入分析，形成了“异化劳动”（entfremdete Arbeit）概念。“工人对自己的劳动产品的关系就是对一个异己的对象的关系……工人把自己的生命投入对象；但现在这个生命已不再属于他而属于对象了。因此，这个活动越多，工人就越丧失对象。凡是成为他的劳动产品的东西，就不再是他本身的东西。因此，这个产品越多，他本身的东西越少。工人在他的产品中的外化，不仅意味着他的劳动成为对象，成为外部的存在，而且意味着他的劳动作为一种与他相异的东西不依赖于他而在他之外存在，并成为同他对立的独立力量；意味着他给予对象的生命作为敌对的和相异的东西同他相对立。”[2]劳动同其产品相异化，是异化劳动的结果，“但是，异化不仅表现在结果上，而且表现在生产行为中，表现在生产活动本身中。”[3]劳动本来是人的本质的体现，但是被异化为“劳动对工人来说是外在的东西，也就是说，不属于他的本质。”[4]在这种极端的“去主体化”困境之下，劳动者的主体性被彻底地剥夺，

---

〔1〕《马克思恩格斯全集》第 31 卷，人民出版社 1998 年版，第 244 页。
〔2〕《马克思恩格斯文集》第 1 卷，人民出版社 2009 年版，第 157 页。
〔3〕《马克思恩格斯文集》第 1 卷，人民出版社 2009 年版，第 159 页。
〔4〕《马克思恩格斯文集》第 1 卷，人民出版社 2009 年版，第 159 页。

陷入一种被动性的、客体化状态。“他在自己的劳动中不是肯定自己，而是否定自己；不是感到幸福，而是感到不幸；不是自由地发挥自己的体力和智力，而是使自己的肉体受折磨、精神遭摧残。因此，工人只有在劳动之外才感到自在，而在劳动中则感到不自在，他在不劳动时觉得舒畅，而在劳动时就觉得不舒畅。因此，他的劳动不是自愿的劳动，而是被迫的强制劳动。因此，这种劳动不是满足一种需要，而只是满足劳动以外的那些需要的一种手段。”〔1〕异化劳动对于工人而言，不是“属己”的，而是“敌对的”，因为“劳动与所有权的关系发生了质的变化，即所有权不再是劳动者的所有权，而是变成了资本主宰的所有权，劳动也不是反映劳动者自由本质的劳动，而是由资本控制并发生异化的劳动”。〔2〕从而，工人将自己的智力和体力对象化于外在物的过程，也就成为与其生命本质截然相异的实践活动。

马克思通过工人同其劳动产品和劳动过程相异化的分析，进一步规定了人同自己的类本质相异化和人同人相异化。马克思认为：“人是类存在物，不仅因为人在实践上和理论上都把类—他自身的类以及其他物的类—当做自己的对象；而且因为—这只是同一种事物的另一种说法—人把自身当作现有的、有生命的类来对待，因为人把自身当做普遍的因而也是自由的存在物来对待。”〔3〕从作为“自由的存在物”的“类存在物”界定出发，马克思明确

〔1〕《马克思恩格斯文集》第1卷，人民出版社2009年版，第159页。
〔2〕黄建军：《劳动所有权原则的历史界域与双重规律》，《哲学研究》2022年第8期。
〔3〕《马克思恩格斯文集》第1卷，人民出版社2009年版，第161页。

地指出，唯有人的活动“才是自由的活动。异化劳动把这种关系颠倒过来，以致人正因为是有意识的存在物，才把自己的生命活动，自己的本质变成仅维持自己生存的手段”。[1]受制于资本无所不在的“主人意识”，使主体性的人的类本质异化为如同动物一般的单纯的谋生手段。“异化劳动从人那里夺去了他的生产的对象，也就从人那里夺去了他的类生活，即他的现实的类对象性，把人对动物所具有的优点变成缺点，因为人的无机的身体即自然界被夺走了。”[2]归根结底，异化劳动“使人自己的身体同人相异化，同样也使在人之外的自然界同人相异化，使他的精神本质、他的人的本质同人相异化”。[3]

人同自己的类本质相异化的同时，异化劳动又导致了人同人相异化。如果被生产出来的劳动产品不属于工人，并作为一种异己的力量同工人相对立，这也就意味着，这些产品是属于工人阶级之外、不劳动的另外的人。如果工人的劳动对他来说是痛苦，那么，这种活动也必然带给非工人、不劳动的那些统治者带来享受和快乐。这是一种现实的、非对等的“主奴关系”，而这个非工人、不劳动并与工人对立存在的，正是支配、控制工人劳动并占有其劳动产品的人。因此，通过异化劳动，工人不仅生产了他同作为异己的敌对力量的生产对象和生产行为的关系，还生产了非工人、不劳动却支配工人劳动、占有其劳动产品的人。“正像他使

〔1〕《马克思恩格斯文集》第1卷，人民出版社2009年版，第162页。
〔2〕《马克思恩格斯文集》第1卷，人民出版社2009年版，第163页。
〔3〕《马克思恩格斯文集》第1卷，人民出版社2009年版，第163页。

他自己的活动同自身相异化一样，他也使与他相异的人占有非自身的活动。”[1]而这个在所有权意义上“与他相异的人”，无疑正是资本家，“他们不过是享有特权的、闲散的神仙—处处高踞于工人之上，并对工人发号施令。”[2]

资本主义制度下劳动者的“去主体化”由此达到顶点，“我们看到，通过一种奇异的结果，所有权在资本方面就辩证地转化为对他人的产品所拥有的权利，或者说转化为对他人劳动的所有权，转化为不支付等价物便占有他人劳动的权利，而在劳动能力方面则辩证地转化为必须把它本身的劳动或它本身的产品看作他人财产的义务。”[3]通过一种奇异的契约“义务”逻辑，工人不仅失去其劳动成果的所有权，他们甚至会在这一过程中悖谬地成为奴役机制的“生产者”，并不断强化自身的受压迫状况。“这种奴隶状态的顶点就是：他只有作为工人才能维持自己作为肉体的主体，并且只有作为肉体的主体才能是工人。”[4]而与劳动者处于异化状态的“主体性”形成对照的是，“资本从自己方面看来，表现为扩张着的主体和他人劳动的所有者。”[5]并且，从社会的整体性考察，这种异化关系不仅体现于单个工人与单个资本家的关系中，而是通过制度化的私有产权，即不劳动者对劳动者产品的所有权，形成并固化阶级对立，使得“整个社会必然分化为两个阶级，即有

〔1〕《马克思恩格斯文集》第1卷，人民出版社2009年版，第165—166页。
〔2〕《马克思恩格斯文集》第1卷，人民出版社2009年版，第123页。
〔3〕《马克思恩格斯全集》第30卷，人民出版社1995年版，第450页。
〔4〕《马克思恩格斯文集》第1卷，人民出版社2009年版，第158页。
〔5〕《马克思恩格斯全集》第30卷，人民出版社1995年版，第464页。

产者阶级和没有财产的工人阶级”。[1]

马克思指出，私有财产即资本是异化劳动的后果，同时又是使劳动进一步异化的手段。因此，劳动异化是资本主义经济制度矛盾的本质所在。为了规定集中体现于异化劳动的资本主义经济制度矛盾，马克思还要规定劳动本质，并对劳动过程进行分析。

四、劳动的本质

资产阶级古典政治经济学家关于“劳动”的论述，只是就“劳动是商品”这一经济现象论证资本主义经济关系，并没有进一步论述劳动的本质。黑格尔则试图以思辨的方式把握劳动的本质，从而将劳动限定于“抽象的精神”领域，因而不能说明现实的人的劳动以及由劳动引起的社会矛盾，使其脱离了现实的实际情境。马克思直面资本主义制度下的真实经济矛盾，“通过对资本主义私有制度及其剥削本性的批判揭示资本主义的非正义性”，[2]从而在以“异化劳动”概念说明了“劳动是商品”所包含的工人与资本家的矛盾之后，在批判黑格尔思辨理路的基础上进一步对劳动的本质进行了规定。

马克思认为，劳动是人与动物的本质区别，是人的生命和意识的体现。“可以根据意识、宗教或随便别的什么来区别人和动物。一旦人们自己开始生产自己的生活资料，即迈出由他们的肉

〔1〕《马克思恩格斯文集》第1卷，人民出版社2009年版，第155页。
〔2〕谌林:《马克思对正义观的制度前提批判》,《中国社会科学》2014年第3期。

体组织所决定的这一步的时候，人本身就开始把自己和动物区别开来。”[1]黑格尔将劳动的本质规定为“抽象的精神”，只是片面地看到了意识在劳动中的作用。从根本上讲，劳动是人的生命活动，是满足生命的欲望与需要的活动，意识只是劳动的一个维度，是在劳动中产生并作用于劳动的。“动物和自己的活动是直接同一的。动物不把自己同自己的生命活动区别开来。它就是自己的生命活动。人则使自己的生命活动本身变成自己意志的和自己意识的对象。他是有意识的生命活动。这不是人与之直接融为一体的那种规定性。有意识的生命活动把人同动物的生命活动直接区别开来。正是由于这一点，人才是类存在物。或者说，正因为人是类存在物，他才是有意识的存在物，就是说，他自己的生活对他来说是对象。仅仅由于这一点，他的活动才是自由的活动。”[2]

劳动就是作为类存在物的人的有意识的生命活动，与人的“主体性”密切相关。从思想史的角度来讲，“类生活”“类存在”或“类本质”是费尔巴哈所使用的，马克思在《1844年经济学哲学手稿》中，用这些相关概念表示人的社会性、个体人与社会总体的内在联系。马克思认为，任何个人的劳动，都体现了人类的总体性。“通过实践创造对象世界，即改造无机界，人证明自己是有意识的类存在物，就是说这样一种存在物，它把类看作自己的本质，或者把自身看作类存在物。”[3]如蜜蜂、河狸、蚂蚁等动物

〔1〕《马克思恩格斯文集》第1卷，人民出版社2009年版，第519页。
〔2〕《马克思恩格斯文集》第1卷，人民出版社2009年版，第162页。
〔3〕《马克思恩格斯文集》第1卷，人民出版社2009年版，第162页。

的活动也能改变自然物，马克思将之称为“动物的生产”，但动物的生产是与它们的生命活动直接同一的，只生产它自己或它的种群直接需要的东西，因而是非常局限的，与人的生产有着显著的不同。动物是在直接的身体性需求的支配下进行“生产”，而人甚至在不受肉身需要的支配的情况下也仍会进行生产；动物的产品直接同它的肉体相联系，而人则可以自由地对待自己的产品。“动物只是按照它所属的那个种的尺度和需要来构造，而人却懂得按照任何一个种的尺度来进行生产，并且懂得处处都把固有的尺度运用于对象；因此，人也按照类的规律来构造。”[1]这正是人在类本质上同动物的区别，也是作为人的生命活动的劳动相对于“纯粹动物性”生命活动的特殊性所在。

劳动是个体人的行动，但是所有的个体人的劳动都是以其“类存在”（Species-Being）为根据的，因此，劳动是人的类本质的体现。“正是在改造对象世界的过程中，人才真正地证明自己是类存在物。这种生产是人的能动的类生活。通过这种生产，自然界才表现为他的作品和他的现实。因此，劳动的对象是人的类生活的对象化；人不仅像在意识中那样在精神上使自己二重化，而且能动地、现实地使自己二重化，从而在他所创造的世界中直观自身。”[2]与黑格尔在抽象的精神层面展现“自我意识的双重化”[3]

---

〔1〕《马克思恩格斯文集》第1卷，人民出版社2009年版，第163页。
〔2〕《马克思恩格斯文集》第1卷，人民出版社2009年版，第163页。
〔3〕 黑格尔：《精神现象学》上卷，贺麟译，商务印书馆1979年版，第137页。

并论证“相互承认在生活世界中的存在的意义”[1]不同，马克思的“二重化”论题旨在论述人作为“类存在物”的整体性意涵，在此，人类“能动地、现实地使自己二重化”，即进行生产劳动并占有直接性的劳动产品，是其“能动的类生活”的实现，而“异化劳动把自主活动、自由活动贬低为手段，也就把人的类生活变成维持人的肉体生存的手段。因此，人具有的关于自己的类的意识，由于异化而改变，以致类生活对他来说竟成了手段。”[2]资本主义私有制所导致的劳动异化，是人之“类本质”的异化，在资本所主宰的世界中，劳动者失去其人之为人的“主体性”地位，因此，只有通过对劳动异化的“扬弃”而实现“再主体化”（Resubjectification），才能够达成向人的类本质的回归。

在《资本论》第一卷第三篇第五章“劳动过程和价值增殖过程”中，马克思进一步阐述了他对劳动本质的界定：“劳动首先是人和自然之间的过程，是人以自身的活动来中介、调整和控制人和自然之间的物质变换的过程。人自身作为一种自然力与自然物质相对立。为了在对自身生活有用的形式上占有自然物质，人就使他身上的自然力—臂和腿、头和手运动起来。当他通过这种运动作用于他身外的自然并改变自然时，也就同时改变他自身的自然。他使自身的自然中蕴藏着的潜力发挥出来，并且使这种力的活动受他自己控制。”[3]人的劳动与蜜蜂、蜘蛛等动物的劳动相比，

---

〔1〕［德］阿克塞尔·霍耐特：《承认：一部欧洲观念史》，刘心舟译，上海人民出版社 2021 年版，第 218 页。

〔2〕《马克思恩格斯文集》第 1 卷，人民出版社 2009 年版，第 163 页。

〔3〕马克思：《资本论》第一卷，人民出版社 2004 年版，第 207—208 页。

有着鲜明的“合目的性”，人对劳动过程的设计是有意识的，“劳动过程结束时得到的结果，在这个过程开始时就已经在劳动者的表象中存在着，即已经观念地存在着。他不仅使自然物发生形式变化，同时他还在自然物中实现自己的目的，这个目的是他所知道的，是作为规律决定着他的活动的方式和方法的，他必须使他的意志服从这个目的。”〔1〕

在规定劳动本质的基础上，马克思对劳动过程（Arbeitprocess）进行了分析。他指出，“劳动过程的简单要素是：有目的的活动或劳动本身，劳动对象和劳动资料。”〔2〕在劳动过程中，人的合目的的活动是主动的要素，借助劳动资料使得劳动对象发生预定的变化，也就是使原来不适宜人使用的对象物，变成适合人的需要的、有使用价值的产品。在这个过程中，“劳动对象化了，而对象被加工了。在劳动者方面曾以动的形式表现出来的东西，现在在产品方面作为静的属性，以存在地形式表现出来。”〔3〕

劳动是社会性的，特别是工业化的生产方式中，劳动的社会化已经相当普遍，各种产品的生产过程是相互联结、连续进行的。现代科学技术的发展，特别是物理学和化学的不断技术化，使得人们对于各种物的属性的认识也越来越细致，从而发现了其多种的用途。分工使劳动过程不断细化、深化和系统化，并形成了多种行业。一个劳动过程的产品可能是消费品，也可能是下一个劳动

〔1〕马克思：《资本论》第一卷，人民出版社 2004 年版，第 208 页。
〔2〕马克思：《资本论》第一卷，人民出版社 2004 年版，第 208 页。
〔3〕马克思：《资本论》第一卷，人民出版社 2004 年版，第 211 页。

过程的原料或劳动资料。在这个意义上，“现有的产品不仅是劳动过程的结果，而且是劳动过程的存在条件。”[1]马克思认为，人的有目的的活动即劳动本身，作为劳动过程的主动因素，不仅加工改造劳动对象使之成为产品，还是使得前一劳动过程生产的用于生产消费的“过去劳动的产品当作使用价值来保存和实现的唯一手段”。[2]作为生产资料的劳动产品中包含的价值，只能在活的劳动中得以保存，其使用价值也只能在新的劳动过程中得以实现，由此，“它们被劳动的火焰笼罩着，被劳动当作自己的躯体加以同化。”[3]

在对一般劳动过程进行分析之后，马克思对于资本主义劳动过程的特殊性进行分析：一方面，工人在资本家的监督下进行劳动，他的劳动力屈从、归属、奴役于资本家的规训性权力；另一方面，产品是资本家的所有物，而不是直接进行生产劳动的工人的所有物。这无疑是对“异化劳动”理论内涵的进一步深化。在《1861—1863年经济学手稿》中，马克思已清晰指出了资本主义“契约”条件下的悖谬图景：“实际上，被带到市场上去的不是劳动，而是工人。工人卖给资本家的不是他的劳动，而是对他自身作为劳动力的暂时使用权。在资本家和工人订立的合同中，在他们缔结的买卖中，这是直接的对象。”[4]进一步地，马克思用“劳动力是商品”取代了古典政治经济学的“劳动是商品”的规定：“商品由它的买者使用；劳动力的占有者提供他的劳动，实际上

〔1〕 马克思：《资本论》第一卷，人民出版社2004年版，第214页。
〔2〕 马克思：《资本论》第一卷，人民出版社2004年版，第214页。
〔3〕 马克思：《资本论》第一卷，人民出版社2004年版，第214页。
〔4〕《马克思恩格斯全集》第31卷，人民出版社1998年版，第120页。

只是提供他已卖出的使用价值。从他进入资本家的工场时起，他的劳动力的使用价值，即劳动力的使用，劳动，就属于资本家了。"〔1〕由此，以"劳动力的使用"重新界定其本质上的"商品性"，就可以清晰地发现"劳动过程是资本家购买的各种物之间的过程，是归他所有的各种物之间的过程"。〔2〕而这正是资产阶级由以发家致富的秘密所在，集中体现了"全部资产阶级生产关系的本质"。〔3〕

劳动本质的规定和劳动过程的分析，表明马克思通过批判改造此前思想家的"劳动"概念，在系统研究现实经济矛盾的过程中，已经形成了自己独特的劳动观念，并以之揭示劳动者自身的革命主体性。〔4〕这是马克思对"劳动"概念的完善，由此也就奠定了马克思经济学理论的基础和基本环节，并通过完善劳动价值论进一步提出了剩余价值理论，从而将其科学的经济哲学建构为一个围绕新的"劳动—主体"意识而系统化呈现的思想体系。

五、劳动的再主体化

古典政治经济学的劳动价值论，或"价值由劳动所创造"的

---

〔1〕马克思:《资本论》第一卷，人民出版社 2004 年版，第 216 页。
〔2〕马克思:《资本论》第一卷，人民出版社 2004 年版，第 216—217 页。
〔3〕张一兵:《剩余价值：劳动异化与资产阶级经济剥削的秘密—〈1857—1858 年经济学手稿〉"资本章"再研究》,《首都师范大学学报（社会科学版）》2023 年第 1 期。
〔4〕王代月:《劳动辩证法：从黑格尔到马克思》,《哲学动态》2018 年第 4 期。

论点，是斯密在洛克的“劳动权利论”的基础上提出，并经由李嘉图等人的坚持而展现于古典自由主义政治经济学理论中。但是他们的理论的资产阶级属性限定了他们对“劳动”概念界定的基本理论立场，从而使得他们所提出的劳动价值论也是“异化”性质的，从而导致其经济学说的矛盾。马克思从其政治经济学批判研究的初始阶段，就发现了古典政治经济学的这一关键矛盾，经由马克思改造并规定的“劳动”概念，充分体现在他对劳动价值论的创造性革新中。

在《1844年经济学哲学手稿》中，马克思已经注意到“按照国民经济学家的意见，劳动是人用来增加自然产品的价值的唯一的东西”，[1]并就此而提出问题：“把人类的最大部分归结为抽象劳动，这在人类发展中具有什么意义？”[2]在对异化劳动概念的规定和劳动本质的探讨中，马克思对此进行了深入的思考。19世纪50年代末，在《政治经济学批判》中，马克思已经将商品界分为使用价值和价值，并以抽象劳动来规定价值。“生产交换价值的劳动，同使用价值的特殊物质无关，因此也同劳动本身的特殊形式无关。其次，不同的使用是不同个人的活动的产物，也就是个性不同的劳动的结果。但是，作为交换价值，它们代表相同的、无差别的劳动，也就是没有劳动者个性的劳动。因此，生产交换价值的劳动是抽象一般的劳动。”[3]到《资本论》第一卷，马克思对

---

〔1〕《马克思恩格斯文集》第1卷，人民出版社2009年版，第123页。
〔2〕《马克思恩格斯文集》第1卷，人民出版社2009年版，第124页。
〔3〕《马克思恩格斯全集》第31卷，人民出版社1998年版，第421页。

此的论证就更为明确，从而充分揭示了抽象劳动创造价值的意涵："一切劳动，一方面是人类劳动力在生理学意义上的耗费；就相同的或抽象的人类劳动这个属性来说，它形成商品。一切劳动，另一方面是人类劳动力在特殊的有一定目的的形式上的耗费；就具体的有用的劳动这个属性来说，它生产使用价值。"〔1〕

在明确价值是由抽象劳动创造的这一论点的基础上，马克思进一步提出社会劳动、私人劳动、简单劳动、复杂劳动等概念，并由此分析了交换价值、价值形态、价值量、货币、价格、商品拜物教，丰富了劳动概念的内涵和外延，全面论证了劳动创造价值，以及价值与价值量的关系，交换过程和生产过程的联系，是劳动价值论得以充实，形成系统性的论述，为规定"剩余价值"（Surplus Value）概念并以之为核心构建科学理论体系奠定了思想基础。

"剩余价值"概念是马克思对资本主义经济制度矛盾本质的规定。以对劳动本质的规定和完善的劳动价值论为前提，马克思分析了货币转化为资本，并对劳动和劳动力进行了区分，明确指出资本家从工人那里所购买的，并非古典政治经济学家所说的"劳动"，而是"劳动力"。劳动是人的生命活动过程，不可能在以自然权利为基础的资本主义制度下进行售卖，出卖劳动等于是在出卖人的生命权或人身权，这是只有在奴隶制度下才存在的买卖关系，被出售者是没有生命权及相关自然权利的没有自由的奴隶。

---

〔1〕 马克思：《资本论》第一卷，人民出版社2004年版，第60页。

而资本主义制度下虽然不允许出卖人的生命权，却容许乃至是依系于人的生命权所关联的“劳动力”的买卖。资本家要想使其资本增殖，唯一的途径就是购买到这一“独特的商品”：“它的使用价值本身具有成为价值源泉的独特属性，因此，它的实际消费本身就是劳动的对象化，从而是价值的创造。资本占有者在市场上找到了这样一种独特的商品，这就是劳动能力或劳动力。”〔1〕

在马克思看来，“劳动力”是“一个人的身体即活的人体中存在的、每当生产某种使用价值时就运用的体力和智力的总和”。〔2〕劳动力的运用是劳动，劳动力的所有者是“自由的工人”，即具有法律意义上的生命权和自由权的主体性个人，“一方面，工人是自由人，能够把自己的劳动当作自己的商品来支配；另一方面，他没有别的商品可以出卖，自由得一无所有，没有任何实现自己的劳动力所必需的东西。”〔3〕因此，马克思从“属我性”〔4〕(Mineness)的“第一人称”视角出发，科学区分了“原初本己”的“劳动”和“关涉他者”的“劳动力”，是经济学认识论层次的重大突破；而以“劳动力是商品”命题取代斯密—李嘉图“劳动是商品”命题，则是揭示资本主义经济制度矛盾的关键环节。经过缜密的理论分析，马克思指出了被“劳动是商品”命题所遮蔽的现实境遇：“资本家通过购买劳动力就占有了对劳动力的使用权，他使用劳动

〔1〕 马克思：《资本论》第一卷，人民出版社 2004 年版，第 195 页。
〔2〕 马克思：《资本论》第一卷，人民出版社 2004 年版，第 195 页。
〔3〕 马克思：《资本论》第一卷，人民出版社 2004 年版，第 197 页。
〔4〕 Marie Guillot: “I Me Mine: On a Confusion Concerning Subjective Character”, *Review of Philosophy and Psychology*, volume 8, pp. 23–53 (2017).

力也就是让工人付出劳动，但是工人付出劳动之后却并未得到自己的全部劳动，他所得到的工资只是必要劳动的报酬，勉强能够维持劳动者的生存。”[1]也就是说，“在自由工人那里，即便是他完成的剩余劳动，也表现为他为自己的利益完成的劳动，即表现为购买自己工资的手段。资本家和工人之间的—买和卖的—货币关系掩盖着无酬劳动。”[2]完全受困于资本主义宰制的“权力图示”[3]（Power Diagram），尽管“事实上工资所支付的只是必要劳动，实际上工人的剩余劳动也像徭役或者像奴隶超过再生产他的生活费所必需的时间而从事的那些劳动一样，没有得到报酬”。[4]在这个意义上，契约理论所许诺的“平等交换”图景也就不复存在，因为对于受雇佣的劳动者而言，“事情总是采取这样的形式：他为了他的工资，为了货币而劳动，如果他劳动 12 小时而只得到 8 小时劳动的等价物，那么劳动这 12 小时只是为了赎回八小时劳动的等价物。”[5]由此可见，这一理论区分是揭穿资本主义奴役伎俩的重要洞见，是马克思批判与超越斯密、黑格尔等理论前驱者的“劳动”概念的体现，也是规定、论证“剩余价值”概念的必要前提。

在《资本论》中，马克思在规定劳动本质并分析劳动过程之后，分析了资本的价值增殖，即“剩余价值”的形成。马克思指

---

〔1〕关柏春:《论劳动价值论的时代意义：从“劳动商品”到“劳动力商品”再到“劳动商品”》,《〈资本论〉研究》。

〔2〕《马克思恩格斯全集》第 37 卷，人民出版社 2019 年版，第 289 页

〔3〕Kevin Jon Ke*ller*: *“Po*wer, Subjectification and Resistance in Foucault”, *SubStance*, Vol. 25, No. 1, Issue 79 (1996), pp. 78–110.

〔4〕《马克思恩格斯全集》第 37 卷，人民出版社 2019 年版，第 289 页。

〔5〕《马克思恩格斯全集》第 37 卷，人民出版社 2019 年版，第 289 页。

出，资本的增殖是在资本家支配并占有其产品的劳动过程—也即价值形成过程进行的。考察劳动过程，注重的是“质的方面”，即生产使用有用劳动的方式和方法，以及它的内容和目的。而考察价值形成过程，“同一劳动过程只是表现出它的量的方面。所涉及的只是劳动操作所需要的时间，或者说，只是劳动力被有用地消耗的时间长度。”[1]马克思以纺织的劳动过程为例，分析其价值的形成，并得出结论，“劳动力的价值和劳动力在劳动过程的增殖，是两个不同的量。”[2]因此，价值形成过程能够成为价值增殖过程，在本质上，“价值增殖过程不外是超过一定点而延长了的价值形成过程。”[3]这个界分性的“定点”，就是价值形成过程所达到的资本家购买工人劳动力所付出的价值，超过这个定点的劳动形成的价值，就是价值的增殖，归资本家所有。这部分增殖了的价值，就是“剩余价值”。这一看起来仅是价值量的变化过程，却标志着劳动过程和价值形成过程的质变，也是资本主义经济制度矛盾的本质所在。

规定剩余价值，不仅要从劳动的角度展开分析，还要从资本的角度进行论证。马克思将资本区分为不变资本和可变资本，前者是购买生产资料的资本，而后者是购买劳动力的资本。其中，“转变为生产资料即原料、辅助材料、劳动资料的那部分资本，在生产过程中并不改变自己的价值量。”[4]它们只是作为价值生产的

---

〔1〕马克思:《资本论》第一卷，人民出版社 2004 年版，第 228 页。
〔2〕马克思:《资本论》第一卷，人民出版社 2004 年版，第 225 页。
〔3〕马克思:《资本论》第一卷，人民出版社 2004 年版，第 227 页。
〔4〕马克思:《资本论》第一卷，人民出版社 2004 年版，第 243 页。

必要条件，在生产过程中将自身价值转移到新产品上。“相反，转变为劳动力的那部分资本，在生产过程中改变自己的价值。它再生产自身的等价物和一个超过这个等价物而形成的余额，剩余价值。”[1]通过对不变资本和可变资本的剖析，马克思将劳动概念展开于对“资本”和“剩余价值”的论述中，在这个意义上，“剩余价值”所对应的恰恰是“劳动”在资本主义制度下“异化”的形式。而由此，剩余价值概念也就同《1844 年经济学哲学手稿》中的异化劳动概念在逻辑上统一起来了。[2]

进而，马克思展开剩余价值概念，系统规定了绝对剩余价值、工作日、剩余价值率、相对剩余价值、协作、分工和工场手工业、机器和大工业、工资、资本积累，从而深刻地剖解了资本主义经济制度的本质。然后又通过对再生产过程的考察，规定或改造了资本循环、资本周转、社会总资本的再生产与流通，进而科学的改造了利润、平均利润、商业利润、利息、地租等一系列关键概念构建了分析资本主义经济制度矛盾的学说体系。这一体系实现了“真理”维度的“视角转换”，充分地揭示了“真正劳动的向度”[3]，突破资产阶级经济学家试图遮蔽“劳动异化”现实实质的理论意图，重新以“主体性”为经济哲学奠立认识之基，从而使马克思主义经济哲学成体系性地展开为不断趋向于实现“每个人

---

〔1〕 马克思:《资本论》第一卷，人民出版社 2004 年版，第 243 页。

〔2〕［英］大卫·哈维:《反资本世界简史》，陈诺译，广东人民出版社 2023 年版，第 208 页。

〔3〕 尹兆坤:《自身与异化—对马克思劳动问题的现象学研究》,《陕西师范大学学报（哲学社会科学版）》2018 年第 5 期。

的自由全面发展”的真理性学说。这个论述体系的核心概念和主干概念、辅助概念，都是马克思所改造完善的劳动概念的具体化。劳动概念作为前提和基本要素，体现于规定资本主义经济制度矛盾的各个环节。

在系统规定资本主义经济制度矛盾的基础上，马克思辩证性论述了劳动的“再主体化”图景，以高度概括的方式阐明了资本主义经济制度的形成及对其必然的否定，指出新的社会制度架构将以对异化的“扬弃”为目标，“让人们以一种更自由、更人性化的方式进行生产和合作”。[1]也正是在这个意义上，马克思给出了他对于斯密、李嘉图、黑格尔相关论断的深刻回应：“以资本主义生产方式产生的资本主义占有方式，从而资本主义的私有制，是对个人的、以自己劳动为基础的所有制的第一个否定。但资本主义生产由于自然过程的必然性，造成了对自身的否定。这是否定的否定。这种否定不是重新建立私有制，而是资本主义时代的成就的基础上，也就是说，在协作和土地及靠劳动本身生产的生产资料的共同占有的基础上，重新建立个人所有制。”[2]“以自己劳动为基础的私有制”是欧洲在封建农奴制之后形成的经济制度，洛克在论述自然权利和财产所有权时，这种制度在英国还普遍存在着，但是到了斯密、李嘉图生活的时代，它已经开始解体。因此，资产阶级经济学者继续沿用洛克的具有历史局限性的论证得出劳

〔1〕［美］艾伦·W. 伍德：《每个人的自由发展—德国古典哲学中关于自由、法权和伦理的研究》，李仙飞译，人民出版社 2022 年版，第 343 页。
〔2〕马克思：《资本论》第一卷，人民出版社 2004 年版，第 874 页。

动是私有财产权利的规范性来源的观点，并进一步通过论证劳动价值论来试图辩护资本利润的合理性，不论是从逻辑上还是历史上，都显然是充满矛盾和错误的。

在剩余价值理论所得出的价值创造与价值归属的科学结论的基础上，“重新建立个人所有制”这一命题深刻地刻画了克服“去主体化”境遇并重新解放和彰显劳动者“自我—主体性”的理论意图。面对资本的宰制，“人们所要做的，就是打破这种压迫局面，人类从而就会获得自我和谐、重新发现自己的本质……并且重新建立与自己充分而积极的关系。”[1]由此，在这一“异化辩证法”（Dialektik der Entfremdung）中，革命的动力是主体内生的，“无产阶级不仅仅是被剥削的受难阶级，同样也是一种积极的构型力量，其有能力作为对现存生产关系的确定的否定是具有革命性的。”[2]因而，从根本上讲，这也绝非是对历史上“以自己劳动为基础的私有制”的简单复归，而是在“消灭一切阶级统治”[3]这一更高“解放”意义上的“否定之否定”（Negation der Negation），在此，“劳动的解放既不是一个地方的问题，也不是一个国家的问题，而是涉及存在现代社会的一切国家的社会问题。”[4]从而，在现实中得以“重建”的“个人所有制”，正是马克思“劳动”概念

---

〔1〕米歇尔·福柯：《自我关注的伦理学是一种自由实践》，见：汪民安编：《自我技术：福柯文选Ⅲ》，刘耀辉译，北京大学出版社 2016 年版，第 251 页。

〔2〕道格拉斯·莫伽赫；罗松涛译，《劳动：德国唯心主义与马克思》，《哲学动态》2016 年第 10 期。

〔3〕《马克思恩格斯文集》第 3 卷，人民出版社 2009 年版，第 226 页。

〔4〕《马克思恩格斯文集》第 3 卷，人民出版社 2009 年版，第 226 页。

的制度性表达，由这一制度认可并保障的每一个劳动者基于其劳动能力与素质特征的“各尽所能”“不是把人都当作同一的个体，它把每个人都看成独特的、差异的社会存在物，让每个人的自由和个性、天赋和能力都能够得到充分发挥”[1]，而这也正是对以古典政治经济学为代表的资产阶级意识形态扭曲和遮蔽的真正克服。

马克思从劳动者阶级的立场出发，深刻地揭示了资本主义私有制及其所有权原则的异化本质，批判性地改造了古典自由主义经济哲学家洛克、亚当·斯密、李嘉图和德国古典哲学代表人物黑格尔的“劳动”概念，依据辩证的思路规定劳动本质、分析劳动过程，论证了资本主义经济制度形成和否定的“自然过程的必然性”，明确了现实中的“劳动—主体”是“改变世界”的关键因素，劳动本身的发展趋势则正是制度性变革的内在理据，而在其所指明的“从‘异化劳动’到‘自由劳动’的‘劳动解放’之路”[2]上，突破资本奴役、实现其“再主体化”的每一个人的“自由全面发展”真正成为“一切人自由发展的条件”。[3]也正是在这个意义上，马克思“劳动”观念下的经济哲学为通过全面的社会革命和自我革命，在未来社会创获真正具有主动性、创造性的自由劳动、自由联合的“劳动者主体”建基、构筑和拓展了（主体性的）“希望”空间。

---

〔1〕 陈培永：《关于劳动问题的政治哲学透视》，《马克思主义理论学科研究》2020年第2期。

〔2〕 白刚：《劳动的张力：从斯密、黑格尔到马克思》，《哲学研究》2018年第7期。

〔3〕《马克思恩格斯文集》第2卷，人民出版社2009年版，第53页。

第四章

异化与价值

从“发展论”的视角考察马克思“资本主义批判”（Critique of Capitalism）的思想发展进程，西方马克思主义学者提出了马克思存在鲜明的思想分期，并且前后期理论存在根本性“断裂”的观点。这样的论点在后来的争论中更泛化为“两个马克思”的论调，成为当代学者理解马克思“革命的认识论”必须面对的问题。本章从“类本质”和“整全价值”这两个维度来思考马克思不同文本中共同性的理论关切，基于“异化劳动”概念所蕴涵的无产阶级立场、基本理念、劳动原则展开分析，认为马克思构造其经济认识论系统是一个辩证统一的过程。在异化劳动概念提出以后，马克思经过二十多年的深入研究与思考，最终将剩余价值概念而非异化劳动概念确立为他的经济学说的核心概念，内在原因正是他发现了异化劳动概念的缺陷。剩余价值概念的规定，就是马克思坚持和发展异化劳动概念的理念和原则，克服并充实其理论缺陷的结果:《资本论》中的“剩余价值”概念是对《1844年经济学哲学手稿》“异化劳动”概念的充实和发展，而这也正体现了马克思的总体性思想批判之本质“意向性”（Intentionality）。

由资本主义意识形态所构造的人类“异化”（Alienation）危机，是对人类行动之“本真价值”（Intrinsic Value）的颠覆与否定，也由以阻遏了社会历史发展的真正方向，理性致思的“希望的空间”不再具有其现实针对性，“批判理论”也遭际“不可能性”的质疑。“今天，朝向乌托邦的进程被堵塞了，主要是由于占据压倒性势力的社会权力机构的体量和原子化大众的体量之间陷入完全不成比例的失衡。其他的每一种事物——四处弥漫的伪善、对于虚假理论的信仰、思辨性思想的挫败、意志的衰弱或者在恐惧的压力之下意志转向无尽的活动——都只是这一失衡的征候。”[1]资本主义欲望机器的“永动”特性达致无所不在的倾轧趋

〔1〕［德］马克斯·霍克海默：《理性之蚀》，郑兴译，上海人民出版社 2024 年版，第 172 页。

势，并且在当代全球社会愈来愈呈现出“加速主义”的意向。因为“结构逼迫我们要不断以增长、加速、创新等形式进行提升，文化则让我们渴望获得掌控和扩大作用范围，这两者让我们将世界在所有表现层次（不论在周遭自然的宏观领域，在政治—社会世界的中观领域，还是在个体自我关系的微观领域）上都视为一个我们要去侵占、但又会反抗我们的侵占的对象，所以我们必须去冲撞、对抗它。这个世界所表现出来的一切，或是说在屏幕上显示出来的一切，我们都必须知道、确认、支配、征服、购买、利用。”〔1〕在这个意义上，“我们”自身也成了自己行动的受害者，奴役论述的猎取标的物，貌似属于主体一侧的所有“确认、支配、征服”，都反过来造成了“我们就是自己一手造成的社会压力的奴隶。”〔2〕立基于“批判理论”的当代视角，回溯自《1844年经济学—哲学手稿》于二十世纪上半叶被重新发现以来围绕马克思的相关论著，特别是以“异化”为总主题所展开的理论线索，如何看待马克思思想的形成和发展过程，是逻辑一贯的不断充实发展，还是断裂性地存在“早期与晚期”截然不同的两种形态，甚至存在着“两个马克思”的对立，就成为当代的马克思主义研究者所必须回应的理论问题。本章从马克思《资本论》中“剩余价值”概念与《1844年经济学哲学手稿》之“异化劳动”概念的规定和演变中，通过其立场、原则、基本理念的一致性来探讨剩余价值

〔1〕［德］安德雷亚斯·莱克维茨、哈特穆特·罗萨：《晚期现代社会的危机》，郑作彧译，上海人民出版社2024年版，第163页。

〔2〕［德］马克斯·霍克海默：《理性之蚀》，郑兴译，上海人民出版社2024年版，第172页。

概念对异化劳动概念的充实发展，以明确马克思经济认识论的内在展开方式，并呈现其理论所特有的现实价值。

一、马克思界定“异化劳动”概念

“异化劳动”概念是马克思在1844年的《1844年经济学哲学手稿》中规定的，这部手稿标题为“政治和政治经济学批判”，是马克思系统研究政治经济学并以“批判”为理论目标写的第一部经济学著作，虽然没有能够完成，但是却初步形成了他的经济学说。“异化劳动”是马克思这一阶段经济学说的核心概念，并且从异化劳动概念出发，马克思批判并改造了资本主义政治经济学理论的工资、资本、竞争、地租、需要、生产、分工、货币等概念，论证了资本对劳动的统治、资本家的动机、私有财产的扬弃与共产主义等问题。这是第一部从无产阶级的立场出发研究政治经济学的著作，是马克思经济学说形成的起始和标志。

马克思为什么初次研究政治经济学就能够形成与斯密、李嘉图、萨伊、穆勒等资产阶级经济学家正相反对的以异化劳动概念为核心的经济学说？他由以规定异化劳动概念并以它为自己经济学说的核心概念的理论前提是什么？

这个前提就是无产阶级立场、基本理念和劳动原则。在马克思的青年时期，欧洲社会的资本主义制度刚刚建立，资产阶级与无产阶级的矛盾不断激化。他通过在大学期间参与青年黑格尔派的活动，特别是毕业后在《莱茵报》的工作经历，使他能够深入了解社会矛盾，在与法国和德国的社会主义者接触中逐步形成了更为先进的共产主义理念。在写于 1843 年的《〈黑格尔法哲学批判〉导言》中，马克思就明确指出：要实行“彻底的革命、普遍的人的解放”[1]，就不能止步于资产阶级革命所取得的成果，在这个意义上，“德国解放的实际可能性到底在哪里呢？答：就在于形成一个被戴上彻底的锁链的阶级，一个并非市民社会阶级的市民社会阶级，形成一个表明一切等级解体的等级，形成一个由于自己遭受普遍苦难而具有普遍性质的领域，这个领域不要求享有任何特殊的权利，因为威胁着这个领域的不是特殊的不公正，而是普遍的不公正，它不能再求助于历史的权利，而只能求助于人的权利，它不是同德国国家制度的后果处于片面的对立，而是同这种制度的前提处于全面的对立，最后，在于形成一个若不从其他一切领域解放出来从而解放其他一切社会领域就不能解放自己的领域，总之，形成这样一个领域，它表明人的完全丧失，并因而只有通过人的完全回复才能回复自己本身。”[2]从“丧失”到“回复”的辩证历程，说明了总体性的、与国家制度紧密相连的“一般的不公正”，必然在人类整体的解放进程中得到全面的肃清，而“社会解体的这个结果，就是无产阶级这个特殊等级”。[3]青年马克思将“全人类的解放”作为自己的理想，而这也同时是他思考社会革命形式的起点和标准。要实现“全人类的解放”，就必须推

〔1〕《马克思恩格斯文集》第 1 卷，人民出版社 2009 年版，第 14 页。
〔2〕《马克思恩格斯文集》第 1 卷，人民出版社 2009 年版，第 16—17 页。
〔3〕《马克思恩格斯文集》第 1 卷，人民出版社 2009 年版，第 17 页。

翻旧的封建特权和资本的“特殊权利”，也就是被戴上了“彻底的枷锁”，从而完全丧失了权利，必须“通过人的完全回复才能回复自己本身”的无产阶级来承担这一使命。

马克思在这里的论述是高度抽象的，表明他通过对黑格尔思辨—辩证法的深刻理解和批判而达致的思想境界，这是对人类命运的深刻把握，是任何只从个人的私利思考社会问题的人所无法企及的。也正是在这一精神境界中形成的理念，是马克思确立他的无产阶级立场，以“彻底的革命、全人类的解放”来明确无产阶级的历史使命，同时这也是马克思本人思想的出发点和归宿。这是理念与立场的统一，也是从人类解放的最高目标出发来规定现实社会矛盾及其变革途径的哲学方法论的理论根据。

马克思的无产阶级立场是他思想与实践的结果，而无产阶级则是实际的存在，是工人运动的产物，“组成无产阶级的不是自然形成的而是人为造成的贫民”，〔1〕而“人工制造”出广大“贫民”群体的制度就是在欧洲逐步实现其统治并进而向全世界扩张的资本主义制度。“无产阶级宣告迄今为止的世界制度的解体，只不过是揭示自己本身的存在的秘密，因为它就是这个世界制度的实际解体。无产阶级要求否定私有财产，只不过是把社会已经提升为无产阶级原则的东西，把未经无产阶级的协助就已作为社会的否定结果而体现在它身上的东西提升为社会的原则。”〔2〕从洛克起始，到斯密、黑格尔等资产阶级思想家都将私有财产视为无可争议

〔1〕《马克思恩格斯文集》第1卷，人民出版社2009年版，第17页。
〔2〕《马克思恩格斯文集》第1卷，人民出版社2009年版，第17页。

的“自然权利”，论证私有财产的制度是“自然规律”的体系，是“自然秩序”的运作使然，因此也是完全合理的。但他们都没有去考虑丧失了私有财产的无产阶级的权利，却要声称这是自然规律的要求和必然。无产阶级既然是无产且无权的，就只能向私有财产的所有者出卖自己的劳动力，任由私有财产的所有者摆布和操控。但是，日益扩大的无产阶级群体，也是与私有财产的所有者们同样的自然人，是“全人类”中的绝大多数，他们也有维持自己“自我保存”的基本需要，更重要的在于他们也应当享有人格和尊严。但是无产阶级并不能像资产阶级那样去要求、占有并维护其私有财产，私有财产是对他人劳动成果的占有，如果无产阶级可以拥有私有财产，那么最终也就没有了私有财产所必须的对他人劳动的无偿占有这一决定性条件，无产阶级也就不再成其为无产阶级。因此，无产阶级的利益在于否定私有财产，是把“无产阶级的原则的东西”上升成为“社会的原则”。这也就是在《共产党宣言》中重要的理论命题“共产党人可以把自己的理论概括为一句话：消灭私有制”的思想依据所在。马克思在《1844年经济学哲学手稿》和《资本论》中都贯彻着否定私有财产这一基本理念，是规定异化劳动概念和剩余价值概念的理论基础。

正是基于深刻而系统的理论思考，马克思认定由无产阶级开展的社会革命是“人类的解放”，“哲学把无产阶级当做自己的物质武器，同样，无产阶级也把哲学当作自己的精神武器”。[1]变革

---

〔1〕《马克思恩格斯文集》第1卷，人民出版社2009年版，第17页。

的哲学通过变革的阶级来完成变革的实践，这一实践行动的彻底性也就意味着将人奴役人的制度体系彻底铲除，将无产阶级从精神与物质层面的双重的“中世纪”枷锁中解放出来。“德国唯一实际可能的解放是以宣布人是人的最高本质这个理论为立足点的解放。在德国，只有同时从对中世纪的部分胜利解放出来，才能从中世纪得到解放。在德国，不摧毁一切奴役制，任何一种农奴制都不可能被摧毁……这个解放的头脑是哲学，它的心脏是无产阶级。”[1]哲学是马克思的事业，只有将自己的事业与无产阶级的革命行动内在的统一，才有价值，这是马克思确立的立场，也是他的价值观与人生观。确立无产阶级立场是马克思深刻思考的结果，是他的基本理念的集中概括，也是他的哲学—理论和方法—事业的起点，贯彻于他生命和思想的始终。《1844年经济学哲学手稿》是马克思确立其无产阶级立场后完成的重要著作，其中的核心概念“异化劳动”就是马克思从无产阶级立场出发，对无产阶级状况及其社会制度矛盾做出的本质规定。

无产阶级作为没有财产，也就是没有生产资料的劳动阶级，他们的生命体现为劳动，在出卖了劳动力使用权后，就将生命交由购买者资本家任意支配，其劳动所创造的价值，也都由资本家所有，资本家拿出其中的一部分作为购买劳动力使用权的工资付给无产阶级以延续其生命，另一部分则作为利润由资本家所有而用于自己的消费和继续投资购买生产资料与劳动力使用权。这是

〔1〕《马克思恩格斯文集》第1卷，人民出版社2009年版，第18页。

资本主义生产的本质所在，也是其经济的主要矛盾。作为无产阶级的思想代表，马克思将劳动作为政治经济学研究的基点和原则。资产阶级经济学家斯密和李嘉图，为了反对封建和专制经济，论证利润的合理性，提出了劳动创造价值的论点，对此，马克思给予肯定："英国国民经济学的一个合乎逻辑的大进步是，它把劳动提高为国民经济学的唯一原则，同时十分清楚地揭示了工资和资本利息之间的反比例关系，指出资本家通常只是通过降低工资才能增加收益，反之则降低收益。"〔1〕正是从无产阶级立场出发，马克思认为，将"劳动提升为国民经济学的唯一原则"，是认识私有财产和资本主义经济矛盾的重要前提。他继承了源于"英国国民经济学"的这个原则，并从无产阶级立场对其重新进行了界定，提出了与斯密"经济人"概念相对立、对照的"劳动人"概念，由此来对资本主义经济矛盾进行分析，指出"不是对消费者诈取，而是资本家和工人彼此诈取，才是正常的关系。一方面私有财产的关系潜在地包含着作为劳动的私有财产的关系和作为资本的私有财产的关系，以及这两种表现的相互关系。一方面是作为劳动的人类活动的生产，即作为对自身、对人和自然界，因而也对意识和生命表现说来完全异己的活动的生产；人作为单纯的劳动人的抽象存在，因而这种劳动人每天都可能由他的充实的无沦为绝对的无，沦为他的社会的因而也是现实的非存在"。〔2〕

劳动创造价值，私有财产也是由劳动创造的，资本主义的私

〔1〕《马克思恩格斯全集》第42卷，人民出版社1979年版，第105—106页。
〔2〕《马克思恩格斯全集》第42卷，人民出版社1979年版，第106页。

有财产关系实质上也是劳动创造价值及其占有的关系。在这个意义上，“劳动人”是价值的创造者，是劳动者在资本私有财产关系中的抽象存在。依据“劳动原则”来揭示资本主义的经济关系，就是规定“资本和劳动”的关系，即劳动的异化或异化的劳动。

马克思劳动原则的确立，还有一个思想来源，就是黑格尔对劳动的规定。“黑格尔的《现象学》及其最后成果—作为推动原则和创造原则的否定性的辩证法—的伟大之处首先在于，黑格尔把人的自我产生看作一个过程，把对象化看作失去对象化，看作外化和这种外化的扬弃；可见，他抓住了劳动的本质，把对象性的人、现实的因而是真正的人理解为人自己劳动的结果。”〔1〕在此，马克思所指的是黑格尔在《精神现象学》的“自我意识”章从“主奴关系”对“劳动”进行的规定。黑格尔认为，劳动是受到限制或节制的欲望，劳动构造属人的事物，奴隶在面对主人时，感到自为存在只是外在的与自己毫不相干的东西，他的自为意识只是潜在的，而“在陶冶事物的劳动中则自为存在成为他自己固有的了，他并且开始意识到他本身是自在自为地存在着”。〔2〕马克思依据无产阶级的立场发现了黑格尔思想中的可取之处，并对其劳动概念进行了批判和创造。“黑格尔是站在现代国民经济学家的立场上。他把劳动看作人的本质，看作人的自我确证的本质；他只看到劳动的积极方面，没有看到它的消极方面。劳动是人的外化范围之内的或者作为外化的人的自为的生成。黑格尔唯一知道并

---

〔1〕《马克思恩格斯全集》第 42 卷，人民出版社 1979 年版，第 163 页。
〔2〕 黑格尔:《精神现象学》上册，贺麟译，商务印书馆 1979 年版，第 148 页。

承认的劳动是抽象的精神的劳动。”[1]黑格尔以精神规定劳动，马克思则以劳动规定精神。在马克思看来，劳动是人的本质性活动，它是人成为人，进而意识到人的自为存在的活动。劳动改造了物，使之成为生产、生活资料，这个“产物”理所当然地应属于劳动者所有。而在资本主义私有制中，劳动反而被异化为与劳动者相对立，使劳动者丧失其自为存在的活动。

马克思对劳动原则的规定，集中体现了他的无产阶级立场和理念，是他规定资本主义经济矛盾本质的首要环节，具体化于“异化劳动”概念之中。

二、“异化劳动”概念的外延与内涵

异化劳动就是劳动的异化。马克思在此所规定的劳动，正是他在劳动原则中规定的人的本质性的劳动，是改造物创造价值和财富的过程。“异化”概念是黑格尔哲学体系中的一个范畴，其含义是异己化，从精神现象运动的某一环节产生一种相异的因素，进而这个因素演化成与此环节相对立的又一环节，由此形成对此环节的否定。这一异化过程连续进行，就成为否定之否定的精神现象的演变过程。在黑格尔的视野中，异化也存在于自然界和社会生活当中。从异化规定矛盾及其运动，是黑格尔辩证法的重要特点，克服了知性形式逻辑从外在看待事物关系的片面性。作为

[1]《马克思恩格斯全集》第42卷，人民出版社1979年版，第163页。

对黑格尔理论的延续，青年黑格尔派的鲍威尔以“异化”对宗教进行批判，指出宗教是由人的意识分裂和幻想构造的，神不过是人幻想的产物，是人意识的异化，进而控制了人的意识。费尔巴哈进一步指出，上帝是人本质的异化，人把自己的本质从自身分裂出去，异化为独立于人并主导人精神的本体。马克思继承了黑格尔的异化概念，参照鲍威尔从异化对宗教的批判，更重要的是，在费尔巴哈的启示之下，以异化概念来规定资本私有财产与劳动的关系，由此而形成“异化劳动”概念。

对于“异化劳动”概念的外延，曾有人将其与私有财产和私有制相对应，认为应包括全部的私有制形态，即资本私有制之前的各种阶级统治制度。从这个意义上说，各个时代的阶级统治者都是在无偿占有劳动者的劳动成果，并以此为条件持续剥削、统治、奴役劳动者。这一点，与资产阶级统治是相同的，但不同的是，资本私有制以前的阶级统治制度都是以农业为主要生产方式的，其基本生产资料是土地，统治者占有劳动者的剩余产品绝大部分用于自己消费和维持统治，而不是将它们转化为生产资料，因此也就不与劳动者形成雇佣关系，劳动者只是被迫以其劳动成果供养一个统治自己的阶级，并没有异化出与劳动相对立的资本。马克思指出：“我们现在必须弄清楚私有制，贪欲同劳动、资本、地产三个的分离之间的本质联系，以及交换和竞争之间、人的价值和人的贬值之间、垄断和竞争等等之间、这全部异化和货币制度之间的本质联系。”[1]这是马克思对异化劳动概念外延的界定。

---

〔1〕《马克思恩格斯全集》第42卷，人民出版社1979年版，第90页。

再者，马克思在论述异化劳动时，将其主体界定为工人，是“工人的劳动”“工人的生产”。据此，我们认为“异化劳动”概念的外延就是资本主义经济制度，与之后马克思在《雇佣劳动与资本》中界定的“雇佣劳动”概念的外延是一致的。与此同时，异化劳动概念对于研究资本主义制度以外各阶级统治制度的经济关系，也有启示意义。

在明确外延的同时，马克思“从当前的经济事实出发”规定了异化劳动概念的内涵：“劳动所生产的对象，即劳动的产品，作为一种异己的存在物，作为不依赖于生产者的力量，同劳动相对立。劳动的产品就是固定在某个对象中、物化为对象的劳动，这就是劳动的对象化。劳动的实践就是劳动的对象化。在被国民经济学作为前提的那种状态下，劳动的这种实现表现为工人的失去现实性，对象化表现为对象的丧失和被对象奴役，占有表现为异化、外化。”〔1〕

按照劳动原则，劳动的对象化即劳动者以自己的体力和技能改造自然物，使之成为人生产或生活的可用之物。劳动对象化的物，或经劳动改造了的物，即劳动产品，应当归劳动者本人所有。资产阶级思想家所论“自然权利”和劳动价值论也都承认这一点，“国民经济学家对我们说，劳动的全部产品，本来属于工人，并且按照理论也是如此。”〔2〕而且，“按照国民经济学家的意见，劳动是

〔1〕《马克思恩格斯全集》第42卷，人民出版社1979年版，第91页。
〔2〕《马克思恩格斯全集》第42卷，人民出版社1979年版，第54页。

人用以增大自然产品的价值的唯一东西”。[1]但现实却相反，“工人生产的财富越多，他的产品的力量和数量越大，他就越贫穷。工人创造的商品越多，他就越变成廉价的商品。物的世界的增值与人的世界的贬值成正比。”[2]这是对劳动原则的违反，也是对资产阶级思想家所持有的“自然权利”和劳动价值论的违反，或者说，他们的“自然权利”和劳动价值论本身就是不符合资本私有制的经济现实的，但他们却以为这种事实是合理的。马克思作为无产阶级的思想代表，坚持以劳动原则为“正题”，那么异化劳动就是“反题”，是不合理的，是资本私有制本质矛盾的集中体现。进而，马克思从四个方面对异化劳动展开了规定：

第一，工人与自己劳动产品相异化。“工人同自己的劳动产品的关系就是一个异己的对象的关系。”[3]工人把自己的生命投入对象，但他以生命的劳动改造的对象却不属于他所有，他的生命也就不属于他本人而是属于对象，进而属于对象的所有者了。“凡是成为他的劳动产品的东西，就不再是他本身的东西。因此，这个产品越多，他本身的东西就越少。”[4]在这个意义上，“他的劳动作为一种异己的东西不依赖于他而在他之外存在，并成为同他对立的独立力量；意味着他给予对象的生命作为敌对的和异己的东西同他相对抗。”[5]工人的劳动为富人生产了财富，却为自己生产了

〔1〕《马克思恩格斯全集》第42卷，人民出版社1979年版，第54页。
〔2〕《马克思恩格斯全集》第42卷，人民出版社1979年版，第90页。
〔3〕《马克思恩格斯全集》第42卷，人民出版社1979年版，第91页。
〔4〕《马克思恩格斯全集》第42卷，人民出版社1979年版，第91页。
〔5〕《马克思恩格斯全集》第42卷，人民出版社1979年版，第91—92页。

赤贫。而资产阶级经济学家却“以不考察工人（劳动）同产品的直接关系来掩盖劳动本质的异化”。[1]马克思则是从工人同其劳动产品的关系中揭示资本主义经济的本质。

第二，工人与他的劳动相异化。由于劳动的产品不属于工人自己，而且劳动过程也是由非劳动的资本所有者支配，工人的劳动不是自愿，而是被强制的生产活动。“异化不仅表现在结果上，而且表现在生产行为中，表现在生产活动本身中。”[2]从而，“外化的劳动，人在其中使自己外化的劳动，是一种自我牺牲、自我折磨的劳动。”[3]在资本的强制下，“人（工人）只有在运用自己的动物机能——吃、喝、性行为，至多还有居住、修饰等等的时候，才觉得自己是自由活动，而在运用人的机能时，却觉得自己不过是动物”。[4]马克思承继黑格尔关于劳动本质的观点，认为劳动是人成为人的本质性活动，是人的技能的运用，而资本私有制却使作为人本质活动的劳动与人的存在相脱离，“动物的东西成为人的东西，而人的东西却成为动物的东西。”[5]

第三，个人与自己的类本质相异化。马克思认为，人的生命活动是有意识的，有意识的生命活动把人与动物的生命活动区别开来，因此，人是类存在物。“正因为人是类存在物，他才是有意识的存在物，也就是说，他自己的生活对他是对象。仅仅由于这

〔1〕《马克思恩格斯全集》第42卷，人民出版社1979年版，第93页。
〔2〕《马克思恩格斯全集》第42卷，人民出版社1979年版，第93页。
〔3〕《马克思恩格斯全集》第42卷，人民出版社1979年版，第94页。
〔4〕《马克思恩格斯全集》第42卷，人民出版社1979年版，第94页。
〔5〕《马克思恩格斯全集》第42卷，人民出版社1979年版，第94页。

一点，他的活动才是自由的活动。异化劳动把这种关系颠倒过来，以致人正因为是有意识的存在物，才把自己的生命活动，自己的本质变成仅仅维持自己生存的手段。”[1]劳动的对象是人类活动的对象化，人不仅像在意识中那样理智地复现自己，而且能动地、现实地复现自己，从而在他创造的世界中直观自身。“异化劳动从人那里夺去了他的生产的对象，也就从人那里夺去了他的类生活，即他的现实的、类的对象性，把人对动物所具有的优点变成缺点，因为人的无机的身体即自然界被夺走了。”[2]进而，又使“人的类本质—无论是自然界，还是人的精神、类的能力—变成人的异己的本质，变成维持他的个人生存的手段。异化劳动使人自己的身体，以及在他之外的自然界，他的精神本质，他的人的本质同人相异化”。[3]

第四，人与人相异化。由于人同自己的劳动产品、自己的生命活动、自己的类本质相异化，也就造成人同人相异化。人与人的经济关系、社会关系，是基于劳动而形成的类本质的体现，但由于异化劳动，“当人同自身相对立的时候，他也同他人相对立。凡是适用于人同自己的劳动、自己的劳动产品和自身的关系的东西，也都适用于人同他人、同他人的劳动和劳动对象的关系。”[4]人同人相异化是人同他的类本质相异化的具体表现，在这个意义上，“一个人同他人相异化，以及他们中的每个人都同人的本质相

---

〔1〕《马克思恩格斯全集》第42卷，人民出版社1979年版，第96页。
〔2〕《马克思恩格斯全集》第42卷，人民出版社1979年版，第97页。
〔3〕《马克思恩格斯全集》第42卷，人民出版社1979年版，第97页。
〔4〕《马克思恩格斯全集》第42卷，人民出版社1979年版，第98页。

异化。”[1]也就是说，资本私有制导致的劳动异化造成了人的经济关系、社会关系与人的类本质相异化，也就是社会生活的全面异化。

通过以上四个方面的分析，马克思进一步指出，“通过异化劳动，人不仅生产出同他作为异己的、敌对的力量的生产对象和生产行为的关系，而且生产出其他人同他的生产和他的产品的关系，以及他同这些人的关系。正像他把他自己的生产变成使自己失去现实性，使自己受惩罚一样，正像他丧失掉自己的产品并使它变成不属于他的产品一样，他也生产出不生产的人对生产和产品的支配。”[2]这些“不生产的人”就是资本家，是资本私有财产的所有者，因此，“私有财产是外化劳动即工人同自然界和自己的外在关系的产物、结果和必然后果。”[3]

“异化劳动”作为马克思首次规定的经济学概念，是他对资本主义经济矛盾本质的规定，也是他的早期经济学体系的核心。按照马克思的计划，他的经济学说体系是从异化劳动概念出发，首先规定私有财产概念，进而对“表述异化劳动的规律”的资产阶级政治经济学说进行系统批判。“正如我们通过分析从异化的、外化的劳动的概念得出私有财产的概念一样，我们也可以借助这两个因素来阐明国民经济学的一切范畴，而且我们将发现其中每一个范畴，例如商业、竞争、资本、货币，不过是这两个基本因素

---

〔1〕《马克思恩格斯全集》第 42 卷，人民出版社 1979 年版，第 98 页。
〔2〕《马克思恩格斯全集》第 42 卷，人民出版社 1979 年版，第 99—100 页。
〔3〕《马克思恩格斯全集》第 42 卷，人民出版社 1979 年版，第 100 页。

的特定的、展开了的表现而已。”[1]虽然马克思最终并没有完成这个经济学体系，但从他的设想和对工资、资本、货币、利润、利息、地租、积累、竞争等范畴的批判改造中，依然可以看出这个以异化劳动概念为核心的学说体系的总体架构。

三、“剩余价值”概念坚持并发展了“异化劳动”概念的立场、理念和原则

马克思在《1844年经济学哲学手稿》中对“异化劳动”概念做出规定之后，很少实际使用这一概念来进行理论论述，并且在《资本论》当中不再以“异化劳动”，而是以“剩余价值”为他经济学体系的核心概念。这种情况也就不免使后人产生疑问，为什么在《1844年经济学哲学手稿》中马克思那么重视并规定的“异化劳动”概念，到《资本论》阶段竟然完全失去其在经济学理论体系中的核心地位？一种可能的解答是认为异化劳动概念本身是不准确的，马克思在此后的思想发展中发现了其中的错误，从而“异化劳动”不属于马克思主义“科学”理论的范畴。与此对立的观点则坚持认为异化劳动概念本身是正确的，充分体现了马克思本人的人道主义观念和与之相联系的异化思想，而后期马克思依然是在这一“异化观”的框架下进行研究。前一种立场的代表性

〔1〕《马克思恩格斯全集》第42卷，人民出版社1979年版，第101页。

观点是阿尔都塞的马克思前后期思想“断裂”说，[1]后一种立场则为《1844年经济学哲学手稿》的第一个德文版的出版者朗兹胡特与迈耶尔所坚持，[2]这两种观点都以不同的方式导致了后来的“两个马克思”这一提法的产生。

对于这一理论问题，我们认为，作为一个辩证思维的思想家，马克思的经济思想是不断更新、发展、充实的。这种更新发展充实，表现为辩证的自我否定。就像是一个人在从童年到老年的人生的不同时期所具备的不同特点，是其个体生命阶段的更新充实和发展，而非截断性的分裂为两个人或几个人。马克思后期对他的早期思想的更新发展充实，是一个大的课题，这里我们集中探讨他经济学说的核心概念，即后期的“剩余价值”与早期的“异化劳动”之间的关系。这主要包括两个方面，一是剩余价值概念坚持并发展了异化劳动概念的无产阶级立场、基本理念和劳动原则，二是剩余价值概念对异化劳动概念的缺陷的克服与充实。在此，先讨论问题的第一个方面。

阶级立场、基本理念和原则是思想的内在精神，马克思是否在前后期思想之间出现了决定性的“裂变”，关键就在于他的无产阶级立场、基本理念和劳动原则的坚持与否。从马克思思想的演进历程，特别是异化劳动和剩余价值两个概念的提出、规定和展开、论证，结合其各自为核心的学说体系的对比分析，可以说规

〔1〕 渡边雅男；盛福刚译，《〈资本论〉中异化论的问题域》，《马克思主义研究》2018年第2期。

〔2〕 文兵：《马克思的异化观：从早期到后期》，《北京大学学报》2021年第3期。

定剩余价值概念的马克思坚持并发展了他在规定异化劳动概念时的无产阶级立场、基本理念和劳动原则。

马克思的基本理念和劳动原则，是以他的无产阶级立场为根据的，他的理念和原则是他的立场的集中体现。马克思的无产阶级立场是他思想的阶级定性，也是他思想的立足点和归结点。如果说马克思的后期思想脱离甚至背离了他早期的基本理念和劳动原则，就首先意味着他脱离或背离了早期思想所确立的无产阶级立场。在《1844 年经济学哲学手稿》写作之后到 19 世纪 40 年代末，马克思以相当多的时间和精力参与到欧洲大陆的革命运动当中，并写作了《哲学的贫困》《雇佣劳动与资本》《共产党宣言》等著作。50 年代以后，在参与和领导工人运动的同时，马克思集中进行政治经济学研究，在《1857—1858 年经济学手稿》中首次提出了剩余价值概念，以后几部手稿中逐步改进，到《资本论》第一卷系统规定，并展开论证。这期间，马克思的无产阶级立场不仅没有改变，而是更为坚定明确。恩格斯指出："马克思首先是一个革命家。他毕生的使命，就是以这种或那种方式参与推翻资本主义社会及其所建立的国家设施的事业，参加现代无产阶级的解放事业，正是他第一次使现代无产阶级意识到自身的地位和需要，意识到自身解放的条件。"[1] 马克思规定异化劳动概念时，他的无产阶级立场的确定，主要来自他对社会矛盾规律和无产阶级历史使命的理论思考。到规定剩余价值概念时，则是不断深入参

---

〔1〕《马克思恩格斯选集》第 3 卷，人民出版社 1995 年版，第 777 页。

与和领导无产阶级解放运动的实践与理论思考的结合，他的无产阶级立场已经充实而系统，贯彻于他革命实践和理论思考的全过程。在这个意义上，剩余价值概念的规定，正是他无产阶级立场的集中表现。

马克思的基本理念是他从无产阶级立场出发系统规定资本主义经济制度矛盾，并积极参与变革资本主义制度的工人运动所形成的关于人类发展规律和前途的认识，是对无产阶级历史使命的理论规定，概括地说就是“劳动解放”或“共产主义”，这也是他对自己的使命和信念的界定。在《1844 年经济学哲学手稿》中，马克思是从异化劳动和私有财产的扬弃来规定共产主义的，共产主义是异化劳动概念中劳动原则的展开与实现。他认为，“劳动和资本的这种对立一达到极限，就必然成为全部私有财产关系的顶点、最高阶段和灭亡。”[1] 在这个意义上，“异化劳动”的“扬弃”也就得到了界定：“共产主义是私有财产即人的自我异化的积极的扬弃，因而是通过人并且为了人而对人的本质的真正占有；因此，它是人向自身、向社会的（人的）人的复归，这种复归是完全的、自觉的而且保存了以往发张的全部财富的。这种共产主义，作为完成了的自然主义，等同于人道主义，而作为完成了的人道主义，等同于自然主义，它是人和自然界之间、人和人之间的矛盾的真正解决。”[2]

共产主义作为马克思的基本理念，自《1844 年经济学哲学手

〔1〕《马克思恩格斯全集》第 42 卷，人民出版社 1979 年版，第 106 页。
〔2〕《马克思恩格斯全集》第 42 卷，人民出版社 1979 年版，第 120 页。

稿》中明确提出并对应于异化劳动概念之后，就被他一直坚持。《资本论》的基本理念，就是通过对剩余价值所体现的资本主义经济制度本质的规定，揭示其矛盾演化的趋势，论证共产主义理念的应当与必然。剩余价值概念是从无资产的劳动者的角度分析其与资本所有者的关系，也就是异化劳动与资本私有财产之间的关系。被资本所有者以购买劳动力并支配其超值使用而创造的剩余价值，以及其在再资本化所形成的不断的资本积累过程，最终必然导致垄断和资本主义经济制度矛盾的激化，集中表现为无产阶级与资产阶级的斗争，以致否定资本主义制度。“随着那些掠夺和垄断这一转化过程的全部利益的资本巨头不断减少，贫困、压迫、奴役、退化和剥削的程度不断加深，而日益壮大的、由资本主义生产过程本身的机制所训练、联合和组织起来的工人阶级的反抗也不断增长。资本的垄断成了与这种垄断一起并在这种垄断之下繁盛起来的生产方式的桎梏。生产资料的集中和劳动的社会化，达到了同它们的资本主义外壳不能相容的地步。这个外壳就要炸毁了。资本主义私有制的丧钟就要响了。剥夺者就要被剥夺了。”[1]而对资本私有制的否定，“不是重新建立私有制，而是在资本主义时代的成就的基础上，也就是说，在协作和对土地及靠劳动本身生产的生产资料的共同占有的基础上，重新建立个人所有制。”[2]这正是《1844年经济学哲学手稿》中关于异化劳动的扬弃和私有财产论述得更为明确的阐述。基本理念的坚持和发展，将

〔1〕《马克思恩格斯文集》第5卷，人民出版2009年版，第874页。
〔2〕《马克思恩格斯文集》第5卷，人民出版2009年版，第874页。

剩余价值概念与异化劳动概念内在地统一起来。

马克思的无产阶级立场和基本理念使他将劳动作为自己思想的原则，这一原则在异化劳动概念中得到充分展现。到规定剩余价值概念时，劳动原则不仅在理论上更为明确系统，而且在马克思参与和领导的劳动解放事业的实践中得到了验证。异化劳动概念实际上是劳动原则的全面展开与论证，是以劳动原则为“正”，异化劳动为“反”所展开的对资本私有制本质的规定。在长期的理论研究和革命实践中，马克思坚持并发展、验证了劳动原则，将劳动原则具体化并贯彻于思想和行动之中。马克思通过对剩余价值概念的规定，明确了劳动价值论这个由斯密、李嘉图提出但被他们的后继者抛弃的论点的重要性，对劳动价值论进行了改造和完善。《资本论》是马克思从无产阶级立场出发，依据基本理念和劳动原则对资本主义经济制度矛盾的系统论证。马克思将《1844年经济学哲学手稿》中私有财产与异化劳动的关系，具体化为资本与劳动的关系，并通过劳动力的买和卖，明确资本就是无偿占有劳动力的使用所创造的剩余价值转化而来的，它体现着创造价值的劳动者与不劳动的资本家的经济关系，剩余价值是资本主义经济制度的本质，是资本家购买的劳动力使用所创造的超过劳动力价格的那部分价值，但这部分价值并不归劳动者所有，而是归资本家所有。资本家不仅用一部分剩余价值满足其消费，还将另一部分转化为资本，再生产剩余价值。这样的规定与《1844年经济学哲学手稿》中将私有财产归结为异化劳动是一致的。从劳动价值论出发，马克思认为，商品、货币、资本、剩余价值、工资、积累以及再生产和利润、利息、地租等一系列范畴，其根据和要素都是劳动，是劳动创造的价值在资本主义制度下的不同存在形式，这些形式的转化，只是资本与雇佣劳动及资本不同形态矛盾的表现。可见，劳动原则展开并具体化于“剩余价值”概念和《资本论》的整个概念系统之中。

四、从“异化劳动”到“剩余价值”

剩余价值概念坚持并发展了异化劳动概念的基本理念和劳动原则，并不意味着异化概念本身是没有缺陷的，马克思经过二十余年的深入研究与思考，最终将剩余价值概念而非异化劳动概念确立为他经济学说的核心概念，内在原因就是他发现了异化劳动概念的缺陷。剩余价值概念的规定，就是他坚持和发展异化劳动概念的理念和原则，克服并充实其理论缺陷的过程。从这个意义上说，剩余价值概念就是完善了的异化劳动概念。

剩余价值的规定，也是一个不断演进的过程，马克思在《1857—1858年经济学手稿》首次提出剩余价值概念，他指出：“资本在生产过程结束时具有的剩余价值，这种剩余价值作为产品的更高的价格，只有在流通才能得到实现，但是，它同一切价格一样，这些价格在流通中得到实现，是由于它们在进入流通以前，已经在观念上先于流通而存在了，已经决定了，按照交换价值的一般概念来说，表示物化在产品中的劳动时间即劳动量（就静止状态来说，劳动量的大小表现为空间的量，就运动状态来说，劳动量的大小只能用时间来计量）大于资本原有各组成部分所包含的劳动量。而这种情况只有当物化在劳动价格中的劳动小于用这种物化劳动所购买的活劳动时间时才是可能的。”[1]到《1861—1863年经济学手稿》中，马克思又对剩余价值概念进行了改造。“资本在生产结束时得到的剩余价值，用交换价值的一般概念表示就是：物化在产品中的劳动时间（或者说，包含在产品中的劳动量）多于在生产过程中预付的原有资本所包含的劳动时间。这之所以可能，只是由于（假定商品按照它的价值出售）物化在劳动价格（工资）上的劳动时间少于在生产过程中补偿它的活劳动时间。在资本方面表现为剩余价值的东西，在工人方面就表现为剩余劳动。剩余价值无非是工人提供的劳动量超过他在自己工资中作为他的劳动能力的价值得到的物化劳动量的形式的余额。”[2]

以上这两个定义性的规定，仍有其不足，到《资本论》中，马克思则不再用定义的方式，而是将对于剩余价值的规定展开于《资本论》第一卷的各篇中。第一篇是对剩余价值的前导性概念商品、价值、货币的论证，第二至第七篇依序论证资本与劳动力的买卖、绝对剩余价值的生产、相对剩余价值的生产、绝对剩余价值和相对剩余价值的生产、工资、剩余价值资本化的积累过程。这样规定和论证剩余价值概念，已经是一个系统严密的体系，深刻地揭示了资本主义经济的本质。也正是从《资本论》对剩余价值概念的系统规定和论述中，体现着对异化劳动概念缺陷的克服

[1]《马克思恩格斯全集》第46卷（上），人民出版社1979年版，第282页。
[2]《马克思恩格斯全集》第47卷，人民出版社1979年版，第195页。

和充实。

第一，克服了异化劳动概念规定中的思辨成分，形成了充实而系统的实证抽象方法。马克思是从对黑格尔思辨辩证法的深入理解和批判进入政治经济学研究的，他在《1844年经济学哲学手稿》的《序言》中强调费尔巴哈为“国民经济学的批判，以及整个实证的批判”[1]打下了坚实的、“真正的基础”，“我的结论是通过完全经验的、以对国民经济学进行认真的批判研究为基础的分析得出的。”[2]但费尔巴哈所谓的“实证的批判”方法并不成熟，马克思虽然受费尔巴哈的启发认识到了思辨的方法本身的局限，但是还没有形成自己系统的实证抽象的方法，他的方法中仍然残留着相当程度的思辨成分。而且，仅仅一年左右的研究时间，马克思并不能够“充分地占有材料”[3]，当他规定异化劳动概念的时候，主要依据的是已有的经济学著作和当时法德社会主义者的有关论著，基本上没有实地调查材料和经济统计资料。能够在相当短的时间内形成规定资本主义经济本质的异化劳动概念，充分表明马克思思维方法的高超与深刻，这是他系统学习和批判黑格尔思辨辩证法的结果。但是作为黑格尔“这位大思想家的学生”[4]，马克思所受到的思辨辩证法的影响并不能在短期内消除，在异化劳动概念的规定和论证中，特别是“异化”这一难以为常人接受的艰涩概念，以及“物化”“对象化”等黑格尔所特有的术语的使用

[1]《马克思恩格斯全集》第42卷，人民出版社1979年版，第46页。
[2]《马克思恩格斯全集》第42卷，人民出版社1979年版，第45页。
[3]《马克思恩格斯文集》第5卷，人民出版社2009年版，第21页。
[4]《马克思恩格斯文集》第5卷，人民出版社2009年版，第22页。

上，都清楚地表现出来。对此，马克思自己也有深切的认识，此后，如何克服黑格尔思辨辩证法的局限，发挥其理论优势，强化实证性，形成实证的系统抽象法，就成为马克思思想发展中的重要因素。在这个意义上，剩余价值概念的提出和规定，就是他实证的系统抽象法的集中体现。写作《资本论》及其手稿的时候，马克思是在充分占有现实和历史的材料的基础上，“分析它的各种发展形式，探寻这些形式的内在联系”，[1]其中概念的规定、展开、改造、转化，都是以实际材料为依据的对于经济现象的概括，而非脱离实际情形的纯粹思辨活动。剩余价值概念就是现实与历史的资本主义经济矛盾现象的本质规定，从其语词界定到内涵和外延的明确，都说明了这一点。从这个意义上我们可以说，剩余价值概念就是克服了思辨成分后实证抽象的异化劳动概念。

第二，明确商品、价值、货币概念的前导性，以劳动价值论展开劳动原则，从价值论剩余价值，克服直接以劳动论异化劳动的缺陷。“异化劳动”概念是以体现劳动原则的劳动概念为前导的，劳动是辩证关系中的“正”，而异化劳动是“反”，也是对劳动原则的违反，进而将异化劳动与私有财产相结合，论证资本主义私有制经济的本质，这只是一般性的抽象规定，并不能明确资本主义经济本质的特殊性及其历史性成因。资本家的私有财产来自对工人劳动的无偿占有，本应属于劳动者自己的劳动产品异化为不劳动的资本家的财富，以异化劳动来规定资本主义经济本

---

〔1〕《马克思恩格斯文集》第5卷，人民出版社2009年版，第21页。

质的核心是正确的，但是为什么会出现劳动异化，又是通过什么样的制度和机制来保证并实现这种异化的？异化劳动概念的规定本身并不能说明这一点。私有财产是非劳动者对劳动者的劳动成果的剥夺，但这是不同于强盗劫掠的方式，而是通过经济制度和机制进行的“合法”剥夺，是在公平的、依契约进行的商品交换中，劳动者“自由”“自愿”地将自己的劳动及其成果异化为资本家的私有财产的。只有从制度和机制的探讨中，才能以准确的概念规定资本主义经济的本质。剩余价值的前提是商品经济。商品价值是劳动创造的，其交换是依循平等、自愿原则进行的。而商品交换的扩大产生了货币，货币又转化为可增殖的资本，商品交换发生了质变。“货币占有者要把货币转化为资本，就必须在商品市场上找到自由的工人。这里所说的自由，具有双重意义：一方面，工人是自由人，能够把自己的劳动力当作自己的商品来支配；另一方面，他没有别的商品可以出卖，自由得一无所有，没有任何实现自己的劳动力所必需的东西。”[1]资本家对其购买的劳动力的支配使用，使它生产出超过购买劳动力价格的价值，并占为己有，形成剩余价值。在这个意义上，“剩余”对资本家来说，是补充所付购买价格之后的那部分；对工人来说，是超过其出卖劳动力所得工资的那部分。之所以要用“价值”而不是像《1844年经济学哲学手稿》中那样直接用“劳动”来界定这种关系，就在于价值是人类所有劳动的抽象或抽象的劳动创造的，资本家购买的

〔1〕《马克思恩格斯文集》第5卷，人民出版社2009年版，第197页。

是劳动力，而非劳动，劳动是劳动力的使用过程。以商品、价值、货币为前导概念，不仅可以明确资本的制度性质，也可以说明剩余价值形成的机制：形式上的平等、自愿的等价交换中体现出的内容上、实质上的不平等、不等价，而工人出卖劳动力也同样是“自愿”的，这种“自愿”并非受其买主的强迫，而是资本主义制度的总体性的强迫—否则，他们就将彻底失去维持生命的必要生活资料。

第三，从资本构成与其生产过程揭示剩余价值的形成，克服异化劳动概念的不准确问题。资本不仅用来购买劳动力，也要购买生产资料，前者是可变部分，后者是不变部分。剩余价值是工人工作日中剩余部分创造的产品总价值中扣除不变资本部分后的新价值。“因为可变资本的价值等于它所购买的劳动力的价值，因为这个劳动力的价值决定工作日的必要部分，而剩余价值又由工作日的剩余部分决定，所以从这里可以得出结论：剩余价值和可变资本之比等于剩余劳动和必要劳动之比。”[1]马克思又从绝对剩余价值生产、相对剩余价值生产充分论证了剩余价值生产的演变过程，进而从工资反证剩余价值。最后，以资本积累概念规定剩余价值转化为资本，以及资本主义扩大再生产的实质。从货币转化为资本，购买劳动力进行剩余价值生产，到剩余价值再转化为资本的全过程，正是对劳动异化和异化劳动转变为私有财产的明确而系统的论证，剩余价值概念不仅克服了异化劳动概念的思辨

〔1〕《马克思恩格斯文集》第5卷，人民出版社2009年版，第251页。

性所导致的不能把握资本主义经济特殊性及由此造成的不准确，还充实了异化劳动概念在规定和论证上的各种缺点，形成了对资本主义经济本质的完整正确的规定。

第四，剩余价值概念规定中的定量分析克服并充实了异化劳动概念只定性不定量的缺陷。思辨方法的特点之一是只注重一般性的抽象，忽略特殊性的规定，由此导致定性的空泛议论而几乎没有定量的具体分析。写作《1844 年经济学哲学手稿》时，马克思努力克服黑格尔思辨方法对他的影响，探讨自己的实证研究方法。但这仍需要一个过程，而经济学研究的实证抽象方法并没有先例可循，只能也必须由马克思在研究过程中创造出来。规定异化劳动概念只是个开始，他只是在揭示资本主义经济本质这种定性分析中取得了进展，但如何定量分析，以及定性分析与定量分析之间的关系，还都未能深入地探讨。经过二十多年的不断研究，马克思在《资本论》中充分展示了他实证抽象方法的功效，其中一个重要因素，就是定性分析与定量分析的有机结合，贯彻于剩余价值概念的规定及其前导的商品、价值、货币概念，以及资本、工资、积累、再生产、利润、平均利润、商业利润、利息、地租等一系列概念的规定和论证中。剩余价值概念的规定从“资本的总公式”及其矛盾的货币量的变化，引出了剩余价值存在的事实，通过劳动力的买和卖来说明货币转化为资本的质变，从劳动过程、价值增殖过程和资本构成的量的分析，得出剩余价值率的规定，再从工作日的分析，界定了剩余价值率与剩余价值量的关系。进而规定了相对剩余价值生产的两个阶段工场手工业和机器大工业剩余价值率和剩余价值量的演变，再从质与量的统一分析了绝对剩余价值生产和相对剩余价值生产的关系。并以对工资两种形式计时与计件工资的量的分析，反证了剩余价值率和剩余价值量。最后从简单再生产与扩大再生产的量的差异，规定了资本积累，即剩余价值的质和量的统一再转化为资本。这里的每个环节，都是定性分析与定量分析的统一，而定量分析又是实量分析和设量分析的有机配合，特别是对大量统计数据和官方调查资料的分析，充分证明剩余价值概念的规定是从具体的可计量的经济事实中实证抽象的结果。而展开剩余价值概念的《资本论》第二卷、第三卷，也都是定性和定量统一的分析论证。至此，异化劳动概念中因思辨方法导致的缺陷，得到了全面的克服和充实。

第五，剩余价值概念取代异化劳动概念成为马克思经济学说的核心。在《1844 年经济学哲学手稿》的写作中，马克思设想以异化劳动概念为核心来建构他的经济学说体系，这个体系并没有能够完成，其中的重要原因是异化劳动概念的内在缺陷使它很难通过定量与定性的统一分析在概念运动中展开并转化为具体的概念，或者说很难以异化劳动概念对资本主义的经济本质进行抽象规定，从而说明资本主义经济的各个环节、部门的具体现象。从《1844 年经济学哲学手稿》对资本、利润、竞争等概念的论证中都可以看到这一点。但马克思以某一概念为核心来建立从抽象到具体的概念体系的设想本身是他一贯坚持的，在之后的经济学研究中，马克思也一直在探索如何实现这一理论设想。剩余价值概念对异化劳动概念缺陷的克服与充实，使这个设想成为现实。从

《1857—1858 年经济学手稿》到《1861—1863 年经济学手稿》，马克思以当时规定的剩余价值概念为核心，进行建构体系的尝试，但是都未能达到马克思所设想的标准。他不顾恩格斯多次催促他将手稿尽快出版的要求，坚持重新写作《资本论》第一卷，其中的重点就是要完善剩余价值概念的规定，而其中的一个重大的改变，就是不在对剩余价值概念做集合性的定义，而是将其内涵展开于第二至第七篇的系统论证汇总。进而在第二卷、第三卷又通过定性分析与定量分析的有机结合，将剩余价值概念展开于从抽象到具体运动的各概念，分层次系统地论证了资本主义的经济矛盾。这样，通过剩余价值概念对异化劳动概念缺陷的克服和充实，使马克思在早期思想中确立的基本理念和劳动原则，在更完善的体系中得以实现。

第五章

理性与概念

秉持沿袭自启蒙时代的批判的“理性”（Reason）立法宏旨，马克思以其卓著的创造性书写了《资本论》这一透彻进行“资本批判”的思想“典范”（Paradigm）。而正如列宁所指出的，在“《资本论》的逻辑”的展开过程中，马克思从黑格尔所开创的辩证逻辑中“吸取了全部有价值的东西也发展了这些有价值的东西”。本章在理性反思黑格尔式唯心主义辩证法所造成的“意识形态的颠倒”的前提下，深入考察马克思由以认识资本主义经济制度之“矛盾—运动”本质的“从具体到抽象，再从抽象上升到具体”的“概念逻辑”(Concept Logic)，并将其展开为“对旧概念的批判”“对新概念的规定”“概念的改造”和“概念的转化”四个层次的“概念—运动”（Concepts—Movements），最终通过对于“剩余价值”概念在“《资本论》的逻辑”论证系统中之核心地位的阐发，由以拒斥和否定当代资本主义辩护中的种种意识形态辩护，从而透彻彰显马克思构造的这一充分揭示资本主义经济制度矛盾本质的科学理论体系所达致“资本主义整体性批判”的广度与深度。

马克思的政治经济学研究，目的在于揭示、论证和批判资本主义经济制度的矛盾、理据与规则，“《资本论》的逻辑”[1]就是这一科学地揭示、论证和批判过程的认识论指针，也由此而

〔1〕 正如列宁在其所作“黑格尔辩证法（逻辑学）的纲要”的批语中所说：“概念（认识）在存在中（在直接的现象中）揭露本质（因果、同一、差别等等规律）——整个人类认识（全部科学）”的一般进程确实如此。自然科学和政治经济学（以及历史）的进程也是如此。……虽说马克思没有遗留下“逻辑”，但他遗留下《资本论》的逻辑，应当充分地利用这种逻辑来解决这一问题。在《资本论》中，唯物主义的逻辑、辩证法和认识论都应用于一门科学，这种唯物主义从黑格尔那里吸取了全部有价值的东西并发展了这些有价值的东西。《列宁全集》第55卷，人民出版社2017年版，第289—290页。

对此后诸种“资本批判”论述具有不言而喻的“逻辑规范性”[1]（Logical Normativity），是建构新理论新思维的所必须遵循的论述典范（Paradigm）。资本主义经济制度是一个矛盾系统，构成现代经济生活的不同面向、领域和环节，因此，与之对应，对其进行揭示、论证的“概念”（Begriff）也必然是一个成体系的概念群，每一个经济生活的层面、领域和环节，都由一个或几个概念予以规定。并且，根据马克思主义的观点，社会经济生活是有机统一且普遍联系的，各个层次的关系也必然要以概念对之进行“形式性”（Formal）概括。而在逐步形成揭示和论证资本主义经济制度矛盾的概念群的过程中，还要对其制度本质进行概念规定，这是对主导众多体现于经济生活的不同方面、领域、环节的主要矛盾的概括，在这个意义上，它不是独立存在的某一个方面、领域或环节，因而不可能直接地、个体化地从感性认知中得出，而是存在并作用于全部经济生活的各个方面、领域和环节中。研究者们所收集并占有的“材料”（Matters），都包含体现着制度本质的主要矛盾，因此，从对材料的初步思维加工开始，就已经在认

---

〔1〕“逻辑规范性”意指，一方面，在证明力上，具体论题的“推理”（Reasoning）过程中所必须遵循其对“逻辑后承”（Logical Consequences）导向的规约，亦即对前件与后件之间推论性联系的“必然性”意义下的规定；另一方面，在约束力上，意味着同一思想“谱系”（Genealogy）下的学者（或思想论题的跨时空对话者）在进行相关的研究时，必须要遵循这一逻辑理路来推衍其思路与论点。相关论述参见：Hartry Field & Peter Milne: What is the normative role of Logic? *Aristotelian Society Supplementary ,2009, Volume* 83 (1):251—298. 在此，“既然逻辑不能由主观心灵过程所表明，那么逻辑便只能由实践来表明。”赵汀阳：《二十二个方案》，辽宁大学出版社 1998 年版，第 110 页。

识这个矛盾，进而对资本主义经济生活的各方面、领域、环节的概括而形成概念的过程，实际上也是认识资本主义制度本质和矛盾，并对之进行深入批判的过程。这正是《资本论》“概念逻辑”（Begriffslogik）的理论关切所在。

历史地看，明确并强调“概念—运动”在思维形式中的核心和主导作用，是黑格尔（Hegel）在逻辑学与认识论领域的理论进展。在黑格尔之前的“知性逻辑”阶段，“概念”本身并非一个有着突出意义的思维形式，也只是用来界定相应现象的理论话语，也不存在自身的运动变化。黑格尔则创造性地提出概念是个思维形式的集合，是思维的核心和主导，而判断（Urteil）和推论（Schluss）等思维形式则不过是概念形成、展开和运用的方式而已。并且，从根本上，黑格尔认为，“概念是实体的真理”[1]，并且，“概念，事情的本性自己在向前运动着和发展着，而这个运动同样是认识的活动”[2]，因此，“概念—运动”也就成为对现实事物之“矛盾—运动”的抽象与统摄。[3]马克思深切地理解了黑格尔的这一思想，并在对黑格尔唯心辩证法的批判中证成了其中的缺陷与片面，并最终在对资本主义经济制度矛盾这个特殊对象的系统批判中真正克服了黑格尔“意识形态的颠倒”[4]的理论错误。马克思对黑格尔方法论局限性的超越，根本就在于强调概念的规定

〔1〕 黑格尔：《逻辑学（Ⅱ）》，先刚译，人民出版社 2021 年版，第 202 页。

〔2〕 黑格尔：《哲学科学百科全书 Ⅲ 精神哲学》，杨祖陶译，人民出版社 2015 年版，第 349 页。

〔3〕 黑格尔：《逻辑学（Ⅱ）》，先刚译，人民出版社 2021 年版，第 496 页。

〔4〕《马克思恩格斯文集》第 4 卷，人民出版社 2009 年版，第 298 页。

和运动都必须以充分占有材料为基础和首要环节，分析其所占有的理论“材料”的各种发展形式，探寻这些发展形式的内在联系，据此，“客观矛盾反映入主观的思想，组成了概念的矛盾运动，推动了思想的发展，不断地解决了人们的思想问题。”[1]“概念—运动”就是这样以现实的“矛盾—运动”为规范性的来源（Source of Normativity），并在叙述过程中将“材料的生命”在观念上反映出来，从而也就证成了“事物的辩证法”是如何“创造观念的辩证法”[2]并以之进一步指导实践的。

更进一步地，区别于作为黑格尔“整部《逻辑学》的重心和归宿”[3]的“概念论”过分强调“概念本身不会以感性的方式成为直观或表象的对象；它仅仅是思维的对象、产物和内容，是自在且自为存在着的事情，是逻各斯”[4]的唯心论“概念把握式的思维”（das begreifende Denken），马克思（在批判黑格尔式“颠倒”的意义上）尤其重视“概念内容”（Conceptual Content）的现实性，亦即以严格的理论思维“重新唯物地把我们头脑中的概念看做现实事物的反映，而不是把现实事物看做绝对概念的某一阶段的反映”[5]。而通过抽象的“概念—运动”真切刻画资本主义经济制度的现实“矛盾—运动”模式（Models），由此“概念的辩证法本身就变成知识现实世界的辩证运动的自觉地反映，从而黑格

〔1〕《毛泽东选集》第一卷，人民出版社 1991 年版，第 306 页。
〔2〕《列宁全集》第 55 卷，人民出版社 2017 年版，第 166 页。
〔3〕 庄振华：《作为现代理念论的黑格尔概念逻辑》，南京大学学报 2022 年第 5 期。
〔4〕 黑格尔：《逻辑学（Ⅰ）》，先刚译，人民出版社 2019 年版，第 17 页。
〔5〕《马克思恩格斯文集》第 4 卷，人民出版社 2009 年版，第 298 页。

尔的辩证法就被倒转过来了，或者宁可说，不是用头立地而是重新用脚立地了。”[1]这一消除了“意识形态上的颠倒”错误的“概念论”也就突出地体现为“新概念的引进、对现存概念向更加具体和复杂层次的提炼与加工以及历史证据的介绍，以便更加明确、丰富地解释现实”。[2]

由此，呼应着黑格尔在《大逻辑》“第二版序言”提出“对于一部属于现代世界的著作而言，既然它所探讨地是更深刻的本原、更困难的对象，以及范围更广的材料，作者就应当具有一种自由的闲暇，以便对它进行七十七遍修改。”[3]这样的“时代之问”，马克思经过艰苦而卓绝的理论劳作，使得《资本论》成为一部当之无愧的“现代世界”思想经典，而其所探触的也正是“更深刻的本原、更困难的对象”，马克思在繁复且艰巨的研究和写作的过程中，也必须不断涉猎和吸收“范围更广的材料”，以构筑其理论的大厦。而正是以其卓越的思维与持续的探索，马克思才可以不断实现思想上的突破和跃进，从而“用逻辑阐述方式证明剩余价值的必然性及其在资本主义体系中的基础地位”。[4]从其思想的进程中不难发现，马克思构造其“概念逻辑”的过程并非一蹴而就，而是经历了不断的尝试、改进与推翻。在这一系列思想进程中，马克思总是保持其对现实经济矛盾的精细观察，不断重新

〔1〕《马克思恩格斯文集》第 4 卷，人民出版社 2009 年版，第 298 页。
〔2〕法恩、费洛:《马克思的〈资本论〉》，王娟、邱海平译，中国人民大学出版社 2022 年版，第 4 页。
〔3〕黑格尔:《逻辑学（Ⅰ）》，先刚译，人民出版社 2019 年版，第 22 页。
〔4〕赵敦华:《马克思哲学要义》，江苏人民出版社 2018 年版，第 323 页。

收集和占有材料，不仅将其思想成果呈现于理论书写的“概念—运动”当中，也会以思想史、社会史的例证的方式，融入整体的论述体系，[1]从而最终以深刻的逻辑论述摆脱“历史的偶然性的干扰”，凝聚“启蒙时代精神的精华”，[2]并由此而实现了对资本主义现实的“矛盾—运动”及其未来走向的科学规定。

正是依据马克思科学的“概念逻辑”下所阐发的“概念—运动”模式，我们可以清晰地在认识论上把握资本自身的“矛盾—运动”形态，并由此得出结论：资本主义制度既不是自然生成的，也不是人类社会有史以来的第一个或最后一个制度，在它出现之前还有若干经济制度存在，而它也必然会被新的制度所取代。在这个意义上，资本主义经济制度只是人类社会历史发展中的一个特殊形态，而其与其他诸种经济制度又存在“经济制度”层面的一般性，因此，揭示和论证资本主义经济制度矛盾，不仅要规定这个制度矛盾的特殊性，更要认识诸经济制度以及经济活动所共有的一般性规律，进而，在以概念规定资本主义经济制度矛盾的

〔1〕这其中最有代表性的就是在《资本论》第一卷中，从“商品”和“价值”的抽象规定到“货币”“资本”“劳动力”“绝对剩余价值”“相对剩余价值”“工资”“资本积累”的全部概念论证过程，几乎每一个概念的论证及其转化，马克思都在正文或脚注中，以相应的现实的或思想史、社会史的材料予以佐证，而且所引用的材料都尽可能准确精练。尤其是在对绝对剩余价值和相对剩余价值的论证中，他大量引证了被此前的主流经济学家所不屑一顾的来自工厂视察员、童工调查委员会、政府调查委员、英国中央户籍注册局、济贫法视察员、税务委员会的报告或报表，以及一些来自企业内部的材料。这些直接的材料既是他规定和改造概念的现实依据，又是论证和推衍这些概念最为充实且不可辩驳的理论证据。

〔2〕赵敦华：《马克思的批判哲学和启蒙时代精神的精华》，《北京大学学报（哲学社会科学版）》2014 年第 4 期。

基础上，探讨其演化乃至否定的必然性和趋势。在此，不同于黑格尔《法哲学原理》中“要等到现实成熟了，理想的东西才会对实在的东西显现出来”[1]的“保守”论点，马克思理论性的批判之思无疑指向以概念思维推动现实性变革的“激进”（Radical）图景：资产阶级的灭亡和无产阶级的胜利。

一、《资本论》“概念逻辑”的基本形态

资本主义经济制度是由“资本”主导经济运行的制度筹划，揭示和论证纷繁复杂的资本主义经济制度的“矛盾—运动”，不仅需要构造一个概念群，更要将这个概念群现实地纳入到有机统一的思想系统之中。经过严密的概念演绎，“在历史唯物主义视野下，现代经济科学的对象及其自身的前提条件统一为‘资本’范畴。‘资本’既是经济科学的对象，又是这种对象的再生产机制，是《资本论》的科学维度与哲学维度的统一。《资本论》的经济哲学展开为一种‘资本的存在论’，其主要内容是从资本增殖运动处方，阐明现代社会各种经济对象的可能性条件乃至‘充足理由’，批判资本社会对于人的荒诞性和陌异性，从而揭示‘人的解放’的契机与路径。”[2]在马克思对于政治经济学的批判性研究过程中（亦即其经济批判的视野不断展开的过程中），通过将对现实材料

〔1〕 黑格尔：《法哲学原理》，邓安庆译，人民出版社 2016 年版，第 15 页。

〔2〕 牛子牛：《马克思的经济哲学建构及其与经济科学的一般差异》，《哲学研究》2024 年第 9 期。

的占有、分析与对前人创造的旧有概念的批判、改造相统一，马克思得出对资本主义经济制度本质的抽象性概念规定，进而从规定“本质—抽象概念”展开对具体现象和具体概念的论析，这一过程是“从具体到抽象”和“从抽象上升到具体”的概念运动的循环式“圆圈”，而“每个单一的圆圈，因它自身也是整体，就要打破它的特殊因素所给它的限制，从而建立一个较大的圆圈”[1]，以此不断实现“螺旋式”的展开。在认识论的意义上，“每一个之前所探讨的‘圆圈’都打破了它自己的界限，扬弃了其领域的边界。新的‘圆圈’代表了概念复杂性的更高方式，在这条道路上，从‘萌芽结构’的‘丰富充实’，到上升着的‘较丰富者’一再‘缩减’，直至达成一个圆圈的完满。在整个圆圈运动中，回返的论证和向前的进一步规定彻底地相互贯穿，两者是同一的。”[2]

在具体考察马克思《资本论》“概念逻辑”总体上的“从具体到抽象，再从抽象上升到具体”的“概念—运动”之前，我们首先来探讨《资本论》内在概念运动的基本形式，即对旧概念的批判、对新概念的规定、概念的改造和概念的转化这四种基本形态（Basic Modes）。

（一）对旧概念的批判

马克思《资本论》“概念逻辑”的思辨性起点，是从批判以前经济学家所规定的理论概念开始的。对旧概念进行批判，是马

〔1〕［德］黑格尔：《小逻辑》，贺麟译，商务印书馆 1980 年版，第 55—56 页。
〔2〕［德］费维克：《从概念到理念：黑格尔概念论的逻辑展开》，郭冠宇译，牛文君校，《世界哲学》2022 年第 1 期。

克思学习、理解和反思前人理论成果，在对现实材料的不断充实、占有和分析中，发现其中的矛盾和缺陷，进而规定新概念和改造旧概念的重要条件。马克思之前的政治经济学家，除了少数如英国的早期社会主义者和西斯蒙第等持有劳动者立场之外，绝大多数都是资产阶级的经济学家。因此，对于马克思而言，尤其在他开始政治经济学研究的初期，他所批判的“旧概念”，主要就是斯密、李嘉图、萨伊、詹姆斯·穆勒等资产阶级经济学家所规定和相继修正过的概念。他们的立场有典型的资产阶级属性，因此必须对他们由以确立这些概念所依据的资产阶级经济矛盾做出深入的批判性剖析。正是通过对这些旧概念的批判，使得马克思对资本主义经济制度矛盾有所认识，同时也发现这些经济学家的立场和态度对其概念思维的制约，以及他们在研究方法上存在的问题。

马克思对政治经济学旧概念的批判，是要发现和揭示其中的缺陷与矛盾，但这绝非纯粹思辨意义上的考察，而是从雇佣劳动者阶级立论，在分析所占有的相关事实材料的情况下，审视旧概念的内涵与外延，发现其中所存在的问题，由此而加深对资本主义经济制度的认识。对旧概念的批判，并不是一次性的，在马克思前后持续二十多年的政治经济学研究中，其所实现的每一次概念运动的循环，几乎都是从占有材料和批判旧概念开始，并且贯彻于概念运动的全过程。

具体而言，《1844 年经济学哲学手稿》中对旧概念的批判的范围和力度都相对较小，主要集中于斯密等人规定的工资、资本利润、地租、货币、私有财产等概念上，通过对这些概念的批判，马克思不仅初步形成了对资本主义经济制度矛盾本质的认识，规定了“异化劳动”概念，并“异化劳动”和改造了的“私有财产”概念界定了资本主义经济制度的本质，也明确了斯密等人的资产阶级立场以及由此而形成的对待资本主义经济制度矛盾的态度，揭示了相应的旧概念在内涵和外延上的缺陷，并由此论证了他们在研究方法和认识论层面的问题。而到了《1857—1858 年经济学手稿》的写作周期，马克思阅读的政治经济学著作已经大大增加。马克思对这样一个相当巨大的文本群进行了系统的反思和批判，这是他由此提出规定资本主义经济制度的新概念即“剩余价值”的重要前提，也是他从“剩余价值”概念出发改造这些旧概念，进而建立自己的学说与概念体系的理论前鉴。在《1861—1863 年经济学手稿》中，马克思在论述其所进一步改造的“剩余价值”概念之后，以专论的形式探讨剩余价值理论，这是对此前的古典政治经济学学说的系统回溯，也是对政治经济学“旧概念”的总批判。正是通过这种批判，马克思进一步论证了自己的剩余价值理论，并且为改造这些旧概念、充实自己的理论体系创造了条件。在对旧概念进行批判的过程中，马克思注重于发现资产阶级经济学家们在认识论和方法论上的缺陷与局限，由以探究自己的“概念逻辑”充实和发展的途径与细节。

（二）对新概念的规定

马克思通过分析、概括其充分占有的材料，批判“旧概念”而规定的“新概念”，是他对资本主义经济制度的全新认识的体现，也是其对政治经济学的历史发展贡献所在。从重商主义肇始的“政治经济学”历史，发展到马克思的时期已经形成了一个相当庞大的概念群，它是各个时期的经济学家逐步规定的概念的累积，也同时是一个不断筛选、辩难、改造过程的体现。在这个漫长的过程中，重要的资产阶级经济学家如斯密、李嘉图、萨伊等，都会根据自己的研究内容来规定一些新概念，这是他们的理论观点和方法论的体现，也是他们在政治经济学发展史上的地位的标志。马克思规定政治经济学的概念，一是作为概念体系核心的抽象概念，也就是规定资本主义经济制度本质的概念；二是从这个抽象核心概念到具体概念的内在“运动”进程中，对论证核心概念所必要的（但前人没有进行规定的）前导概念和由以展开核心概念的部分主干概念与辅助概念的规定。马克思政治经济学理论“概念体系”的核心概念是对资本主义经济制度本质的规定，也是对其主要矛盾的科学概括。马克思在他的政治经济学研究进程中，先后规定了两个“核心概念”，一个是《1844 年经济学哲学手稿》中的“异化劳动”（Alienated Labor）概念，另一个是在《1857—1858 年经济学手稿》中初步规定，之后几经改造后而在《资本论》中得以充分表述的“剩余价值”（Surplus Value）概念。“异化劳动”概念的规定标志着马克思政治经济学学说的形成，而“剩余价值”概念对于“异化劳动”概念的否定及其不断的改造，集中体现着马克思的研究方法和学说体系的辩证发展。“核心概念”是马克思政治经济学研究从具体事实和现象材料出发，批判前人所创立、规定的旧概念，经过比较、分类、归纳、分析、综合、演绎等一系列的思维形式，得到的对资本主义经济制度矛盾的本质规定，这种规定性集中在对资本主义经济制度主要矛盾的揭示和论证上。

针对“概念之为概念”的“概念性”（Conceptuality），我们既要明确其内涵和外延，又要能够以准确的定义和词语来进行表述。在写作《1844 年经济学哲学手稿》时，马克思对具体事实和现实材料的占有还不够充分，对它们的系统思维也还不完善，“异化劳动”概念的提出和规定是以不完善的思维对不充分的材料进行概括的思想成果，其自身的缺陷也是不可避免的。马克思在规定异化劳动概念时的材料，更多的是在他对旧概念的批判中“间接”得到的，比如对“工资”和“利润”这两个旧概念的批判，斯密等资产阶级经济学家在对这两个概念的规定和论证中，已经集中了资本主义经济制度主要矛盾两方面的基本材料，通过对这两个概念的批判，结合其对已占有的相关现象材料的抽象概括，构成了“异化劳动”概念的思想依据。但是这一依据及其相关概括毕竟是不够充分的，因而马克思经过系统而深入的思考，在《1857—1858 年经济学手稿》以“剩余价值”概念取代了“异化劳动”概念而作为自己的政治经济学体系的核心。

“剩余价值”概念的规定及深化，集中体现了马克思充分占有材料，批判旧概念，从具体现象和前任的具体概念出发，以系统性的辩证思维概括形成抽象的核心概念的过程。这个过程持续了十年左右，整个的思想进程充分体现了马克思辩证法的特点。《资本论》“概念逻辑”中对主干概念和辅助概念的规定，是在从抽象的核心概念到具体概念的运动中，在展开论证各层次矛盾时，因为并不存在相应的可批判改造的旧概念而自行规定的概念。对于马克思来说，经过他的批判和改造的旧概念，已经是《资本论》概念体系的有机组成部分，但是由于此前的经济学家由于其阶级立场、历史条件和方法论层面的局限性，对于现实中的有些矛盾层次、环节并没有进行概念上的刻画，因此，马克思只能通过自己规定新概念，来充实概念运动和体系。在这个意义上，新规定的“主干概念”有：劳动力、资本有机构成、绝对剩余价值、相对剩余价值、资本循环、资本周转、社会总资本的两大部类、平均利润、生产价格、绝对地租，在规定这些“主干概念”的同时，还相应地规定了一些必要的“辅助概念”。规定这些新的非核心性的主干和辅助概念的特点，在于它们是展开核心概念对资本主义经济制度本质规定，论证现实经济过程各层次、环节的矛盾，是在总体演绎中从一般性规定到特殊性的转化，是服从于“抽象到具体”的概念运动进程的。新规定的主干概念和辅助概念，与经由马克思批判、改造的旧概念，在展开抽象核心概念的本质规定、论证资本主义经济制度矛盾的概念运动中，构成马克思政治经济学体系的主干和内容。

（三）概念的改造

概念改造是对既有概念的“再规定”（Re-definition），是《资本论》及其手稿的“概念—运动”的重要环节。《资本论》“概念逻辑”中“概念的改造”所意指的涵括马克思新规定的概念和自重商主义以降层累式形成的政治经济学旧概念两个部分。马克思所研究的对象，是资本主义经济制度矛盾，它是历史形成、现实存在并且不断发展演进的。在这个历史流变的意义上，不论是马克思本人，还是斯密、李嘉图、萨伊等资产阶级经济学家，都是在特定的时间点、代表特定的阶级来对这个对象性矛盾做出的理性规定，因而也必然都有其立场、研究方法和所占有材料的局限与缺陷。为此，就要在不断持续的研究中，对已经规定的概念进行改造。《资本论》“概念逻辑”中，“概念的改造”作为必要的环节，并非一次性完成的，而是在研究进程中不断进行，这也就是概念的自身完善（Self-Perfection）。完善是改造的目的，更是改造的律则，其中，既包括马克思对自己所新规定的概念的改造，也包括对旧有概念的改造。

马克思对自己规定的概念的改造，集中于对作为自己概念体系之核心、由以规定资本主义经济制度本质的“异化劳动”和“剩余价值”两个概念。“异化劳动”概念是马克思在进入政治经济学研究后不久便进行理论规定的，它将资本主义经济制度的本质定位与工人阶级和资产阶级之间的矛盾，进而通过分析两者的对立统一所导致的劳动异化，界定了这个制度的问题实质：劳动作为人的本质性活动，在资本主义私有财产制度之下，不仅其产品异化为资本家的私有财产和进一步迫使劳动陷入不断异化境况的手段，而且劳动过程本身也和劳动者之间产生异化，并同时导致了人的类本质和社会关系的异化。这样的洞见是深刻的、尖锐的，但仍不够精准，与“严格科学”（Rigorous Science）所要求的严谨性仍有一定的距离。此时的马克思在思想倾向上，仍旧受到黑格尔很深的影响，从而使其论述带有明显的纯粹思辨性。在

19世纪40年代后期至50年代前期，马克思在以“异化劳动”为抽象核心概念对资产阶级经济学的具体概念进行批判和改造，论证具体的现实经济矛盾是过程中，逐渐发现了“异化劳动”概念的局限性，并在《1857—1858年经济学手稿》中对其进行了否定性的改造：以“剩余价值”概念取代“异化劳动”概念，重新建构以“剩余价值”为核心的概念体系。而新规定的“剩余价值”概念，也同“异化劳动”概念一样，必须不断接受相应的思辨、反思、批判和改造。

在《1857—1858年经济学手稿》中考察“资本的生产过程”的部分，马克思提出了“剩余价值”概念，并做出了初步规定：“资本在生产过程结束时具有的剩余价值，—这种剩余价值作为产品的更高的价格，只有在流通中才得到实现，但是，它同一切价格一样，它们在流通中得到实现，是由于它们在进入流通以前，已经在观念上成为流通的前提了，已经决定了，—按照交换价值的一般概念来说，表示对象化在产品中的劳动时间或者说劳动量（就静止状态来说，劳动量的大小表现为空间的量，就运动状态来说，劳动量的大小只能用时间来计量）大于资本原有各组成部分所包含的劳动量。而这种情况只有当对象化在劳动价格中的劳动小于用这种对象化劳动所购买的活劳动时间时才是可能的。”[1]与“异化劳动”概念相比，在此被初步规定的“剩余价值”概念，不再直接从劳动本身，而是从劳动所创造的交换价值，即物化在产

〔1〕《马克思恩格斯全集》第30卷，人民出版社1995年版，第281页。

品中的劳动时间与资本原有各组成部分所包含的劳动量对比，界定“剩余价值”的量，进而再从“物化在劳动价格中的劳动”与“这种物化劳动所购买的活劳动时间”的对比中，规定剩余价值的质，即工人劳动与资本之间的关系。这无疑是马克思在其经济理论上的一个重要进展。

在以这种初步规定的“剩余价值”概念展开论证一系列具体概念之后，马克思发现了其论述中的缺陷，通过对材料的进一步分析与概括，以及对旧概念的系统批判，他在《1861—1863 年经济学手稿》中对“剩余价值”概念进行了进一步的改造。在此，马克思指出：“应当把剩余价值看成只是同一定的、即用于工资的资本部分的关系。”[1]并进一步论证：“资本在生产过程结束时得到的剩余价值，用交换价值的一般概念来表示就是：对象化在产品只能够的劳动时间（或者说，包含在产品中的劳动量）多于在生产过程中预付的原有资本所包含的劳动时间。这之所以可能，只是由于（假定商品按照它的价值出售）对象化劳动价格（工资）上的劳动时间少于在生产过程中补偿它的活劳动时间。在资本方面表现为剩余价值的东西，在工人方面就表现为剩余劳动。剩余价值无非是工人提供的劳动量超出他在自己工资中作为他的劳动能力的价值得到的对象化劳动量而形成的余额。”[2]马克思在此做出的规定，要比《1857—1858 年经济学手稿》中的界定更为清楚、明晰地集中于剩余价值与用于工资的资本部分的关系，而且

---

〔1〕《马克思恩格斯全集》第 32 卷，人民出版社 1998 年版，第 192 页。
〔2〕《马克思恩格斯全集》第 32 卷，人民出版社 1998 年版，第 192 页。

是可以通过劳动时间即劳动量来进行计算的。由此，质的规定和量的规定就统一起来了。马克思指出："对象化劳动与活劳动交换的比例，即劳动能力的价值与资本家使这一劳动能力发生的价值增殖之间的差别，在生产过程本身中具有另外一种方式。在这里，它表现为活劳动本身氛围两个都由时间计算的量，表现为这两个量的比例。"[1]在对"剩余价值"进行改造之后，马克思又对"相对剩余价值"概念进行了改造，并展开了对"资本"和"利润"两个旧概念的批判与改造，进而开启了题为"剩余价值理论"的关于古典政治经济学对"剩余价值"及其具体形式、"利润"、"地租"等一系列概念的历史性考察，这一部分内容，就是后来由考茨基编辑完成的《剩余价值学说史》。

在最终完成的《资本论》第一卷中，马克思再一次对"剩余价值"概念进行了改造。与此前的处理方式不同，在《资本论》的第一卷中，马克思对于"剩余价值"不再采取集中定义的方式，而是依循从抽象到具体的原则，从经他改造的劳动价值论出发，通过劳动的使用而生产出的"新价值"与"可变资本"之间的差额，确切规定"剩余价值"，并明确不变资本作为生产条件，其价值会等量转移于新商品价值并且仍旧归资本家所有。在这个意义上，"剩余价值"的来源也就被明晰地论证了，而对它的概念规定也就是对资本主义经济制度本质性矛盾，即资本家和雇佣工人之间矛盾的规定。在此基础上，马克思进一步论证了"绝对剩余价

〔1〕《马克思恩格斯全集》第32卷，人民出版社1998年版，第193页。

值”和“相对剩余价值”及其比率。从而使改造了的“剩余价值”概念作为其剩余价值理论体系的核心概念而得到系统的阐述，并由此展开向具体概念的转化。在这一转化过程即从抽象到具体的概念运动过程中，马克思对自己所规定的其他主干概念和辅助概念的改造，也和对旧概念的改造一起，依循抽象核心概念的本质规定，通过对新占有的材料的概括，阐明各概念所规定的经济矛盾的特殊性并将它们与一般性本质规定相统一，由此揭示和证成资本主义经济制度的各层次、各环节矛盾。

而另一方面，马克思在改造旧概念时所采取的总体原则，是与他对自己所规定的非核心概念的改造相一致的，不同之处只是那些“旧概念”来自此前的资产阶级经济学家所做出的规定，其本身也经历了相当长时段的改造进程，进而必须明确这些概念所预设的阶级立场、历史语境和思维特质。这些重要的概念如“价值”“资本”“利润”“工资”“地租”等各有其历史演变的历程，马克思之所以要对这些概念进行改造，就是因为马克思认为，这些概念虽然有着这样或那样的缺陷，但是它们所规定的资产主义经济矛盾的诸层次、环节，仍然是非常重要且切中关键的。只要在概念体系中展开依循其所规定的核心概念中的资本主义经济制度本质，并补充对新占有材料的概括，明晰这些概念所体现的经济矛盾诸层次、环节的特殊性，将其与对经济矛盾的本质规定相统一，就可以恰切说明资本主义经济制度的系统性矛盾，并由以得出行动者“主体”突破既有桎梏，重新获得“自由”的未来生命图景。

（四）概念的转化

《资本论》的论述结构含纳着庞大的概念体系，在其中的任何一个概念都不是孤立的存在，而是有机整体的必要环节。马克思在深刻理解黑格尔逻辑学中关于概念的生成、运动的理念的前提下，消除了其论证中突出的神秘性特征，在对资本主义经济制度矛盾的长期关注和研究中，在充分占有材料的基础上，完成对旧概念的批判、新概念的规定和概念改造的各个理论环节，从而实现了概念之间合理的内在架构与有机统一。《资本论》的“概念逻辑”是马克思的生命和辩证思维的对象化的集中体现，而作为《资本论》批判对象的资本主义经济制度，也是有生命的因矛盾而运动的机体。马克思在将自己的生命和思维对象化于这个活的客体（Objects）的时候，并不是固守于此前形成的概念框架与观念系统，而是依循其矛盾的演化而不断地提升自己的思维能力和方法，通过运动的、发展的“概念—运动”来揭示和论证这一矛盾的本质与规律。《资本论》“概念逻辑”中对旧概念的批判、新概念的规定和概念的改造并不是分立而隔绝的，而是内在统一于“概念—运动”的进程之中的，这种基于概念推演而展现出来“统一性”（Unification）就表现为“概念的转化”。

《资本论》中的“概念转化”意指两种情形：一种是具体概念向抽象概念的转化，另一种则是抽象概念向具体概念的转化。两种形式相辅相成，而在方法层面又各有特点。资本主义经济制度矛盾作为《资本论》批判性研究的对象，是由多层次、多环节的矛盾构成的有机整体，要切实揭示、论证和批判其本质与规律，

《资本论》的“概念逻辑”也必须型构与对象相适应的层次、环节的概念系统，这个系统中的各个概念，都是对相应层次、环节之认识的集中概括，也由此而形成其相互之间具体或抽象的“共在性”关联。《资本论》“概念逻辑”的总原则是“从具体到抽象再由抽象上升到具体”的“转化”形态，在这个“概念—运动”的各个层次、环节上，也都存在着相互之间的具体与抽象关系。总体概念运动的抽象概念，是规定资本主义经济制度本质的核心概念，在马克思早期思想中是“异化劳动”，而在《1857—1858年经济学手稿》之后是“剩余价值”。但是，这也并不意味着在马克思的经济学理论体系中，“抽象概念”是单一的，事实上，抽象与具体是相对而言的，作为规定资本主义经济矛盾不同层次、环节的概念，是因对象的一般性和特殊性而表现为抽象与具体的关系的。“商品”相对于“货币”而言，是抽象概念，“货币”则是具体概念；而“货币”相对于“资本”，则资本是具体概念，货币是抽象概念。根据这一思路，当“资本”相对于“不变资本”“可变资本”“流动资本”“固定资本”“商业资本”“货币资本”等概念系统的时候，“资本”无疑是抽象概念，其不同形态则是具体概念。在这个意义上，“剩余价值”作为规定资本主义经济制度矛盾本质的核心概念，其相对于“利润”概念是抽象概念，但相对于“价值”概念则无疑是具体概念。《资本论》“概念逻辑”就是由这样不同层次、环节的抽象概念与具体概念的内在统一与相互转化而构成的。

具体概念向抽象概念的转化，从思维形式而论是对具体概念规定的特殊矛盾中一般性因素进行综合，结合对相应材料的分析所得到的一般性认识，从而形成对矛盾的一般性概念规定。这种“转化”形态在马克思的政治经济学研究过程中，体现为一系列连续不断的概念性推衍的“运动”层次和环节。比如在《1844年经济学哲学手稿》中，马克思先是通过对“工资”“资本利润”“地租”这三个具体概念进行批判性分析，揭示了其中所体现的矛盾一般性，即“按照国民经济学家的意见，劳动是人用来增加自然产品的价值的唯一东西，劳动是人的能动的财产；而根据同一国民经济学，土地所有者和资本家—他们作为土地所有者和资本家不过是享有特权的、闲散的神仙—处处高踞于工人之上，并对工人发号施令。”〔1〕而与此同时，“国民经济学家对我们说，本来，依照概念来说，劳动的全部产品是属于劳动者的。”〔2〕因此，最为悖谬的是，“国民经济学家对我们说，一切东西都可用劳动来购买，而资本无非是积累的劳动；但是，他同时又对我们说，工人不但远不能购买一切东西，而且不得不出卖自己和自己的人性。”〔3〕也就是说，在资本主义制度下，尽管身为“价值”的真正创造者，“即使在对工人最有利的社会状态中，工人的结局也必然是劳动过度和早死，沦为机器，沦为资本的奴隶。”〔4〕从而，马克思将这些具体概念中体现的资本主义经济制度的一般性问题加以综合，就形成规定整个制度之本质的“异化劳动”概念。与此相对应，马

〔1〕《马克思恩格斯文集》第1卷，人民出版社2009年版，第123页。
〔2〕《马克思恩格斯文集》第1卷，人民出版社2009年版，第122页。
〔3〕《马克思恩格斯文集》第1卷，人民出版社2009年版，第122页。
〔4〕《马克思恩格斯文集》第1卷，人民出版社2009年版，第121页。

克思之后进行的对“剩余价值”概念的规定，也是以对利润、工资等具体概念的转化，同时结合对现实材料的分析和概括而达成的。

而《资本论》“概念逻辑”中抽象概念向具体概念的转化，是在研究论述的过程中完成的，这一进程也集中呈现于《资本论》及其手稿之中。抽象概念向具体概念的转化，从其总体进程来考察，是以抽象—核心概念为起点，通过一系列层次、环节逐步规定或改造具体概念的过程，其要点是展开相对“抽象”的概念中所规定的资本主义经济制度矛盾的一般性，结合对所占有现实材料的分析，以相对而言更为“具体”的概念来规定这一层次、环节矛盾的特殊性，并通过论证再转化为下一个层次、环节的矛盾特殊性的规定。“概念的转化”依次规律而在研究和论述之中连续进行，由此而系统构造“一个经济学体系的逻辑证明”。[1]

二、《资本论》“概念逻辑”的辩证建构

在全面探讨了《资本论》“概念逻辑”的诸种基本形态之后，我们再从马克思政治经济学思想的“发生”[2]（Genesis）的视角来动态地考察其“概念—运动”的建构进程。

---

〔1〕 赵敦华：《马克思哲学要义》，江苏人民出版社2018年版，第323页。

〔2〕 在这个意义上，黑格尔也是将对概念的“发生学”考察视为其理论的重心所在，认为“实体贯穿因果性和交互作用的辩证运动是一部直接的概念发生学，通过这部发生学，概念的转变呈现出来。”黑格尔：《逻辑学（Ⅱ）》，先刚译，人民出版社2021年版，第202页。具体译法据商务印书馆杨一之译本有所调整。

《资本论》概念逻辑的“概念—运动”对于“抽象与具体”关系之辩证性（Dialectical）认识的体现，是以“从具体到抽象再从抽象到具体”为其原则的。因此,《资本论》及其手稿中的“概念逻辑”从总体上可以区分为从具体到抽象和从抽象到具体这样两个大的阶段或环节，而其中心就是《资本论》第一卷中对“剩余价值”（Surplus Value）概念的完备规定。具体而论，总体上的“从抽象到具体”这“第二个环节”的概念运动是清晰明确的，但是马克思本身实现“从具体到抽象”的“第一个环节”的概念运动，则相对比较复杂。经历了超过二十年的时间，马克思才终于完成“从具体到抽象”这一思想环节，而且其间还经历了三次从具体到抽象再从抽象到具体的概念运动的往复过程，每一次的“理论循环”都规定了阶段性的抽象—核心概念，除了在《1844年经济学哲学手稿》中规定的“异化劳动”概念，此后《1857—1858年经济学手稿》和《1861—1863年经济学手稿》中所规定和改造的抽象核心概念都是“剩余价值”。虽然这三次重要的理论尝试也都包含了继起的“从抽象到具体”的概念运动，但是其理论落脚点仍然是《资本论》第一卷中对剩余价值概念的完善规定，这是一个辩证的理论建构过程。

《资本论》及其手稿“概念逻辑”的“运动性”进程自马克思研究政治经济学理论的初始阶段已经开始：马克思从最初研究政治经济学，就以批判和否定资产阶级政治经济学、揭示和论证资本主义经济制度矛盾本质和规律为理论目的。因此，他的研究对象就是明确而具体的，即现实存在的资本主义经济制度矛盾及其在资产阶级经济学家的理论思维中的表征内容（Representative Content）。在这个意义上，马克思的政治经济学研究正是从“具体”（Concrete）开始的。而这一“具体”视域又包含两个方面的内容：一是现实而具体存在的资本主义经济制度矛盾，二是资本主义经济制度矛盾在资产阶级政治经济学中的“具体”体现。在这个意义下，不论是占有、整理和分析现实材料，还是批判性地改造资产阶级政治经济学的旧概念，都集合于“从具体到抽象再从抽象到具体”的“概念—运动”之中。

在写作《1844年经济学哲学手稿》时，马克思的政治经济学批判研究仍处于起步阶段，其所占有的现实材料仍不够充分，但是也已经掌握了揭示资本主义经济制度矛盾所需的基本材料，并且也对资本主义制度的内在问题有了深刻的思考，特别是他对于黑格尔《法哲学原理》的批判性考察，使他对以黑格尔为代表的为资本主义社会做系统辩护的资产阶级学者有了深入的理解，并由以确立了自己的无产阶级立场。正是基于这些条件，马克思得以在对亚当·斯密、李嘉图、萨伊等资产阶级经济学家的具体概念的批判性分析中，敏锐而准确地剖析出其中的一般性因素，并通过综合概括而完成了对资本主义经济制度本质的核心概念—“异化劳动”的规定。在从“异化劳动”的视角改造了“私有财产”概念之后，展开了对资产阶级政治经济学各具体概念的改造，这种改造一直延续到19世纪40年代末到50年代初，虽然事实上并没有能够完成，但也初步建构了一个以“异化劳动”概念为核心的概念系统。

以《1857—1858年经济学手稿》为标志的从具体到抽象再从抽象到具体的概念运动，早在1850年就开始了，在这一时期马克思的主要工作，就是广泛而详细地收集和占有资本主义经济的具体现实材料，同时大量摘录了资产阶级经济学家的著作内容，进行深入的分析。经过一段时间的思考与概括，马克思认为自己已经具备了再次进行系统论证的思想条件，于是开始撰写题为《政治经济学批判》的经济学手稿，展开从具体到抽象的“概念—运动”过程。与《1844年经济学哲学手稿》的文本架构不同，《1857—1858年经济学手稿》在规定“剩余价值”作为核心概念之前，先写作了“巴师夏和凯里。巴师夏论工资”，马克思曾计划从批判巴师夏的工资概念开始《政治经济学批判》的总体论证，但是在写作过程中改变了计划。随后，马克思撰写了著名的“导言”，准确阐述了生产及生产与分配、交换、消费的一般关系；政治经济学的方法；生产、生产资料和生产关系、生产关系和交换关系、国家形式和意识形式同生产关系和交往关系、法的关系、家庭关系。紧随“导言”之后的，是货币章和资本章。由此可见，《1857—1858年经济学手稿》是以对一般性经济学概念和政治经济学方法为导引，从“货币”概念的批判和改造开始，进而完成对“资本”概念的改造（包括“资本的生产过程”、“资本的流通过程”两部分），并在论述“资本的生产过程”时规定了“剩余价值”这个新的核心概念，并由此开启理论论述，规定和改造了绝对剩余价值、相对剩余价值、利润、不变资本和可变资本、资本的再生产和积累、资本的原始积累、资本流通、固定资本和流动资本、利息、生产费用等古典政治经济学的旧有具体概念。历史证明，这是一次不完善的“从具体到抽象再从抽象到具体”的“概念—运动”，马克思在还未完成手稿的内容的情况下，就停止了正文的写作，写了“《货币章》和《资本章》的增补”以及“七个笔记本的索引（第一部分）”，后者清晰地表明了他再次开始思考相关概念的内涵与外延，并阅读相关文献，由以充实材料、强化分析，推动进一步的研究。

《政治经济学批判。第一分册》写作并出版于1859年，“第一分册”的出版充分说明马克思对总体的“概念逻辑”有了更为明确的思考。之所以将标题定为《政治经济学批判。第一分册》，是因为马克思改变了在“导言”中提出的“五篇结构”，重新制订了“六册计划”的研究系统，其第一册是“资本”，其中第一篇“资本一般”的题目下包含两章，即第一章商品和第二章货币或简单流通。《1861—1863年经济学手稿》紧随其后展开，开篇就是“资本一般”，从货币转化为资本，并在此部分改造了“剩余价值”和“绝对剩余价值”“相对剩余价值”概念，并在之后的“资本和利润”章，从“剩余价值”概念改造“利润”概念。而在“剩余价值理论”部分，则是从他规定并改造了的“剩余价值”概念出发，对此前的古典政治经济学旧观念与旧概念的系统批判。马克思认为，此前的“所有经济学家都犯了一个错误：他们不是纯粹地就剩余价值本身，而是在利润和地租这些特殊形式上来考察剩余价值”。[1]

[1]《马克思恩格斯全集》第33卷，人民出版社2004年版，第7页。

遵循这一理路，马克思在《1861—1863年经济学手稿》中先是批判分析了斯图亚特、重农学派和斯密著作中涉及“剩余价值”的论述，由此验证“剩余价值”概念的历史性，接着集中批判性地考察了李嘉图的“利润”和“地租”概念，并从剩余价值理论的角度，对李嘉图学派的解体进行了考察，论述了李嘉图学说中集中体现的资产阶级政治经济学的理论悖谬及其演化趋势，并从对依据李嘉图学说来批判资本主义经济制度的早期社会主义者著作的分析中，明确了从劳动者阶级立场规定“剩余价值”概念并由此建构科学的政治经济学理论体系的理论图景。进一步地，马克思从分析各种收入及其源泉入手，切入对资本的特殊形态如商业资本、货币经营资本的论著，分析“利润”在这些具体形态中的转化形式。与之相应，他也分析了资本主义再生产中的货币回流运动和复利，并以其历史性的视野批判性地探讨了“以李嘉图理论为依据的无产阶级反对派”、霍吉斯金、拉姆塞、舍尔比利埃、理查·琼斯等人对于“剩余价值”的认识，由以回溯和论证马克思本人的“剩余价值”理论及以之为基础而建立的政治经济学理论体系的理论合理性与历史必然性。

而对于《1861—1863年经济学手稿》中的“剩余价值理论”部分，马克思计划将它作为《资本论》著作体系的“第三部分—历史部分”来处理。在1887年11月3日写给西格蒙特·肖特（Sigmund Schott）的信中说：“我的著作的各个部分是交替着写的。实际上，我本人写作《资本论》的顺序同读者将要看到的顺序恰恰是相反的（即从第三部分—历史部分开始写），只不过我最后着手写的第一卷当即做好了付印的准备，而其他两卷仍然处于一切研究工作最初阶段所具有的那种初稿形式。”[1]由此可见，马克思的政治经济学研究进程，同样也存在一种“辩证”的形态，其中思辨与定向的思维运作，也同样符合“概念—运动”的从具体到抽象再从抽象上升到具体的辩证历程，这一点最鲜明地体现在《资本论》三卷的内容是承继《剩余价值理论》中对古典政治经济学“旧概念”的批判改造而完成的。从这个意义上说，《剩余价值理论》的论述本身表明，马克思通过反复的从具体到抽象再从抽象到具体的思想史考察，在总体上已经完成了对抽象—核心概念的规定和改造，并通过对具体—主干概念的批判、规定和改造，建构了揭示资本主义经济制度矛盾本质和规律的辩证体系（Dialectic System）。而在这一理论的“体系性”论证中，“剩余价值”无疑承担着“使真”（Truthmaking）[2]结构中的“奠基”（Grounding）作用，“必要劳动”与“剩余劳动”的矛盾性区分所刻画的资本主义经济矛盾的现实性意义，构成了“资本批判”的

〔1〕《马克思恩格斯文集》第 10 卷，人民出版社 2009 年版，第 421—422 页。

〔2〕“使真”结构，即 Truthmaking，是当代的本体论领域中对于命题之为真性的重要理论。一个“事态”的“真”必须由一个本体论上的“使真者”给出，相应的一个“事件”的“真”，也必须由与之相对应的“使真者”集合进行保证。而在“资本批判”所指涉的资本主义经济制度矛盾的命题系统之中，“剩余价值”理论所标示和辨析的关键问题，即资本主义经济制度矛盾，无疑是推进马克思主义全方位、系统化“去资本主义化”（Decapitalization）的行动之演绎逻辑由以“奠基”的实在性依据。相关论述参见：叶闯：《使真解释：联通语言到世界》，《中国社会科学》2022 年第 3 期；李主斌：《使真者与真理符合论》，《自然辩证法研究》2022 年第 4 期；Helen Beebee & Julian Dods(eds)：*Truthmakers*：*Contemporary Debate*，Oxford University Press，2005.

关键“锚点”，也因此是资本主义经济矛盾的“概念—运动”的核心所在。

三、《资本论》“概念逻辑”的系统演绎

规定资本主义经济制度矛盾之本质的“剩余价值”是《资本论》“概念逻辑”中的核心概念（Core Concept）。《资本论》“概念逻辑”的“从具体到抽象再从抽象到具体”的概念运动，就是以“剩余价值”论为“枢纽命题”[1]（Hinge Commitments）而展开的对资本主义经济制度矛盾本质的规定，揭示、论证和批判资本主义经济制度矛盾系统的各个层面、领域和环节的特殊性与内在联系，说明剩余价值生产与实现及其在总资本各部门间的分割和再生产的“具体”机制，从而在总体上论证和演绎资本主义经济制度的矛盾与悖谬。

在马克思确立其规定资本主义经济制度矛盾本质的“剩余价值”概念，展开“剩余价值”概念的本质规定论证其各个层次和环节的概念运动时，有必要对作为其历史来源和现实基本要素的一般性经济矛盾进行概念上的规定和论证。

（一）“资本的生产过程”的“概念—运动”

经过长期而反复的思考，马克思确定《资本论》第一卷第一

---

〔1〕“枢纽承诺”理论意指在命题系统中有一类关键命题是具有“枢纽”意义的，正是尤其论题的为真性，构建其整个论证结构，而其理论内涵则具有“不可错”（Infallible）的特性。相关论述参见：Duncan Prichard: Hinge Commitment and Common Knowledge, *Synthese*，2021，200（3）：1—16.

册“资本的生产过程”的第一篇“商品和货币”，通过对商品、价值、货币概念的改造，将他的社会历史观和人本质观集中于劳动价值理论，并由此展开于以“剩余价值”概念为核心的概念体系之中。“商品”“价值”“货币”是亚当·斯密、李嘉图等古典自由主义经济学家进行规定的概念，但他们不明确，甚至不承认资本主义经济制度的特殊性质，因而不仅没有规定商品、价值、货币等概念的一般性，更是将资本主义经济制度视为“自然自由”的制度，有着天然的合理性。斯密承认价值来源于劳动，但他同时又悖谬性地认为价值是由劳动、资本、土地三个“要素”共同创造的。虽然李嘉图坚持价值来源于劳动，但他对劳动创造价值的论述又因其资产阶级立场和方法的局限而不能自相融贯，并由此导致其学说不可解消的内在张力。

在马克思写作《资本论》时，资产阶级政治经济学对于价值的主流观点是萨伊从斯密那里继承并发展了的“要素论”，马克思在对古典政治经济学概念的批判中，充分认识到他们所使用的商品、价值、货币概念的缺陷和矛盾所在，他对这三个概念的改造，不仅明确了其内涵和外延的一般性，更从劳动者立场坚持和发展了劳动价值论，通过劳动价值论将他的社会历史观和人本质观贯彻于《资本论》“概念逻辑”的从抽象到具体的概念运动。马克思对商品概念的改造，明确了商品的使用价值，体现于商品中的二重性，说明“相同的或抽象的人类劳动这个属性”[1]形成商品

〔1〕 马克思：《资本论》第一卷，人民出版社2004年版，第60页。

价值，而“具体有用的劳动这个属性”[1]生产使用价值，强调“价值对象性只能在商品同商品的社会关系中表现出来”。[2]在此基础上，马克思进一步分析并规定了价值形式，论证了交换价值和交换过程，进而改造了“货币”概念，规定了价值尺度和流通手段，以及货币贮藏、支付手段、世界货币的职能。

基于经济史的考察可以发现，“商品”“价值”“货币”不仅是包括资本主义经济形态在内的“商品经济”的一般性概念，更是资本主义经济的基本要素和现实前提。马克思从“货币转化为资本”说明了这种关系，并由此而改造了资本概念。从资本总公式及其矛盾的分析中引出了“剩余价值”的存在。在此基础上，马克思区分性地规定了“劳动力”概念，正确地指出资本所购买的并不是此前的经济学家所论述的“劳动”，而是“劳动力”。从劳动力作为商品的买和卖规定剩余价值及其来源，马克思分析了劳动过程和价值增殖过程，并将资本区分为不变资本和可变资本，从购买劳动力的可变资本价值量的增殖，即剩余价值率来说明资本对劳动力的剥削程度，并考察了产品价值在产品相应部分上的表现，以确定剩余价值的质和量。进而，具体分析了工作日中的必要劳动时间和剩余劳动时间，考察了剩余价值的生产，说明工作日的现实及其历史变化，明确了“剩余价值”的绝对性，由此进一步规定了剩余价值率和剩余价值量。这样，马克思就将在《1857—1858年经济学手稿》和《1861—1863年经济学手稿》

[1] 马克思:《资本论》第一卷，人民出版社2004年版，第60页。
[2] 马克思:《资本论》第一卷，人民出版社2004年版，第61页。

中以定义形式初步规定的剩余价值概念进行了系统改造和论证，确定了剩余价值概念在《资本论》“概念逻辑”中的核心地位，并以此展开剩余价值概念所规定的资本主义经济制度的本质，通过对一系列概念的规定或改造，深刻论证了资本主义经济制度的矛盾系统。

以“剩余价值”概念为抽象—核心概念的“从抽象到具体”的概念运动，其所规定和改造的主干概念，在《资本论》第一卷中包括“相对剩余价值”“工资”“资本积累”；第二卷中有“资本循环”“资本周转”“社会总资本的再生产和流通”；第三卷有“利润”“平均利润”“生产价格”“商品资本和商业利润”“利息和生息资本”“地租”等。

“相对剩余价值”是“剩余价值”概念由“抽象”向“具体”过渡的概念运动的第一个环节。马克思指出：“我把通过延长工作日而生存的剩余价值，叫作绝对剩余价值；相反，我把通过缩短必要劳动时间、相应地改变工作日的两个组成部分的量的比例而生产的剩余价值，叫作相对剩余价值。”[1]这里所谓“延长的工作日”，指的是超过工人的必要劳动时间—生产其劳动力价值的时间—的剩余劳动，它所生产的剩余价值是绝对的，也是资本主义生产过程的本质规定和一般形式。剩余价值概念就是对“绝对剩余价值”或剩余价值之绝对性的规定。与之对应，“相对剩余价值”是剩余价值的具体形式，其特点是缩短“必要劳动时间”以

〔1〕 马克思：《资本论》第一卷，人民出版社2004年版，第366页。

增加剩余价值，它表现为三种形式：协作、分工和工场手工业、机器和大工业。协作形成的集体不需要资本家付出代价就可以为他生产剩余价值，在写作基础上形成的分工和工场手工业与机器和大工业，即是“相对剩余价值”生产的两种形式，也是两个阶段，马克思以大量篇幅对它们进行了考察，从而以充分的材料分析和论证了剩余价值的具体生产过程。进而马克思又分析了在相对剩余价值生产中的绝对剩余价值的演变及其关系。工资是工人出卖劳动力所得到的货币价格，对资本家来说则是其付出的可变资本。剩余价值既是新生产的价值超过可变资本的价值，也是工人在工作日生产的价值超过其工资的价值。在这个意义上，“工资”作为剩余价值的对立面，已经包含在剩余价值概念的规定中了。作为一个整体，包括劳动力的买和卖、可变资本的规定以及工作日中必要劳动和剩余劳动的分析，都是在论证资本与雇佣劳动的对立统一关系。

经由对于“剩余价值”概念的规定，以及对“相对剩余价值”的分析和论述，此前马克思在“五篇结构”与“六册计划”中设想的对于雇佣劳动在“资本”部分之外的另行研究已没有延展的必要，关于雇佣劳动的分析已经充分包含在对资本与劳动力的分析和“剩余价值”概念的规定之中了。但是，从“剩余价值”概念出发对“工资”概念进行改造，仍旧是必要的。以这一理论基点为基础，批判和否定资产阶级经济学家将工资等同于劳动价值或劳动要素全部报酬的观点，并分析工资作为劳动力价格与其价值的关系，由此反证“剩余价值”概念。“资本积累”也是资产阶级经济学家规定的，马克思深刻批判了斯密和李嘉图将资本积累仅仅看作是由生产工人消费的剩余产品的观点，以及西尼尔的"节欲论"，将"资本积累"界定为"剩余价值转化为资本"，[1]从而也是资本主义的扩大再生产及其生产关系的再生产过程，即《1844年经济学哲学手稿》中关于异化劳动概念的规定中的工人以自己的劳动生产控制自己的劳动条件和生命的具体论证。随后马克思又考察了资本主义积累的一般规律，分析了资产阶级经济学家所谓"资本原始积累"源于资本家勤劳节俭的观点，正确地指出了资本的暴力掠夺本性。在此基础上，论证了资本主义积累的历史趋势，即因其自身矛盾演化而必然被新的经济制度所否定。

（二）"资本的流通过程"的"概念—运动"

《资本论》第二卷的写作，本身并不在此前经济学手稿所给出的"五篇结构"和"六册计划"之中，《1857—1858经济学手稿》中也没有展开论证其中相关的内容。在《1861—1863年经济学手稿》中，完成了对斯密的评论性内容之后，马克思写作了一个分析魁奈《经济表》的"插入部分"，在其中，马克思指出："货币不断流回它的出发点，在这里，不仅表现从货币到商品和从商品到货币的形式上的转化，像它在简单流通过程或简单商品交换中所表现的那样，同时也表现同一个生产者进行的商品的不断再生产。"[2]马克思通过对魁奈《经济表》的细致考察，得到了一个重要启示，就是在剩余价值概念和利润概念之间，应存在一个必要

〔1〕马克思：《资本论》第一卷，人民出版社2004年版，第668页。
〔2〕《马克思恩格斯全集》第33卷，人民出版社2004年版，第379页。

的“中介”环节，就是对资本的再生产和流通的规定。正是这样的思考，促使马克思在完成《资本论》第一卷后写作了“第二卷”即“资本的流通过程”，通过对“资本循环”“资本周转”“社会总资本的再生产和流通”的规定，承接《资本论》第一卷以“资本积累”概念对资本主义再生产的内容—剩余价值转化为资本—的论证，深入考察其形式的演变，从而为论证“资本主义生产的总过程”中社会总资本的构成及其在剩余价值生产中的作用，提供了理论前提。

“资本循环”是资本积累的形式的展开或具体化，是对抽象个别资本再生产形式的规定。《资本论》第二卷的从资本循环到资本周转到社会总资本的再生产和流通，是《资本论》总体从抽象到具体的概念运动过程中的一个层次，从而也是“从抽象到具体”的进一步实现。“资本循环”作为个别资本再生产的抽象或一般形式，是由货币资本、生产资本、商品资本三个环节构成的，马克思先以货币资本作为起点和归结点来进行分析，说明资本循环的基本形式，进而又分别分析了从生产资本、商品资本为起点和归结点的资本循环，将三次分析进行综合，形成了对资本循环概念的系统规定。“资本周转”是资本循环的展开，是反复进行的资本循环。以斯密为代表的资产阶级经济学家虽然没有规定“资本周转”概念，但是他们已经通过固定资本和流动资本对资本周转做出了初步的规定，马克思批判了重农学派和斯密、李嘉图的观点，从界定周转时间和周转次数，对固定资本和流动资本概念进行了改造，进而分析了劳动期间、生产时间、流通时间、周转时间对预付资本量的影响、可变资本的周转，以剩余价值的流通完成对“资本周转”概念的规定，并由此转入对社会总资本的再生产和流通的规定。马克思通过对魁奈、斯密等经济学家“对这个问题的阐述”的批判性分析，认识到资本的再生产和流通过程能否进行，不论个别资本还是社会资本，矛盾的集合点都在剩余价值的生产与实现，资本循环和资本周转要考虑这个问题，社会资本再生产更要考虑这个问题。社会资本表现为不同行业中众多的企业，它们各自的剩余价值的生产与实现是相互制约的，“生产上消费掉的资本，就它的价值来说，怎样由年产品得到补偿？这种补偿的运动怎样同资本家对剩余价值的消费和工人对工资的消费交织在一起？”[1]他从简单再生产论起，将社会生产区分为生产生产资料和生产生活资料的两部类，在对两部类之间的交换的考察中，分析其中不变资本、可变资本、剩余价值的关系。进而论述积累和扩大再生产，分别考察两个部类的积累，进而系统规定其相互关系。

在《资本论》的论述结构中，第二卷有其特殊的意义，但同时我们必须承认，第二卷的内容很大一部分仍旧是未完成的手稿，需要进一步的修改完善。也就是说，马克思对于“资本循环”“资本周转”“社会总资本再生产和流通”这三个新规定的主干概念及其辅助概念的理论性建构，仍有待完善。尽管如此，《资本论》第二卷中对资本再生产形式的探讨和初步规定已经为从第一卷中对资本主义经济制度的本质和内容的抽象规定过渡到对其总体性经

〔1〕 马克思：《资本论》第二卷，人民出版社2004年版，第436页。

济矛盾的具体论证提供了必要的理论中介。

（三）“资本生产的总过程”的“概念—运动”

在《资本论》第三卷中，马克思改造和规定了“利润”“平均利润”“生产价格”“商业利润”“利息”“地租”等概念，这些概念相对于“剩余价值”是具体的，而它们之间又是从抽象到具体的概念转化过程。

《资本论》第三卷论述的相关内容，在《1857—1858年经济学手稿》与《1861—1863年经济学手稿》中都有所论述，最终编辑完成的《资本论》第三卷则呈现了论证上进一步的完善。在资产阶级经济学家那里，他们只承认“利润”这一可以从“感知确定性”（Sense-Certainty）的层次得以确切呈现资本家利益的概念，而不承认也不愿接受事实上“奠基”了资本主义经济制度矛盾的“剩余价值”概念。马克思在经济思想史上的“革命”，就正是从被雇佣的工人阶级立场出发，以理性思维概括了工人的利益和这一阶级与资本家的关系，从而用“剩余价值”概念规定了雇佣劳动者阶级与资产阶级之间的矛盾所决定的资本主义经济制度的悖谬本质。

从“剩余价值”的理论视角出发，“利润”概念就是《资本论》第三卷中第一个被改造的概念。马克思通过对成本价格和利润的分析，得出利润率的规定，从而指出对资本家来说，他们并不考虑资本的哪个部分创造剩余价值，而只是考虑他投入的总资本会获取多少的利润，“因为资本家只有预付不变资本才能对劳动进行剥削，因为他只有预付可变资本才能使不变资本增殖，所以在他的心目中，这两种资本就完全混同在一起了。而且，因为他实际获利的程度不是决定于利润和可变资本的比率，而是决定于利润和总资本的比率，即不是决定于剩余价值率，而是决定于利润率。”[1]“利润”是剩余价值与总资本关系的体现，因而是剩余价值的具体形式。社会总资本有众多个体资本构成，每个资本的有机构成不同，但实际上所得到的利润却呈现平均化，通过剩余价值概念对利润概念的改造以说明利润的平均化，是《资本论》“概念逻辑”的“从抽象上升到具体”的一个重点。为此，马克思规定了“平均利润”和“生产价格”概念，改造了“竞争”概念，从资本有机构成与生产价格—价值在市场总体需求中的转化形式，以及现实激烈的竞争所导致的个体资本在不同行业的流动等，论证了社会总资本协调诸个体资本关系的机制，说明了利润的平均化及利润率趋向下降的趋势。马克思认为，“平均利润”首先体现于产业资本，进而扩展到商业资本和生息资本，它们要从产业资本中分割剩余价值，这种分割是以它们在社会总资本再生产和流通中的地位和作用为根据的，表现为商业利润和利息。商业利润、利息都是资产阶级经济学家所规定的概念，在他们的规定中，这两个概念所指涉的只是商业资本和生息资本经营所得，与产业资本中劳动者生产的剩余价值没有关联。而马克思则通过“利润”和“平均利润”两个层次的概念转化，将“剩余价值”的本质规定具体化于商业利润和利息概念的改造之中，批判性地论证了商

---

〔1〕 马克思：《资本论》第三卷，人民出版社 2004 年版，第 50 页。

业资本和生息资本这两种资本特殊形式中内蕴的资产阶级与劳动者阶级之间的矛盾。

在此前的“五篇结构”和“六册计划”中,“地租”概念也都是列在“资本”之后的“土地所有制”中被探讨的。在《1861—1863年经济学手稿》的《剩余价值理论》部分，马克思通过对李嘉图等人的“地租”概念的分析与批判，发现地租实际上是剩余价值的一种特殊的形式。到《资本论》第三卷，通过从“剩余价值”向“利润”“平均利润”的具体化，马克思已经厘清了将土地所有制纳入资本统一研究的思路，这就是要从“平均利润”概念来改造“地租”概念。在这一思路的引领下，马克思先从平均利润和生产价格概念分析和规定租地农业资本的特殊性质，指出由于这种特殊性而导致租地农业资本生产其平均利润之外的一部分“超额利润”，即地租的来源，进而从租地农业资本的平均利润与超额利润的关系来改造“地租”概念，并进一步区分了级差地租和绝对地租。经过细致的审辨，马克思指出，租地农业资本的超额利润之所以要归土地所有者，而非农业资本家，是因为“土地对土地所有者来说只代表一定的货币税，这是他凭他的垄断权，从产业资本家即租地农场主那里征收来的。”[1]在对“地租”概念的初步改造之后，马克思又探讨了资本主义地租的起源，而这也成为衔接其总结性地对“各种收入及其来源”的批判性分析的重要理论环节。

---

〔1〕马克思:《资本论》第三卷，人民出版社2004年版，第697页。

《资本论》第三卷最后一篇“各种收入及其源泉”在布局谋篇上与黑格尔的“概念论”最终以“绝对理念”为总结有着可以对堪的理论意涵。这一篇既是对《资本论》全书理论内容的总结，也是对“概念逻辑”的“从具体到抽象再从抽象到具体”的概念运动的理论概括。而之所以以这一标题作为全书的收束，就是要通过对庸俗政治经济学的批判，进一步从资本主义经济制度矛盾说明其现实的境遇此在（Da-sein）。马克思指出：“庸俗经济学所做的事情，实际上不过是对局限在资产阶级生产关系中的生产当事人的观念，当作教义来加以解释、系统化和辩护。”[1]而这一“辩护士”立场的突出体现，就是有萨伊所提出的“要素轮”意义上的“三位一体”公式。“资本—利润（企业主收入加上利息），土地—地租，劳动—工资，也就是把社会生产过程的一切秘密都包括在内的三位一体的形式。”[2]而萨伊之后的资产阶级经济学者进一步将“资本—利润”的对应性关系修改为“资本—利息”，从而更为深化了对资本主义经济矛盾本质的思想遮蔽。从对“三位一体”公式的批判开始，马克思又以“关于生产过程的分析”“竞争的假象”为主题进一步揭露了庸俗经济学家的辩护意图和错误论点，并在“分配关系和生产关系”“阶级”两章中将问题意识集中于资本主义的阶级关系和社会总体矛盾，将《资本论》的“概念逻辑”推向最高点，在这一以“剩余价值”为路标的理念跃升的过程中，雇佣劳动者阶级获得其由以变革世界、达致自由全面

---

〔1〕 马克思：《资本论》第三卷，人民出版社 2004 年版，第 925 页。
〔2〕 马克思：《资本论》第三卷，人民出版社 2004 年版，第 921 页。

发展的革命性洞见（Revolutionary Insight），亦即认识到“在精神科学里依靠自己而完成自己的自由化，并在逻辑科学（一个对自身进行概念把握的纯粹概念）里找到它自己的最高概念。”[1]正是在这个意义上，马克思为“现实的人”开启了通达未来理想社会的“天路历程”，即通过超越“阶级”而最终完成人之为人的根本性提升。这一点，就正如恩格斯所做的总结：“阶级分化日益尖锐，反抗精神日益深入工人的心中，愤怒在加剧，个别的游击式的小冲突正汇集成大规模的战斗和示威，不久的将来，一个小小的推动力就足以引起山崩地裂。”[2]“共产主义”理念的现实可通达性正是由此而得到奠基。

从具体到抽象再从抽象到具体的“概念—运动”，是《资本论》“概念逻辑”的核心与主干，围绕这一核心与主干，马克思以他的辩证思维，通过反复对其不断充实的研究材料的论证分析和理论概括，逐步形成了规定资本主义经济制度矛盾的概念体系，它不仅是对现实的资本主义制度本质的认识和规定，也是其发生史、影响史和效果史的集中概括，而以规范性的“概念论”展开针对当前全球资本主义“矛盾—运动”的批判性研究，无疑是思考当代世界“人类解放”的论域所必须直面的问题：以“剩余价值”为核心的系统性、体系性的概念论证，拒斥“要素论”及其种种变体的“资本主义辩护”，也迥异于黑格尔在《精神哲学》“绝对精神”章所给出的终极意义上“永恒的自在自为地存在着

〔1〕 黑格尔:《逻辑学（Ⅱ）》，先刚译，人民出版社 2022 年版，第 458 页。
〔2〕《马克思恩格斯全集》第 1 卷，人民出版社 2009 年版，第 498 页。

的理念永恒地作为绝对精神实现着自己、产生着自己和享受着自己"[1]的"安享—和谐"场景设定，而必将因其对现实经济矛盾及其根源的精准论述，不断展现出实践的、行动的特质，在对不公正、不平等的经济社会秩序的批判和对未来理想社会之"美好生活"（Good Life）图景的科学构想中，驱动思想与现实中根本性变革的发生，因为"世界不会满足人，人决心以自己的行动来改变世界"。[2]

---

〔1〕黑格尔:《哲学科学百科全书Ⅲ精神哲学》，杨祖陶译，人民出版社 2015 年版，第 349 页。

〔2〕《列宁全集》第 55 卷，人民出版社 2017 年版，第 183 页。

第六章

逻辑与历史

对“逻辑与历史”（Logic and History）关系问题的辨析是马克思重要的理论关切，也是马克思经济认识论全面超越黑格尔式思辨逻辑（Speculative Logic）的重要体现。在思想史的意义上，与黑格尔的片面强调思辨与概念之维度，将观念层次的哲学史与现实层次的世界史整体性涵纳与统摄于“绝对精神”（Absolute Spirit）之演绎进程的“绝对”唯心主义（Absolute Idealism）理念（晚期谢林更将这一理论脉络延展为全然“非理性”的“神话哲学”与“启示哲学”）截然不同，在《资本论》及其手稿中，马克思秉持科学的唯物史观，将其论域有效地界定于对资本主义的经济制度矛盾的揭示、论证与批判上，而其“逻辑与历史相统一”的理论原则，也在对古典政治经济学的深入批判、对资本主义社会的历史发展规律的深刻揭示之中，清晰呈现其科学性与革命性。本章在系统分析黑格尔绝对唯心主义理路的前提下，剖解其逻辑与历史观念的错谬和缺陷，进而在马克思经济认识论架构的深入阐发中，凸显马克思在经济思想史批判与资本主义生产方式批判这两方面取得的理论“认识”上的突破，由此在《资本论》所开辟、规定的理知定向上，进一步阐发突破资本逻辑和资本奴役所造成的本质遮蔽，实现意识形态领域的解蔽与社会结构变革的理论与现实意义。

“逻辑与历史相统一”是马克思政治经济学批判内蕴的重要认识论原则，是马克思主义唯物史观超越资产阶级的唯心史观而取得的重大理论进展。正是基于马克思在《资本论》及其手稿中所开创、展现的“辩证逻辑”（Dialectic Logic），我们才可以将资本主义社会之产生、发展、消亡以及必然被更高级的社会形式所取代的历史趋势清晰地呈示出来，这是马克思在政治经济学研究中取得的“典范性”突破。重新在当代思想学术语境下思考逻辑与历史的关系，就是要在准确理解黑格尔的唯心辩证法局限性的前提下，立足当前构建哲学社会科学话语体系的要求，更为系统地理解、分析和阐释马克思所实现的根本性变革。

从逻辑科学的历史演进过程看，在传统的形式逻辑、知性逻辑中，“概念”虽然也作为思维的一种形式出现，但并不会有对

“概念本身”（即“概念之为概念”的反身性把握）的深入探究，更不会考察其形成的历史条件。黑格尔的“思辨逻辑”所实现的理论推进，正在于以“概念”作为思维发展的集合，并且在论证“概念—运动”的（“动态”）过程中，注重从其形成和转化的历史中寻找论据，并按照逻辑中概念运动的层次和环节，界定哲学历史、人类历史的发展历程。在这个意义上，“历史统一于逻辑”是黑格尔式思辨逻辑的关键原则，也是其“绝对唯心论”理论体系的立论之基。恩格斯曾在 1891 年 11 月致施米特的信中明确指出《资本论》写作同黑格尔《逻辑学》理论框架之间的联系：“如果把马克思的从商品到货币的发展同黑格尔的从存在到本质的发展作一比较，您就会看到一种绝妙的对照：一方面是具体的发展，正如现实中所发生的那样，而另一方面是抽象的结构，在其中非常天才的思想以及有些地方是极为正确的转化，如质和量的互相转化，被说成一种概念向另一种概念的表面上的自我发展。”[1]马克思通过对黑格尔思辨逻辑的理解、运用和批判，深刻地把握了这一思维原则的理论意义，同时也发现了其中对现实与思维关系的颠倒，这也就必然导致“逻辑与历史”关系的颠倒，从而导向谬误。从而，在成熟的“《资本论》的逻辑”中，马克思实现了对黑格尔纯粹思辨逻辑的批判性革新，从正确的“思维与存在”关系出发，在分析概括现实资本主义经济制度矛盾的概念运动的理

---

〔1〕《马克思恩格斯文集》第 10 卷，人民出版社 2009 年版，第 623 页。

论演绎中，最终证成了“逻辑与历史相统一”的原则。[1]“逻辑与历史相统一”是对黑格尔“历史统一于逻辑”原则的否定和发展，是关于人类认识规律和社会历史发展规律的正确认识，也使马克思由以展开其经济认识论的创造性定向：以革命为旨归的“具体历史实践的‘奥德赛’（Odyssey）”。[2]

一、“历史统一于逻辑”

黑格尔基于唯心主义理念提出“历史统一于逻辑”原则，[3]突出了“精神性”的终极维度（也因此具有明显的“意识形态”属性），认为研究历史（“哲学的历史”与“世界历史”）就是在纯粹理念层面上研究绝对精神的自我显现过程。在此，历史不仅关涉人类的总体发展进程，更是宇宙的整体演化过程，是世界在作为

---

〔1〕“只要把黑格尔的‘纯概念’形式转变为反映资本主义生产条件、要素和关系的形式，马克思就能得心应手地把黑格尔的逻辑方法转变为观察、概括、分析社会存在的‘抽象力’和‘显微解剖学’，奠定了《资本论》理论大厦的基础。”赵敦华:《马克思哲学要义》，江苏人民出版社 2018 年版，第 327 页。

〔2〕［捷］卡莱尔·科西克:《具体的辩证法——关于人与世界问题的研究》，傅小平译，社会科学文献出版社 1989 年版，第 139 页。在此，站在“抗争者”的视角,《资本论》及其手稿“是具体历史实践的‘奥德赛’。它从基本劳动产品出发，经过人在生产中的实践——精神活动对象化、固定化的一系列现实形态，最后不是在关于它自身是什么的认识中，而是在基于这种认识的革命实践活动中，结束自己的旅程。”

〔3〕在弗雷德里克·詹姆逊看来，黑格尔的“逻辑与历史”思维同样可以落实为其“资本主义观”:“黑格尔在对资本进行全盘存货清点的过程中，被他称为‘绝对精神’的东西，现在从我们的视角来看不妨被视为资本本身，对它的研究才是我们真正的本体论。”［美］弗雷德里克·詹姆逊:《地缘政治美学：世界体系中的电影与空间》，张文译，浙江大学出版社 2024 年版，第 68 页。

精神的自我意识之中逐步实现它自己的过程。这一典型的“唯心史观”在黑格尔的哲学思想中对应于“逻辑学”在“哲学百科全书体系”内的独特地位，逻辑学是规定纯粹思维的科学，是黑格尔哲学体系的核心和灵魂，其他的哲学分支如“自然哲学”“精神哲学”，以及“历史哲学”，都只是“应用的逻辑学”[1]。黑格尔以卓越的智识“在《逻辑学》中详细地发展了思辨知识的本性，他的自然哲学与精神哲学在整体上及其发展形式上都以这种逻辑为基础，这些‘实在哲学’发展了一种具体的、在自身中丰富多样的对象的逻辑。关于这个疑难的‘过渡桥梁’至少可以这样说：只要在自我规定的模式中思考逻辑理念，那么坚持‘无所行动’（Tatlosigkeit）就必须被排除，做出决定、亦即置自身于外界，就是不可避免的。一个例子即是停止（Unterlassen），它恰恰不是什么都不做，而是必然表现为一个行动。”[2]在这个意义上，历史哲学就是作为纯粹思维规定的“逻辑学”的特殊“能动性”的表征，是以“概念”（而非经验中的历史事实）为中心的思辨性内容，[3]在其中，任何具体的历史进程都显现为逻辑演绎的一个环节，而

〔1〕［德］黑格尔：《小逻辑》，贺麟译，商务印书馆 1980 年版，第 83 页。

〔2〕［德］费维克：《从概念到理念：黑格尔概念论的逻辑展开》，郭冠宇译，牛文君校，《世界哲学》2022 年第 1 期。

〔3〕从根本上说，这将意味着“在思想之思想、在其纯粹自身关系的贯彻实行中，概念在它自己的他者中与自身同在，它在完备、封闭、无间隙的、没有内容差异的自身关系的意义上是自由的。原则上，在纯粹思想里存在的不外是思维游戏中属于思想自身的内容。在这一纯粹思维活动的产物中，即在概念是把握的思维之中，‘我’作为自由者得以完全与自身同在。”［德］费维克：《从概念到理念：黑格尔概念论的逻辑展开》，郭冠宇译，牛文君校，《世界哲学》2022 年第 1 期。

“逻辑却不能预先假定这些反思形式或思维的规则与法则，因为这些东西就构成逻辑内容本身的一部分，并且必须在逻辑之内才得到证明。”[1]

黑格尔以历史与逻辑的统一关系作为其哲学致思由以开展的理据和原则，其对于“逻辑即历史”的具体论证又分别呈现于对“哲学史”的理性反思与对现实的“世界历史”的思辨考察之中。两者相辅相成，构成其“绝对精神”之历史化论述的两个重要方面，也从两个不同的维度上呈现了黑格尔逻辑学思想的“历史”局限性。下面，我们分别展开论述：

（一）作为思辨逻辑进程性环节的“哲学史”

黑格尔在著名的“逻辑学”（Science of Logic）体系中，将概念运动的每一个层次和环节都以哲学史上的某一个哲学家或思想派别的论点作为对应的论证，而在《哲学史讲演录》中，而在论及每一个思想时期的学派或人物的时候，又都以“逻辑学”的某一个概念运动的层级或环节作为依据。在黑格尔看来，终极意义上的实在是“理念”，“哲学史上，逻辑理念的不同阶段是以前后相继的不同的哲学体系的姿态而出现，其中每一体系皆基于对绝对的一个特殊的界说。”[2]以对于“绝对”（The Absolute）为终极实在的思想内容的论证进程，凸显了黑格尔意义上“体系”的严格性，也就是说，“第一，每一值得享受哲学的名义的哲学，一般都以理念为内容；第二，每一哲学体系均可看作是表示理念发展

〔1〕［德］黑格尔：《逻辑学》上卷，杨一之译，商务印书馆1996年版，第23页。
〔2〕黑格尔：《小逻辑》，贺麟译，商务印书馆1980年版，第190页。

的一个特殊阶段或特殊环节。”[1]而在此，“正如逻辑理念的开展是由抽象进展到具体，同样在哲学史上，那最早的体系每每是最抽象的，因而也是最贫乏的。故早期的哲学体系与后来的哲学体系的关系，大体上相当于前阶段的逻辑理念与后阶段的逻辑理念的关系，这就是说，早期的体系被后来的体系所扬弃，并被包括在自身之内。这种看法就表明了哲学史上常被误解的现象——一个哲学体系为另一个哲学体系所推翻，或前面的哲学体系被后来的哲学体系推翻的真意义。”[2]

黑格尔的这一系统性认识，并非始自于“逻辑学”的写作阶段，而是要追溯到其写作《精神现象学》的“耶拿时期”。在《精神现象学》中，从“意识”到“自我意识”到“理性”再到“精神”的发展历程，既是精神现象集合于概念的一般演进过程，也是人类的思想进展体现于西方哲学史的各阶段，从而逻辑性地“把各个哲学体系的差别理解为真理的一种进步发展”[3]。在《序言》中，黑格尔特别以花蕾、花朵和果实之间“否定之否定”关系来呈现概念的演化，并由此说明哲学史上各个思想体系之间的更替关系。

> 当花朵绽开的时候，花蕾消失了，于是人们说，花蕾被花朵否定了。同样地，当结出果实，花朵又被宣称

[1] 黑格尔：《小逻辑》，贺麟译，商务印书馆 1980 年版，第 190 页。
[2] 黑格尔：《小逻辑》，贺麟译，商务印书馆 1980 年版，第 190—191 页。
[3] 黑格尔：《精神现象学》，先刚译，人民出版社 2015 年版，第 2 页。

> 为植物的一个虚假不实的存在，而果实则作为植物的真理取代了花朵的位置。他们认为，这些形式不但彼此不同，而且作为不共戴天的东西相互排斥。然而真实的情况是，它们的流动本性使得它们同时成为一个有机统一体的不同环节，在这个统一体里面，各个环节不仅彼此不矛盾，而且每一个都是同样必然的，正是这个相同的必然性才构成了整体的生命。[1]

黑格尔对于“逻辑规范性”意义下的“必然性”（Necessity）的理论考察，到了写作“大逻辑”和之后“哲学百科全书”的时期，就更为详尽、充实和完善。在这一时期，黑格尔认为，“哲学推演的进程，如果要有方法学或必然性的话，只不过是把蕴含在概念中的道理加以明白的发挥罢了。”[2]由此，在概念运动的每一个环节，黑格尔都以历史上的某个思想体系与之进行逻辑上的对应。例如，在《存在论》部分规定“变易”（Das Werden）时，黑格尔就对其进行了哲学史的溯源，从而指出：“变易既是第一个具体的思想范畴，同时也是第一个真正的思想范畴。”[3]这既有其对哲学本身运思规律的认识，也同时是他对于古希腊哲学思想的发展的论点。在这一命题下，他将赫拉克利特及其学派与爱利亚学派的思想对峙置于一个关键性的位置。

---

〔1〕 黑格尔：《精神现象学》，先刚译，人民出版社 2015 年版，第 2 页。
〔2〕 黑格尔：《小逻辑》，贺麟译，商务印书馆 1980 年版，第 195 页。
〔3〕 黑格尔：《小逻辑》，贺麟译，商务印书馆 1980 年版，第 199 页。

> 在哲学史上，赫拉克利特的体系约相当于这个阶段的逻辑理念。当赫拉克利特说："一切皆在流动"时，他已经道出了变易是万有的基本规定。反之，爱利亚学派的人，有如前面所说，则认"有"，认坚硬静止的"有"为唯一的真理。针对爱利亚学派的原则，赫拉克利特于是进一步说："有比起非有来并不更多一些"。这句话已经说出了抽象的"有"之否定性，说出了"有"与那个同样站不住的抽象的"无"在变易中所包含的同一性。从这里我们同时还可以得到一个哲学体系为另一个哲学体系所真正推翻的例子。对于一个哲学体系加以真正的推翻，即在于揭示出这体系的原则所包含的矛盾，而将这原则降为理念的一个较高的具体形式中组成的理想环节。[1]

在黑格尔的思辨逻辑中，概念之运动是以一系列的"否定之否定"来展开的，哲学史上在后的思想体系推翻在前的体系，就是揭示在前的体系的矛盾之处，而与此同时，在后的体系也有其矛盾，因此也就会被后来的体系再次揭示并推翻。在总体的论述中，亚里士多德（Aristotle）、洛克（John Locke）、斯宾诺莎（Spinoza）、莱布尼茨（Leibniz）和康德（Kant）等的哲学体系都是处于这样的否定之否定的链条之下，最终导向绝对唯心论所必

---

〔1〕 黑格尔:《小逻辑》，贺麟译，商务印书馆 1980 年版，第 199—200 页。

然指向的“逻辑”归属。

在“逻辑学”中，哲学史上的既有体系是概念运动的例示，而在哲学史的考察中，逻辑则是根据和原则。黑格尔认为，哲学是认识具体事物发展的科学，作为具体的、自身发展的理念，是一个有机系统，包含不同的阶段和环节。哲学的进程中不同的阶段和环节，是一个“理念”（Idee）的全体和它的一切部分的发挥，就像在一个有生命的个体里生命的脉动贯穿着所有的肢体一样。哲学对这种发展的认识，是以概念思维表现出来的，“由于概念的这种规定性或内容自身和形式要返回到理念，所以理念便被表述为系统的全体，这系统的全体就是唯一的理念。这唯一理念的各特殊环节中的每一环节既自在地是同一理念，复通过概念的辩证法而推演出理念的简单的自为存在。在这种方式下，（逻辑）科学便以把握住它自身的概念，作为理念之所以为理念的纯理念的概念而告结束。”[1]在这个意义上，哲学是揭示理念各种形态的推演和各种范畴在思想中被认识了的必然性，但哲学在此所涉及的仅仅是纯粹理念，而不是（“百科全书”体系下）理念的特殊化形态，即“自然”和“精神”。因此，不同于“逻辑学”的课题和任务，理念在时间中不同阶段和不同环节，在变化的形态和地域内，在这个或那个民族里，在具体的政治环境下引起的复杂的关系形态，就是哲学史的研究所要揭示的。“根据这种观点，我认为：历史上的那些哲学系统的次序，与理念里的那些概念规定的

---

〔1〕 黑格尔：《小逻辑》，贺麟译，商务印书馆1980年版，第429页。

逻辑推演的次序是相同的。”[1]“历史统一于逻辑”的理论原则落实于哲学发展的诸形态中，黑格尔强调，

> 如果我们能够对哲学史里面出现的各个阶段的基本概念，完全剥掉它们的外在形态和特殊应用，我们就可以得到理念自身发展的各个不同的阶段的逻辑概念了。反之，如果掌握了逻辑的进展，我们亦可以从它里面的各主要环节得到历史现象的进程。不过我们当然必须善于从历史形态所包含的内容里去认识这些纯粹概念。（也许有人会认为，这些在理念里发展的阶段与在时间里发展的阶段，其次序应该是不相同的；但大体上两者的次序是同一的。）[2]

以逻辑概念的演进历程为依据而探讨哲学史的历史演进，这是黑格尔所做出的重要理论推进，也使他第一次对哲学史做出了依据辩证思维与逻辑概念的演绎的系统探讨。

在哲学史的元问题域，黑格尔提出其标志性的“史—论”观：“哲学史的研究就是哲学的研究。”[3]以理性思维把握理念的发展历

---

〔1〕 黑格尔:《哲学史演讲录》第一卷，贺麟、王太庆译，商务印书馆 1989 年版，第 36 页。

〔2〕 黑格尔:《哲学史演讲录》第一卷，贺麟、王太庆译，商务印书馆 1989 年版，第 36—37 页。

〔3〕［德］黑格尔:《哲学史演讲录》第一卷，贺麟、王太庆译，商务印书馆 1989 年版，第 37 页。

程，是黑格尔对哲学史研究者所做出的“哲学性”的要求。[1]与之形成对照的，是以往的遵从知性逻辑所编写的哲学史教科书中，虽然也以时间序列而列举了许多的材料与事实，但没有发现不同的哲学体系之间的逻辑关系，进而把握并表现理性思维的真正内容，而是将哲学发展的历程表现为一系列单纯的意见内容的聚合，甚至是错误的思想游戏的罗列。“一堆知识的聚集，并不能构成科学。哲学史只有作为以理性为基础的现象的连续，本身以理性为内容，并且揭示出这内容，才能表明它是一个理性的历史，并表明它所记载的事实是合理性的。”[2]由此而言，“哲学史”就是理念在时间中的不断演进的过程，并呈现于不同的空间区域，“在这种发展的过程里，理念的每一种形式或某一阶段在某一民族里得到自觉；而这一民族在这一时间内，只表现这一形式，即在这一形式内它造成它的世界，它造成它的情况。反之，那较高的阶段，

---

〔1〕在当代的学术语境下，恰如尼采在《人性的，太人性的》一书中所批评的“缺乏历史感是哲学家们的遗传通病”，正是以分析哲学为代表的以“哲学问题”为先，并拒斥“哲学史”研究和教学的“去历史化”势态。对此，伯纳德·威廉斯指出：“当下许多哲学比以往任何时候都更加彻底地非历史。特别是在所谓的分析（哲学）传统中，哲学的非历史性采取了如下形式：试图让哲学看上去像科学的某种延伸。尽管大多数科学家也许会觉得科学史有意思，但他们不认为它对科学有多大用处，他们有理由认为科学是一项进步的活动，已经摆脱了以往的错误并将过去的发现纳入教科书和当前的理论之中。在办公室门上贴‘对哲学史说不’的标语的那位美国哲学家，可能觉得大多数科学家的上述想法也适用于哲学。”［英］伯纳德·威廉斯：《为什么哲学需要历史》，吴芸菲译，《世界哲学》2023 年第 3 期。也正是在这个意义上，黑格尔从体系哲学的视角对“为什么哲学需要历史”的“历史性”回答，值得当代学者深入思考。

〔2〕［德］黑格尔：《哲学史演讲录》第一卷，贺麟、王太庆译，商务印书馆 1989 年版，第 38 页。

在许多世纪以后，又发现在另一民族里。”[1]因此，哲学史就是一个由理念所规定的、排斥了任何偶然性因素的合理性进程。“偶然性必须于进入哲学领域时立即排除掉。概念的发展的哲学里面是必然的，同样概念发展的历史也是必然的。这种发展的主导力量是各种多样性的形态之内在的辩证法则。”[2]

在哲学本身的“历史”中，“内在”于理念的这种辩证进程“先验地是有必然性的。这点就是哲学史可作为范例予以证明的。”[3]从而，在普全、周遍的“必然性”意义下，过去形态的哲学体系并不会自身消亡，而恰恰是作为“全体的诸环节”而被保留下来，只是其本身转变成为区别于绝对精神之普遍性的“哲学的特殊原则”。“各派哲学的原则是被保持着的，那最新的哲学就是所有各先行原则的结果，所以没有任何哲学是完全被推翻了的。那被推翻了的并不是这个哲学的原则，而只不过是这个原则的绝对性、究竟至上性。”[4]通过诉诸作为终极原则的“绝对”理念，黑格尔由以清晰阐发哲学史层面的在后哲学体系对在先哲学体系的“推翻”的理论意涵，在此，就正如在一棵树的生长过程中，芽对种子的否定、花对叶的否定、果实对花的否定，都是其发展

---

〔1〕［德］黑格尔：《哲学史演讲录》第一卷，贺麟、王太庆译，商务印书馆 1989 年版，第 40 页。

〔2〕［德］黑格尔：《哲学史演讲录》第一卷，贺麟、王太庆译，商务印书馆 1989 年版，第 43 页。

〔3〕黑格尔：《哲学史演讲录》第一卷，贺麟、王太庆译，商务印书馆 1989 年版，第 43 页。

〔4〕黑格尔：《哲学史演讲录》第一卷，贺麟、王太庆译，商务印书馆 1989 年版，第 43—44 页。

的必然阶段。同理可知，在哲学史上的每一阶段，其哲学体系的理论原则都曾经是主导性的、具普遍意义的原则，而作为理性的科学成果，也就同样是不可能被“消灭”的东西。“在哲学领域内劳作所得的成就乃是真理，而真理是永恒的，它不是这时存在，他时就不复存在的东西。”〔1〕奠基于理性“思辨”（Speculative）的哲学史，本身就是一个人类不断抗辩、不断论说、不断觉醒的历史。“伟大的灵魂—哲学史上的英雄们的身体，他们在时间里的生活（哲学家的外在命运），诚然是一去不复返了，但他们的著作（他们的思想、原则）却并不随着他们而俱逝。因为他们著作的理性内容并不是纯从幻想、梦想、揣想得来。哲学不是梦游者的呓语，而乃是清醒的意识。”〔2〕在此，理性思虑者（哲学家）的理论成果之所以具有不可推翻和摧毁的思想价值，就是因为哲学著作本身不同于可朽坏、可变灭的“物质”，“它们乃是用思想（概念），精神中不变灭的本质，作为媒介，这媒介是虫所不能蛀蚀的，贼所不能偷窃的。思维所创获的成果，就其为思想而言，构成了精神自身的存在。……哲学史所研究的是不老的、活生生现在的东西。”〔3〕正是以“理性”的思辨品格为其“同一性”论述的基础，诉诸“概念”而展开其自身不同阶段的“绝对”精神，给

〔1〕黑格尔:《哲学史演讲录》第一卷，贺麟、王太庆译，商务印书馆 1989 年版，第 45 页。
〔2〕黑格尔:《哲学史演讲录》第一卷，贺麟、王太庆译，商务印书馆 1989 年版，第 45 页。
〔3〕黑格尔:《哲学史演讲录》第一卷，贺麟、王太庆译，商务印书馆 1989 年版，第 46 页。

出了如下判断："每一哲学都是它的时代的哲学，它的精神发展的全部锁链里面的一环。"[1]也是在这个意义下，以理念为依据的哲学史，就在它的发展中构成了理性的思辨逻辑链条中的诸环节。

（二）"绝对精神"与世界历史

对于黑格尔来说，"逻辑"不仅仅是哲学史的依据和原则，同样也是历史的依据和原则。黑格尔的这一理念充分体现在他的《哲学百科全书》三个部分"逻辑学—自然哲学—精神哲学"的架构性关系之中。以"绝对精神"为其学说的最高原则，逻辑学是精神发展到绝对知识的结果与体现，自然哲学是绝对精神的外化，精神哲学则是绝对精神通过人类的主观精神和客观精神回归其自身。在这个框架下，哲学史是"绝对精神"的最后环节"哲学"的内容，而世界历史则是"客观精神"第三部分"伦理"的延伸，在其具体论述中展开为"历史哲学"。也就是说，不论世界史还是哲学史，都是绝对精神的逻辑展开与体现。

与哲学史中集中考察思辨逻辑的概念运动不同，在历史哲学中黑格尔更为重视概念运动所展现的精神的演进。黑格尔认为在对于历史的哲学思辨中绝对精神已经具化为自由精神，并以自由精神为基本理念探究世界历史的发展规律。人类的世界历史其实质是精神性的，世界历史就是精神的自由原则在不同时代具有代表性的民族精神中演化的过程。

---

〔1〕黑格尔：《哲学史演讲录》第一卷，贺麟、王太庆译，商务印书馆1989年版，第52页。

> 我们必须在人的精神因素中考察理念，或更确切地说，考察人的自由的理念。真理有各种各样的因素。它所固有的、展现出理念的第一个最纯粹的形式，是纯粹的思维本身，因而理念是从逻辑上加以考察的。另一个形式是理念沉浸于其中的形式，是有形的自然界。最后，第三个形式是精神东西的形式。然而在精神东西的形式中间，应特别突出一个形式，看它如何在人的自由因素和人的意志因素中表现自己，以致人的意志成为自由的抽象基础，而产物则成为一个民族的整个伦理生活。〔1〕

突出“纯粹思维”的极端重要性和统摄性，黑格尔将“伦理生活”（Ethical Life）完全奠基于“抽象”的基础之上。“我们不仅必须抽象地考察伦理世界，而且必须考察这个世界在时间中是如何产生的。然而，自由只是一种方式，它表明伦理世界怎样产生自己所是的东西，从而才使自己成为依照概念所是的东西。”〔2〕在这一认识框架下，“伦理世界”或“客观精神”也就必须统合于逻辑 / 概念之下。从而，“这一点产生过程呈现于一系列伦理形态中，其结果构成历史的进程。”〔3〕这段话可以说是黑格尔对“历史

〔1〕 黑格尔:《世界哲学史讲演录》，刘立群等译，商务印书馆 2015 年版，第 29 页。

〔2〕 黑格尔:《世界哲学史讲演录》，刘立群等译，商务印书馆 2015 年版，第 29 页。

〔3〕 黑格尔:《世界哲学史讲演录》，刘立群等译，商务印书馆 2015 年版，第 29 页。

统一于逻辑”原则的集中概述，也无疑是他的社会历史观的充分体现：自由精神作为绝对精神演化的结果而展现于人的生存和社会关系中，具体化为抽象法权、道德、伦理，形成主导性逻辑，贯彻于人类生活的各个环节。法、道德、伦理作为自由精神的总体逻辑，制约着每个理性个体的意志和目的，从而使得散漫的个体生命活动构成总体的历史发展。自由精神对人类的主导，就是自为的自由精神的实现过程，它分阶段展现于不同的民族精神中，是世界历史阶段性的标志。

黑格尔认为，世界历史就是自由精神从自在向自为，从潜能到现实的逻辑进程。“世界历史表现原则的发展的阶段，那个原则的内容就是‘自由’的意识。”[1]在黑格尔的体系中，民族与国家是统一的，民族精神的规定性原则体现于国家，国家是民族的界定，是集合法律、政府、宗教、道德等总体上对每个个体的制约。“‘普遍的东西’要在‘国家’里，在它的法律里、在它的普遍的和合理的部署里发现。‘国家’是存在于‘地球’上的‘神圣的观念’。所以，在国家里面，历史的对象就比以前更有了确定的形式。并且，在国家里，‘自由’获得了客观性，而且生活中这种客观性的享受之中。”[2]民族精神是国家的内容，国家是民族精神的形式，国家在“应然”的意义上是对民族精神中体现的自由精神的贯彻，但自由精神的演进自有其阶段性，从而使得各个阶段性代表的民族精神及国家都各有其局限和缺陷。自由精神的原则

---

〔1〕 黑格尔：《历史哲学》，王造时译，上海人民出版社 2006 年版，第 52 页。
〔2〕 黑格尔：《历史哲学》，王造时译，上海人民出版社 2006 年版，第 36 页。

性要求下一阶段的民族精神勇于克服前一阶段的民族精神的种种局限，这种在“普遍原则”的规约下不断实现的突破与克服就构成了世界历史的发展。“世界历史就是使未经管束的天然的意志服从普遍的原则，并且达到主观的自由的训练。东方从古到今知道只有‘一个’是自由的；希腊和罗马世界知道‘有些’是自由的；日耳曼世界知道‘全体’是自由的。所以我们从历史上看到的第一种形式是专制政体，第二种形式是民主政体和贵族政体，第三种是君主政体。”[1]根据政体形态，黑格尔将世界历史分期为：东方世界、希腊世界、罗马世界、日耳曼世界这几大阶段，在这个图景之下，“东方世界”不过是“历史的幼年时期”，希腊世界是“青年时期”，罗马世界是“壮年时期”，日耳曼世界则是“老年时期”。正如“密涅瓦猫头鹰”的隐喻所寓示，“自然界的‘老年时代’是衰弱不振的；但是‘精神’的‘老年时代’却是充满成熟和力量，这时期它和自己又重新回到统一，但是以‘精神’的身份重新回到统一。”黑格尔依据“历史统一于逻辑”原则所规定的精神—历史图景，使现实的人的理性行动完全陷入了“决定论”（Determinism）的荒谬。

黑格尔的学说体系试图以逻辑为依据论证哲学史和世界历史的演进历程，这是一个相当有创造性的尝试，但是相对其所处时代的科学发展程度、其所掌握的材料以及其本身思想所受的局限而言，他的研究都存在着很大的问题。与其说他是在论证哲学史

〔1〕 黑格尔：《历史哲学》，王造时译，上海人民出版社 2006 年版，第 96 页。

和世界历史的客观发展，不如说他在用当时可以取得的哲学史与世界史素材来充实和推动他个人的哲学理论的展开。因此，恰恰不是在“绝对者”的意义上，而是在有限的个体即“黑格尔”本人的维度上，我们可以说，正如历代的哲学体系都有其缺陷一样，黑格尔的“历史统一于逻辑”的思想，也同样存在着相当深刻的局限与问题。

具体而论，黑格尔“逻辑—历史”之思的主要缺陷体现在以下三个方面：首先，虽然黑格尔将其思想体系奠基在“感知确定性”的基础上，但是在体系性的展开其“逻辑—自然—精神”的诸环节的过渡时，事实上却是孤悬于思辨的、逻辑的运作系统之中，并不采信现实的“确定性”之维，其所发现的诸环节之间的关系也因此无法得到真正的事实性“验证”，而完全是其哲学叙事学的概念性“演绎”结果，“历史统一于逻辑”最终滑坡为“逻辑即历史”的单维度模型。其次，黑格尔所希图建立的“大全一体”（Hen—Kai—Pan）的思想体系，在思维素材的广度和深度上存在明显的缺陷。且不论在黑格尔的时代如何回应如量子力学、大数据、人工智能等后世影响深远的思想内容，就仅仅以黑格尔在世时所可以取得的材料而言，黑格尔也没能做到适应其如资本扩张般趋于无限的理论雄心的积累和建构。这也就突出地体现在他对中国的研究之中，黑格尔不仅没能有效地吸收其本可能接收到的信息和资料，包括前辈思想家伏尔泰、莱布尼茨等做出的理论反思，反而过度地使用思辨式玄想来弥补其实际认识的不足，最终使得其论述虚掷无当，远离历史真相，无非是制造了“西方中心主义”的另一个典型论调。这样的问题也无疑强有力地证明了黑格尔“逻辑”立场本身固有的错谬性质。再次，由于过于重视精神和逻辑的主导意义，黑格尔几乎没有能够考察经济因素中人类历史上所起的作用，或者从更深的层面来说，黑格尔认为经济因素对社会发展的影响是完全无法上升到“逻辑”的高度来进行把握的。而与此相对应，所谓的政治也仅仅是“客观精神”的一项例示（Exemplify），世界历史与哲学史的演进都由一种“必然的”但又是“不可见”的、非现实性的规则来定义，而这一切居然只有在黑格尔这个有限个体的意识之中才能完全呈现出来。在这个意义上，理解创世的唯一“一个”与创造世界的唯一“一个”制造了同样的恩典，也是同样的谎言。综上所述，黑格尔的“历史统一于逻辑”思辨，就正是一种耽溺于玄虚思辨、理论严重脱离于实际的“历史虚无主义”。

二、“逻辑与历史相统一”

与黑格尔将世界历史片面地演绎为“绝对精神的自我实现”的“逻辑的泛神论”[1]论述针锋相对，马克思的“逻辑与历史相统一”原则将历史与逻辑的一致性建立在唯物主义的基础上，认为逻辑的方法是用来反映历史进程的科学方法，历史的起点也就是逻辑的起点，逻辑的展开必须在本质上符合历史发展的真实过程，

〔1〕 顾伟伟:《〈历史哲学〉的逻辑学及其批判》,《学习与探索》2016 年第 11 期。

历史的过程也只有在逻辑的展开中才能呈现出来。正如恩格斯所说：

> 历史从哪里开始，思想进程也应当从哪里开始，而思想进程的进一步发展不过是历史过程在抽象的、理论上的前后一贯的形式上的反映；这种反映是经过修正的，然而是按照现实的历史过程本身的规律修正的，这时，每一个要素可以在它完全成熟而具有典型性的发展点上加以考察。〔1〕

历史与逻辑既不是简单的等同，又必然在本质上相统一，即逻辑与历史的“辩证统一”，由此，“逻辑发展不仅仅是理论上的抽象逻辑，更是历史发展的内在逻辑。”〔2〕马克思在《资本论》中贯彻运用“逻辑与历史相统一”原则，将逻辑建立在历史事实的基础上，从理论上证成了资本主义发展的逻辑，并科学揭示其具体的历史内容。与黑格尔的神秘主义式的“精神现象学”相比，马克思在《资本论》中运用的科学方法并没有将自己限定在抽象的逻辑演绎之中，而是使理论思维“不断接触现实”〔3〕，在进行逻辑推演的同时运用大量的历史例证进行论证，有着能够通过经验来验证的现实属性，也可以随着社会实践的进展而不断拓展自身

〔1〕《马克思恩格斯文集》第2卷，人民出版社2009年版，第603页。
〔2〕辛向阳：《马克思主义方法论研究》，中国社会科学出版社2020年版，第216页。
〔3〕《马克思恩格斯文集》第2卷，人民出版社2009年版，第605页。

的认知与理解。因而，“逻辑与历史相统一”原则从根本上克服了黑格尔思辨逻辑的神秘色彩，不再是从概念到概念的空洞论述，同时也终结了黑格尔唯心史观所造成的“思想演进与历史发展”关系的“头足倒置”，将其重新置入正确的论证结构之中。

在正视并批判黑格尔思辨逻辑的局限与缺陷的前提下，马克思展现于具体论述中的“《资本论》的逻辑”，绝非在黑格尔那里妄图统摄一切、主导自然界和人类社会的“绝对精神”的理论翻版，而是揭示资本主义经济制度矛盾、论证其社会历史发展规律的逻辑；“《资本论》的逻辑”所对应的历史论域，也不是黑格尔大而化之的全人类意义下的哲学史和世界历史，而是资本主义经济制度矛盾的发生发展演进的历史以及与之相适应的政治经济学说史。在《资本论》逻辑的形成发展过程中，马克思同时批判并否定了黑格尔的社会历史观和人本质观，确立了自己的社会历史观和人本质观，并将之统一于政治经济学的批判性研究，呈现于“《资本论》的逻辑”之中。

《资本论》的逻辑是从现实矛盾而非思辨理性出发，对充分占有的材料进行辩证考察的过程。在此，现实矛盾即历史矛盾的集合和演化的体现，也是在这个意义上，《资本论》在揭示资本主义经济制度本质，论证其矛盾规律时，必须深入研究资本主义经济制度的历史以及历史上对资本主义制度矛盾的认识，两者不可偏废。

《资本论》及其手稿所遵循的“逻辑与历史相统一”原则，是在对现实资本主义经济制度的研究中形成的，是逻辑思维从现实问题域出发，充分占有材料的实证性（Positivistic）研究过程，也是从具体到抽象再从抽象上升到具体的概念运动原则的体现。马克思在《1857—1858年经济学手稿》中指出："把经济范畴按它们在历史上起决定作用的先后次序来排列是不行的，错误的。它们的次序倒是由它们在现代资产阶级社会中的相互关系决定的，这种关系同表现出来的它们的自然次序或符合历史发展的次序恰好相反。问题不在于各种经济关系中不同社会形式的相继更替的序列中在历史上占有什么地位。更不在于它们在'观念上'（在关于历史运动的一个模糊的表象中）的顺序。而在于它们在现代资产阶级社会内部的结构。"[1]从"内在结构"的视域出发，马克思认为，资本主义经济制度是内在于历史脉络之中的，对它的规定和论证的逻辑与历史相统一，就是要以现实为关键性的集合点。

马克思所说的"资产阶级社会内部的结构"，正是资本主义经济制度在历史的进程中演化生成的结果，这种演化集中体现于"现代资产阶级社会中的相互关系"所决定的现实的经济矛盾。在此，现实的经济矛盾既是历史经济矛盾演化的结果，又是历史经济矛盾发展的一个阶段。因而，研究现实经济矛盾，就是要分析历史演化所形成的矛盾结构，然后再根据这个矛盾结构对历史的演化进行探究，明确其现实的合理性与历史的必然性。在这个意义上，马克思之所以要对现实的资本主义经济制度矛盾进行系统的研究，就是要揭示其本质、把握其规律、论证其趋势，进而探

---

〔1〕《马克思恩格斯全集》第30卷，人民出版社1995年版，第49页。

讨解决矛盾、实现人类自由全面发展的关键路径。

正是在对现实资本主义经济制度矛盾的实证分析和概括中，马克思发现其中的一些简单范畴或关系具有其在资本主义经济制度确立其统治地位的“洪水期前的存在”[1]，对它们的历史形态和演化的考察，是规定现实矛盾的必要内容。“简单范畴是这样一些关系的表现，在这些关系中，较不发展的具体可以已经实现，而那些通过较具体的范畴之精神上表现出来的较多方面的联系或关系还没有产生；而比较发展的具体则把这个范畴当作一种从属关系保存下来。”[2]并且，具体而言，

> 在资本存在之前，银行存在之前，雇佣劳动等等存在之前，货币能够存在，而且在历史上存在过。因此，从这一方面看来，可以说，比较简单的范畴可以表现一个比较不发展的整体的处于支配地位的关系或者一个比较发展的整体的从属关系，这些关系在整体向着以一个比较具体的范畴表现出来的方向发展之前，在历史上已经存在。[3]

从而，“在这个限度内，从最简单上升到复杂这个抽象思维的进程符合现实的历史过程。”[4]在“简单”与“复杂”的辩证过渡

[1]《马克思恩格斯全集》第30卷，人民出版社1995年版，第42页。
[2]《马克思恩格斯全集》第30卷，人民出版社1995年版，第43页。
[3]《马克思恩格斯全集》第30卷，人民出版社1995年版，第43—44页。
[4]《马克思恩格斯全集》第30卷，人民出版社1995年版，第44页。

中，“逻辑与历史相统一”原则得以获得初始性确证。

马克思指出，历史上存在着一些尽管有所发展但仍相当不成熟的社会形式，虽然也有着协作、分工等资本主义生产中的经济形式，却不存在职能化的货币，比如被西班牙征服前的秘鲁。而在斯拉夫公社中，货币及商品交换，也没有或很少出现在公社内部，而是出现在公社之间的交往活动中。而在另外的一些文明如古希腊和古罗马，虽然货币很早就已经出现，但是真正充分的发展，就“只是出现在他们解体的时期”，[1]也就是说，“它绝没有历尽一切经济关系。”[2]由此，马克思提出其对于逻辑与历史之间关系复杂性的论断：“比较简单的范畴，虽然在历史上可以在比较具体的范畴之前存在，但是，它在深度和广度上的充分发展恰恰只能属于一个复杂的社会形式，而比较具体的范畴在一个比较不发展的社会形式中有过比较充分的发展。”[3]

在此基础上，马克思以“劳动”（Labour）概念这个“十分简单的范畴”及其所关涉的历史与思想史事实为例证进一步进行论证。对于劳动的一般性，或者说“劳动一般”，虽然其中人类历史上发挥作用，可以追溯到非常古老的年代，但是在经济学上将之规定为概念或范畴，进而与古代观念发生彻底扭转，却完全是“现代”的产物。而且，在“早期现代”（Early Modern）的转折时期，货币主义和重商主义仍旧不能把劳动与“创造财富”这

〔1〕《马克思恩格斯全集》第30卷，人民出版社1995年版，第44页。
〔2〕《马克思恩格斯全集》第30卷，人民出版社1995年版，第44页。
〔3〕《马克思恩格斯全集》第30卷，人民出版社1995年版，第44页。

一命题联系起来，直到以魁奈为代表的重农主义才“不再把对象本身看作裹在货币外衣之中，而是看作产品一般，看作劳动的一般成果了。”〔1〕而亚当·斯密则再次超越了重农学派的将劳动局限于“农业劳动”这一特定劳动类型的做法，“抛开了创造财富的活动的一切规定性，—干脆就是劳动，既不是工业劳动，也不是商业劳动，也不是农业劳动，而既是这种劳动，又是那种劳动。”〔2〕诸种“劳动”之所以可以秉有“劳动”之名并贯彻“劳动”之实，恰恰就是因为其中所共同蕴含着的劳动的一般性。“有了创造财富的活动的抽象一般性，也就有了被规定为财富的对象的一般性，这就是产品一般，或者说又是劳动一般。”〔3〕并且，“最一般的抽象总只是产生在最丰富的具体发展的场合，在那里，一种东西为许多东西所共有，为一切所共有。这样一来，它就不再只是在特殊形式上才能加以思考了。”〔4〕正是通过特殊性对于普遍性的“分有”（Participation），“感性的活生生的人与自然打交道的劳动不复存在，最后剩下的这个抽象的‘劳动一般’成为古典政治经济学家建构起理论的逻辑起点。”〔5〕马克思认为，资本主义社会作为既有历史上最具多样性的、发达的生产组织，“那些表现它的各种关系的范畴以及对它的结构的理解，同时也能使我们透视一切已经覆

〔1〕《马克思恩格斯全集》第30卷，人民出版社1995年版，第45页。
〔2〕《马克思恩格斯全集》第30卷，人民出版社1995年版，第45页。
〔3〕《马克思恩格斯全集》第30卷，人民出版社1995年版，第45页。
〔4〕《马克思恩格斯全集》第30卷，人民出版社1995年版，第45页。
〔5〕夏巍：《重思马克思的“逻辑与历史相统一”—基于历史存在论的考察》，《理论探索》2018年第4期。

灭的社会形式的结构和生产关系。资产阶级社会借这些社会形式的残片和因素建立起来，其中一部分还未克服的遗物，继续在这里存留着，一部分原来只是征兆的东西，发展到具有充分意义，等等。人体解剖对于猴体解剖是一把钥匙。”[1] 以彻底“透明性”（Transparency）的视野“透视一切”社会形态的发展变革，马克思开启一种社会发展史意义上的“潜能—现实”论证，资本主义社会形态中内蕴的“继续在这里存留”与“发展到具有充分意义”的辩证，既意指其自身形态的完成是具有“必然性”的历史进程，同时也意味着过往社会形态的“残片”不仅继续存在着，而且在其所达致的“完成”中也发生了关键性的转化。这一切都清晰地呈现在资产阶级社会本身的丰富性与多样性之中。因此，

> 反过来说，低等动物身上表露的高等动物的征兆，只有在高等动物本身已经被认识之后才能理解。因此，资产阶级经济为古代经济等等提供了钥匙。但是，决不是像那些抹杀一切历史差别、把一切社会形式都看成资产阶级社会形式的经济学家所理解的那样。人们认识了地租，就能理解代役税、什一税等等。但是不应当把它们等同起来。[2]

在此，马克思所批判的，就是以李嘉图为代表的资产阶级古

〔1〕《马克思恩格斯全集》第30卷，人民出版社1995年版，第46—47页。
〔2〕《马克思恩格斯全集》第30卷，人民出版社1995年版，第47页。

典政治经济学家以黑格尔式的“同一性”（Identity）思维，片面而粗陋地强调资本主义经济制度的合理性，故意地混淆经济制度的一般性和特殊性的差异，将一切经济制度都偏激地视作是资本主义经济制度的不同表现样态，从而妄图将资本主义树立为永恒的制度。

与李嘉图及其学派经济学者严格划清界限，马克思以实证为基础进行辩证思维，在充分分析、概括材料的前提下，从特殊性与一般性的辩证统一来规定资本主义经济制度的本质，并由此而正确处理现实与历史的关系问题。他认为，虽然资本主义经济制度之前的某些具体的经济关系可以与当时的制度性现实相对应，但还是以歪曲的、萎缩的、差异性的形式而出现的。而“如果说资产阶级经济范畴适用于一切其他社会形式这种说法是对的，那么，这也只能在一定意义上来理解。这些范畴可以在发展了的、萎缩了的、漫画式的各种形式上，总是在有本质区别的形式上，包含着这些社会形式。所说的历史发展总是建立在这样的基础上的：最后的形式总是把过去的形式看成是向着自己发展的各个阶段，并且因为它很少而且只是在特定条件下才能够进行自我批判，—这里当然不是指作为崩溃时期出现的那样的历史时期，—所以总是对过去的形式做片面的理解。”[1]以对应于黑格尔“绝对精神”论的终极发展模式，马克思不无讽刺地标举这一错误命题：“最后的形式总是把过去的形式看成是向着自己发展的各个阶段”，

〔1〕《马克思恩格斯全集》第30卷，人民出版社1995年版，第47页。

这几乎就是黑格尔“逻辑决定论”片面论断的直接转写，由此可见，“资产阶级经济学家将资产阶级的历史时间中的生产关系伪饰成天然的、永恒不变的自然规律，是资产阶级意识形态对资产阶级生产方式历史性的一种本质遮蔽。”[1]因而也必然呈现出与黑格尔思想同构的、显著的“观念性”（Idealistic）错误。

通过细致而深入的分析，马克思认清了资产阶级社会的现实本质：“资本原则已经成为现代社会普遍的支配原则，人类深深地陷入到普遍异化的社会状况当中而无法解脱。”[2]正是基于这一判断，马克思强调，政治经济学的批判性研究，想到得出科学的结论，就要与社会科学、历史科学一样，“无论在现实中或在头脑中，主体—这里是现代资产阶级社会—都是既定的；因而范畴表现这个一定社会及这个主体的存在形式、存在规定，常常只是个别的侧面；因此，这个一定社会中科学上也绝不是在把它当作这样一个社会来谈论的时候才开始存在的。”[3]这一点，在地租和土地所有制方面体现得最为明显，虽然它们无疑在当时还是“存在”并发挥着作用的，但显然已经不再是具有决定性的经济关系了，“在一切社会形式中都有一定的生产决定着其他一切生产的地位和影响，因而它的关系也决定其他一切关系的地位和影响。这是一种普照的光，改变着他们的特点。这是一种特殊的以太，它

---

〔1〕 张一兵：《资产阶级社会中的资本奴役关系透视》，《浙江社会科学》2022年第2期。

〔2〕 夏巍：《重思马克思的“逻辑与历史相统一”—基于历史存在论的考察》，《理论探索》2018年第4期。

〔3〕《马克思恩格斯全集》第30卷，人民出版社1995年版，第47—48页。

决定着它里面显露出来的一切存在的比重。”[1]具有“启蒙”意义的“光”（Lumière）的普世性、认知性隐喻，与作为“存在”（Being）之基质性（Fundamental）构成的“以太”（Ether）相结合，成为在普遍性与特殊性不同维度对“资本”在现实经济关系中的作用的辩证界定，也由以将马克思的概念逻辑与历史现实之间关系的整体论述聚焦于关键性的“现实矛盾”，即资本对生产和经济关系无以抵制、无可抗拒的支配性，及其所必将导致的极端境遇：自己为自己的终结构造“掘墓人”。

> 在土地所有制处于支配地位的一切社会形式中，自然联想还占优势。在资本处于支配地位的社会形式中，社会、历史所创造的因素占优势。不懂资本便不能动地租。不懂地租却完全可以懂资本。资本是资产阶级社会的支配一切的经济权力。它必须成为起点又成为终点。[2]

历史是人和社会关系的生成与演变的历史，任何一个时代都是当下的、现实的，但也都会成为历史性存在。现实的历史和历史的现实，都是其在与自然、与社会的关系中不断进行认识与改造的历时性成果，这个过程中的重要因素是意识（Consciousness），而意识发展的规范性集合于逻辑。逻辑是对历史意识的呈现，同时也是历史发展的一个必要方面。马克思正是

---

〔1〕《马克思恩格斯全集》第30卷，人民出版社1995年版，第48页。
〔2〕《马克思恩格斯全集》第30卷，人民出版社1995年版，第49页。

在这个意义上证成其逻辑与历史相统一原则的。在正确处理了范畴与历史亦即意识中的"现实"与历史的关系之后，"《资本论》的逻辑"在揭示和论证现实的资本主义经济制度矛盾的概念运动中，反思了政治经济学自身的发展史，进而集中论证资本主义经济制度的形成和演化的历史。

三、"资本奴役"的历史反思

"《资本论》的逻辑"对政治经济学说史所体现的"资本奴役"的逻辑的批判与反思，主要体现于从具体到抽象的概念运动阶段，是其理论的"逻辑与历史相统一"原则的重要体现。政治经济学是随着资本主义经济关系的形成而出现的思想史形态，并伴随资本主义经济关系的制度化而不断演化。在马克思看来，政治经济学说的历史就是资产阶级经济学家将资本对人的普遍宰制逻辑不断上升为"意识形态"（Ideology）的历史，是从重商主义开始，经由斯密、李嘉图、萨伊的资产阶级"古典政治经济学"到穆勒、麦克库洛赫等的"庸俗政治经济学"，并兼及李嘉图学派解体过程中出现的早期社会主义经济思想，而马克思的政治经济学研究也就是用"'实证科学'的事实话语，来客观描述资产阶级社会中的各种奴役现象"，[1] 并在此基础上展开其资产阶级社会必然走向消亡的反思与论述。

---

〔1〕 张一兵：《资产阶级社会中的资本奴役关系透视》，《浙江社会科学》2022 年第 2 期。

马克思非常重视对政治经济学说的批判性研究。在确定以《资本论》为其核心研究的书名之前，在《1857—1858年经济学手稿》和《1861—1863年经济学手稿》中仍旧以《政治经济学批判》为题，而《资本论》也以《政治经济学批判》为副标题。马克思不同意黑格尔的将自由精神的逻辑确立为人类现实生活和历史的依据的做法，但是他同时也明确地关注人类现实生活和历史进程必然在人的意识活动中所得到的反映和概括。资本主义经济关系及其制度化，深刻地影响着西方世界数百年的现实生活，是历史的主导力量。与之相对应的，"政治经济学"（Political Economy）就是资产阶级经济利益和意识的集中概括，它与资产阶级统治及资本主义经济关系的制度化同步发展，并内在地作用于资本奴役建制化的全过程，更是资本主义制度确立后统治阶级意识形态的重要内容。在其理论遮蔽之下，人类的经济活动"已不再是人的自我实现的创造性的过程了，而只能是资本力量驾驭下的异化劳动和剩余价值的实现过程。"[1]因此，马克思深切地认识到，批判分析资产阶级政治经济学是揭示和论证资本主义经济制度现实矛盾及其历史发展规律的必要组成部分。他从其经济学理论研究的起步阶段就将对资产阶级政治经济学的历史性批判与对现实材料的分析和概括相统一，在这个意义上，对政治经济学说史的批判性反思是他的政治经济学研究的有机组成部分。

针对政治经济学说的发展历程，马克思认为，资产阶级政治

---

〔1〕 仰海峰:《马克思资本逻辑场域中的主体问题》,《中国社会科学》2016年第3期。

经济学既是对资产阶级的经济利益和阶级意识的集中概括，又是资本主义经济制度的理论表现。不同历史时期的资产阶级经济学家的著述恰切地记录了资产阶级意识形态与资本主义经济制度形成、发展、演变的历史轨迹。从而，批判资产阶级的政治经济学说史，就是要剖析其所概括的资产阶级经济利益和阶级意识，驳难其理论论证中资本主义经济制度的合法性证明，同时又是对资本主义经济制度形成、发展、演变的考察，并由以概括政治经济学形成、发展、演化的规律。

对政治经济学的历史性批判，是《资本论》概念逻辑总体上地从具体到抽象的概念运动的必要内容。确立“剩余价值”概念为对资产主义经济制度本质的规定，是从具体到抽象的概念运动的集合性成果，而这也是马克思政治经济学说史进行批判性考察所取得的核心性结论。作为“《资本论》逻辑”总体的从具体到抽象概念运动的结束部分，以思想史形态呈现的《剩余价值理论》，就是要通过对政治经济学说的思想史批判，充实和论证他已经基本确立的以剩余价值概念为核心的理论体系，并由此揭示政治经济学发展的规律，论证剩余价值理论是政治经济学演进的逻辑与历史的必然结果。

作为对政治经济学历史规律的概括与论证，在《剩余价值理论》第一册开篇“总的评论”，马克思开宗明义地理论这一“理论史”著述的核心洞见：“所有经济学家都犯了一个错误：不是纯粹地就剩余价值本身，而是在利润和地租这些特殊形式上来考察剩余价值。”[1]做出如此论断的马克思，已经完成了对“剩余价值”概念的规定，对资本主义经济制度的矛盾本质也已有了成熟的认识，他进一步辩证地指明，虽然如他所说，“所有经济学家”都没能真正认识到“剩余价值”的纯粹形式，但他们事实上又都是在认识“剩余价值”，不过是就剩余价值的特殊形式如利润、地租等进行专门的研究，因此，他们的政治经济学研究又没有真正背离“剩余价值”这一论域。从而可以说，概念/逻辑维度的政治经济学的演进也就是现实/历史层面剩余价值理论的证成与确立。

在“总的评论”之后，《剩余价值理论》第一册依次论述了斯图亚特、重农学派、斯密、内克、魁奈、兰盖、布雷。这样的论述逻辑，一方面是依循于历史的次序，另一方面也是根据这些经济学家的具体论述内部，其所涉及的剩余价值的特殊形式和理论侧面。马克思经过研究发现，这些经济学家对具体经济现象的界说，如重农学派从原预付和年预付的分析出发对工资所进行的规定，已经非常接近对剩余价值的认识。而斯密在把创造价值的劳动扩展到所有生产领域的前提下，往往将利润错置为剩余价值的纯粹形式来论证其与工资、地租的关系。至于内克、兰盖和布雷等影响力较小的经济学家，之所以马克思将他们放置在斯密之后进行考察，也是因为他们对于剩余价值的纯粹形式有不同程度的认识，但同时又从各自的视角展开了对于资本主义经济制度的辩护，从而可以说提供了批判性反思的有效材料。

---

〔1〕《马克思恩格斯全集》第33卷，人民出版社2004年版，第7页。

《剩余价值理论》第二册主要论述和批判李嘉图的经济思想，呈现其思想观点在剩余价值理论史中的地位和意义。马克思首先从对洛贝尔图斯的批判性考察开始进行讨论，洛贝尔图斯自认为解决了李嘉图地租理论中的难题，这就是他所谓的对“绝对地租”的“新发现”，但是事实上，洛贝尔图斯被没有如他自己所说的那样得出了解决方案，反而更为暴露了李嘉图理论中根本性的缺陷。与之形成对照，马克思以剩余价值转化为利润的逻辑，形成了从工业利润的平均化和平均价格规定绝对地租的初步思路。进而，马克思考察“李嘉图对利润、利润率和平均价格等的解释”，涉及平均价格或费用价格和市场价格、李嘉图和斯密的地租理论、李嘉图的剩余价值理论、积累理论等论述。在此，马克思将李嘉图视为斯密之后政治经济学发展的主要代表。“李嘉图从商品的价值量决定于劳动时间这个规定出发，然后研究其他经济关系是否同这个价值规定相矛盾，或者说，它们在多大的程度上是这个价值变形。人们一眼就可以看出这种方法的历史合理性，它只经济学历史上的科学必然性，同时也可以看出它只科学上的不完备性，这种不完备性不仅表现在叙述的方式上（形式方面），而且导致错误的结论，因为这种方法跳过必要的中介环节，企图直接证明各种经济范畴相互一致。”[1]马克思正确地指出，虽然李嘉图作为斯密政治经济学说的继承者，其所体现的资产阶级的进步属性，使其学说仍保有一定的科学成分，但是由于其阶级立场的局限性和

〔1〕《马克思恩格斯全集》第34卷，人民出版社2008年版，第182页。

方法层面的重大缺陷，使得他只能从价值量的关系来直接对比分析经济关系中的矛盾，因此既不能认识纯粹形式的剩余价值，更不能说明剩余价值的各个特殊形式之间的关系，尤其是利润在不同产业、行业、企业间的平均化趋势。

历史地看，李嘉图的学说体系是资产阶级古典政治经济学的高峰，在达到这个高峰之后，由于资产阶级已经确立其全面的统治地位而丧失其“上升期”的社会进步意义，并因其认识和方法上的缺陷而不能、也不愿正视矛盾的现实性，导致资产阶级经济学者中研究上的停滞乃至倒退，步入纯粹为资本主义经济制度进行合法性辩护的“庸俗化”里程。“李嘉图学派的解体”是《剩余价值理论》第三册的主要议题。在这个方面，首先发现李嘉图学说体系矛盾，并就其矛盾问题展开批评的，是没落的贵族和地主阶级的代表马尔萨斯。正如马克思所说：“马尔萨斯在反对李嘉图时用来作为出发点的，一方面是剩余价值的产生问题，另一方面是李嘉图把不同投资领域中费用价格的平均化看作价值规律本身的变形的方式，以及他始终把利润和剩余价值混淆起来（把两者直接等同起来）的做法。”[1]但是，尽管对李嘉图学说中的内在张力有所把握，局限于其阶级意识的“马尔萨斯并没有解决这个矛盾和概念的混乱，而是从李嘉图那里把它们接受过来，以便依靠这种混乱去推翻李嘉图关于价值的基本规律等等，并作出使他的保护人大为愉悦的结论。”[2]很显然，对于马尔萨斯而言，政治经

〔1〕《马克思恩格斯全集》第35卷，人民出版社2013年版，第10页。
〔2〕《马克思恩格斯全集》第35卷，人民出版社2013年版，第11页。

济学的科学性远远让位于，乃至必须服务于其所服膺的阶级性。

在政治经济学说史上，马尔萨斯对李嘉图学说内部矛盾的揭露和攻击，加速了李嘉图学派的解体步伐，并进一步催生了以詹姆斯·穆勒和麦克库洛赫为代表的抛弃劳动价值论，抹杀工资与利润、地租与利润的对立，表面上捍卫李嘉图的思想内涵但事实上消除其科学成分的经济学派别。“穆勒是第一个系统地阐述李嘉图理论的人，虽然他的阐述只是一个相当抽象的轮廓。他力求做到的，是形式上的逻辑一贯性。因此，从他这里就开始了李嘉图学派的解体。”〔1〕在这个意义上，穆勒一方面把资本主义经济制度设想为绝对的存在，其中的矛盾只不过是形式上的矛盾，另一方面则极力想将李嘉图的学说论证成这一经济制度的完备的理论表达，并且同时“力图证明一些已为别人所指出、一些他自己心里不禁会感觉到的理论上的矛盾是站不住脚的。”〔2〕詹姆斯·穆勒的这种“逻辑与历史的错位”在麦克库洛赫这里更为强烈地呈现出来。马克思指出，麦克库洛赫“不仅是李嘉图的庸俗化者，而且是詹姆斯·穆勒的庸俗化者。”〔3〕他不仅借助萨伊的要素价值论，更从马尔萨斯那里寻找论据来为李嘉图学说中的内在矛盾辩护。其理论要点就是以各种方法将劳动决定价值论证为“只是原则”，而在资本和劳动相交换的时候，这一“原则”却并不起作用，从而工人出卖劳动的所得与他的活劳动所创造的价值是一致的。也

〔1〕《马克思恩格斯全集》第35卷，人民出版社2013年版，第88—89页。
〔2〕《马克思恩格斯全集》第35卷，人民出版社2013年版，第89页。
〔3〕《马克思恩格斯全集》第35卷，人民出版社2013年版，第183页。

就是说，以几乎是蛮横的方式更改了劳动概念的本质性意涵，为了辩护的需要而凭空“把作为人的活动而且是社会规定的人的活动的劳动本身，与作为使用价值、作为物的商品所具有的物理等等作用等同起来！”[1]由此，理论出存在的利润与工资的矛盾、利润平均化的矛盾、利润与地租的矛盾都完全不存在了，李嘉图学派走向彻底的庸俗化，逐步变成了资本主义经济制度“辩护士”的纯粹形式。

马克思对李嘉图学派的学说和李嘉图学派的解体过程进行批判性审理的同时，也同时考察了“以李嘉图理论为依据反对经济学家的反对派”，以霍吉斯金的《保护劳动反对资本的要求，或资本非生产性的证明。关于当前雇佣工人的团结》《通俗政治经济学。在伦敦技术学校的四次演讲》，莱文斯顿《论公债制度及其影响》为代表的一系列有影响的从工业无产阶级立场出发，批判资产阶级庸俗政治经济学的著作，进一步论证了李嘉图学说的矛盾，发现了从工业无产阶级立场出发是解决这些理论内部矛盾，进而发展科学的政治经济学理论的必然理路。也正是在这一辩证性的“对立与统一”相结合的考察之下，马克思验证并充实了他的剩余价值理论，一方面通过从抽象到具体的概念运动改造利润概念，发现要说明包括地租在内的剩余价值的各种特殊形式，就必然需要一个中介环节，即“利润的平均化”（这一点在《资本论》第三卷中得到了更为完善的论述），使得关键性的理论问题得到了解

〔1〕《马克思恩格斯全集》第35卷，人民出版社2013年版，第199页。

决；另一方面则通过对斯密—李嘉图学说的庸俗化及其破产过程的回溯，科学阐明了只有站在劳动无产阶级的立场上开展政治经济学研究，才能够真正地直面现代资本奴役体系所招致的种种困境，而这正是在政治经济学说史层面的“逻辑与历史相统一”最好的体现。

四、“资本逻辑”的历史批判

“《资本论》的逻辑”对资本主义经济制度矛盾的集中论证，主要体现于其总体性的从抽象上升到具体的概念运动阶段，亦即《资本论》三卷的论述之中。马克思认为，资本主义经济关系及其制度化的历史，集中呈现在其现实的矛盾运动中，因此，对现实矛盾的揭示与论证，也就是对其历史结果的断定。在从抽象到具体的概念运动中，不仅要横向分析其现实经济矛盾的本质与结构，更要对其历史事实、历史过程与历史趋向进行纵向概括。

在其对资本主义的现实支配系统的研究中，马克思所展开的绝非单纯“经济史”层面的追溯与分析。在《1857—1858年经济学手稿》导言中，他明确提出了不能够按照经济范畴在历史上出现的次序来安排论述的体系，而是应当以概念的辩证运动来把握和概括历史规律。《资本论》第一卷的体系性安排则充分体现了对资本主义经济关系的制度化构型及其发展历史的理论概括。从概念运动的系统性来说，第一篇“商品和货币”所讨论的“商品”“货币”都是规定资本主义经济制度矛盾本质的“剩余价值”

概念的前导性概念。所谓“前导性”，一方面是指逻辑上基本的、一般的属性而言，“资本”作为《资本论》的研究对象，本身就是由商品和货币这两个基本的、一般的属性所构成，如果不考虑经济关系而只从物质形态来考察，资本主义经济中便只存在商品和货币。因此，资产阶级庸俗政治经济学家也就往往从这个维度来否认资本的特殊性，否认其所体现的资本家与雇佣工人之间的矛盾。另一方面，从历史的发生形态而论，商品先于货币，货币先于资本，这也是马克思在概括已有的经济史和政治经济学的研究成果之后得出的理论认识。通过商品和货币概念的规定和论证，不仅可以明确“资本”的基本的、一般的属性，更可以概括其历史性的前提。

以“前导性”的论证为基础，在《资本论》第一卷第二篇“货币转化为资本”中，马克思规定了资本主义经济制度的形成及其特殊性，即“资本”与作为商品的“劳动力”的买卖关系。由此而进一步地，第三篇“绝对剩余价值的生产”先从抽象的、历史上在先的劳动过程论起，再分析资本的价值增殖过程。而从第三篇向第四篇“相对剩余价值的生产”的转化，也是从抽象上升到具体概念运动的进程中对资本主义经济制度历史发展的概括，这一论述在对协作到分工和工场手工业到机器和大工业的演进历程中也体现了出来。在第六篇“工资”中，对于计时工资和计件工资这两种工资形式的分析，也阐发了工资的历史沿革变化。第七篇“资本的积累过程”虽然没有完全按照历史的发生次序以“原始积累”为起点进行论述，而是承接“剩余价值”和“工资”

两个概念进一步讨论“简单再生产”和“剩余价值转化为资本”，再论述“资本主义积累的一般规律”，这一顺序也是依循从抽象到具体的概念逻辑对资本积累历史进程的理论概括。而在充分阐明资本主义积累的一般规律之后，再论“所谓原始积累”，则是以改造了的资本积累概念对资产阶级经济学家关于资本原始积累的种种谎言进行批驳的同时，考察资本主义经济关系的形成及其制度化的历史，阐明“资本来到世间，从头到脚，每个毛孔都滴着血和肮脏的东西”，[1]以之呼应此前第二篇“货币转化为资本”中的论证。

《资本论》第一卷的逻辑结构以“资本主义积累的历史趋势”为收束，是典型的逻辑与历史相统一，在这一篇中，马克思对资本主义经济制度的形成、发展和灭亡进行了科学概括：资本的原始积累“只是意味着直接生产者的被剥夺，即以自己劳动为基础的私有制的解体。”[2]从资本主义生产方式中产生的资本主义私有制，是对个人以自己劳动为基础的私有制的否定，由于资本主义生产过程的内在规律和矛盾，资本垄断的加剧和剥削程度的不断加深，与此同时工人阶级的联合和有组织的反抗不断增长，必将造成对资本主义私有制的进一步否定。这种否定不是逆历史趋势而动，想要逆转历史的发展轨迹重新恢复曾经的以自己劳动为基础的私有制，而是要在资本主义所取得的已有成就的基础上实现制度性的“否定之否定”突破，也即是要“在协作和对土地及靠

〔1〕马克思：《资本论》第一卷，人民出版社2004年版，第871页。
〔2〕马克思：《资本论》第一卷，人民出版社2004年版，第872页。

劳动本身生产的生产资料的共同占有的基础上，重新建立个人所有制。”[1]

《资本论》逻辑总体地从抽象到具体的概念运动概括资本主义经济制度及其制度化的历史进程，在这一体系中，《资本论》第二卷是第一卷和第三卷之间重要的中介环节，主要论证资本主义再生产的形式，而在对“资本循环”“资本周转”和“社会总资本的再生产和流通”的历史性证成中，也从逻辑上再现了其中发生发展的历史次序。具体而言，马克思对资本循环的分析，是从货币资本的循环开始，再进入对生产资本和商品资本的循环的论述。这一顺序，既是现实中每个个体资本循环的时间顺序的体现，也是历史上货币转化为资本的实际过程。在论述资本周转的总结部分“剩余价值的流通”时，和第一卷中论资本积累时一样，先从简单再生产开始，再论积累和扩大再生产，这既是剩余价值流通过程中资本主义经济制度内的历史次序，又完全符合概念的从抽象上升到具体的逻辑次序。在“社会总资本的再生产和流通”这一部分，也同样依从以基本的、简单的、一般的属性为起点的逻辑，先从简单再生产论起，再论积累和扩大再生产，使得从抽象到具体的概念运动与社会总资本的再生产和流通过程的历史相统一。而在从学说史角度分析“前人对这个问题的阐述”时，同样按照“逻辑与历史相统一”的原则，先讨论重农学派，再展开对亚当·斯密相关论述的分析。这也就是要将历史作为逻辑的根基，

---

〔1〕马克思:《资本论》第一卷，人民出版社 2004 年版，第 874 页。

而不是因为过度强调逻辑的意义而对历史做出“黑格尔式的歪曲”[1]。

《资本论》第三卷在“《资本论》的逻辑”的总体上，是“具体”部分，但是这一卷的内容本身，也是按照从抽象到具体的概念逻辑展开论述，并按照特殊的资本形态和土地所有制在“资本主义生产的总过程”中的地位进行论证，进而对其历史进行“回溯”式概括。我们知道，商品经营资本和商业利润、货币经营资本和利息在历史上都是先于生产资本和产业利润出现的，而土地所有制和地租更是在资本主义经济关系出现之前经济制度的主要剥削形式。与之对应，在现实的资本主义经济关系中，商品经营资本、货币经营资本、土地所有制则都已经变成以生产资本为主的资本主义生产总过程的必要组成部分，商业利润、利息和地租也都成为利润的转化形式，在这个意义上，它们也就成为规定利润之特殊形式的具体概念，是对“抽象”的“利润”概念的充实和发展。

按照从抽象到具体的概念运动原则，《资本论》第三卷以“剩余价值转化为利润和剩余价值率转化为利润率”开启论证，进而申论“利润转化为平均利润”和“利润率趋向下降的规律”，再具体展开论证商品经营资本和商业利润、货币经营资本和利息，最后达致“超额利润转化为地租”。商品经营资本、货币经营资本、土地所有制都是社会总资本的特殊形式，其商业利润、利息和地

---

〔1〕 夏巍:《重思马克思的“逻辑与历史相统一”—基于历史存在论的考察》,《理论探索》2018年第4期。

租也都是剩余价值转化的利润经过“平均化”之后的具体形式。这也就意味着，马克思是从它们在现实的资本主义生产总过程的特殊地位和作用，而不是将它们作为各自独立的概念范畴来进行研究。在对它们进行了现实的逻辑论证之后，马克思又以历史性“回顾”的方式，对它们在资本主义经济制度之前的形态，以及它们向资本主义经济制度的演变进行了理论考察，明确它们在资本主义经济关系形成及其制度化的进程中的地位和意义。

在“关于商人资本的历史考察”中，马克思指出:“不仅商业，而且商业资本也比资本主义生产方式古老，实际上它是资本在历史上最古老的自由的存在方式。”[1]作为商品而进入流通当中的产品，不论是在基于什么样的生产方式生产出来的，是原始共同体或奴隶的生产，或是到农奴和小市民的生产，还是资本家雇佣劳动者进行的生产，都具有商品的一般属性，商人资本是商品交换两极的中介。“不论以商人为中介进行商品交换的各生产部门的社会组织如何，商人的财产总是作为货币财产而存在，他的货币也总是作为资本执行职能。这个资本的形式总是G—W—G’；货币，交换价值的独立形式，是出发点，而增加交换价值是独立的目的。”[2]在历史上，商业和商人资本曾长期处于从属或者辅助性的位置，但是到了封建社会的末期，则逐渐从商品交换的中介，演变成“包买商”，进而商人自己开办手工业工场，以此转化为生产资本。“商业是行会手工业、农村家庭手工业和封建农业转化为

〔1〕 马克思:《资本论》第三卷，人民出版社2004年版，第362页。
〔2〕 马克思:《资本论》第三卷，人民出版社2004年版，第363页。

资本主义企业的前提。它使产品发展成为商品，这有时是因为它为产品创造了市场，有时是因为它提供了新的商品等价物，为生产提供了新的原料和辅助材料，并由此开创了一些一开始就以商业为基础的生产部门。”[1]在经历了一定时期内“商业资本对产业资本的统治”[2]之后，随着产业资本的迅猛发展，商业资本“就成了工业生产的奴仆”。[3]

在《资本论》第三卷第五篇第三十六章“资本主义之前的状态”中，马克思通过与商人资本进行比较的方式考察生息资本的历史形态：“生息资本或高利贷资本（我们可以把古老形式的生息资本叫作高利贷资本），和它的孪生兄弟商人资本一样，是资本的洪水期前的形式，它只资本主义生产方式以前很早已经产生，并且出现在极不相同的经济社会形态中。”[4]高利贷资本的发展是和商人资本、货币经营资本紧密联结在一起的，“在古代罗马，从共和国末期开始，虽然手工制造业还远远低于古代的平均发展水平，但商人资本、货币经营资本和高利贷资本，却已经—在古代形式范围内—发展到了最高点。”[5]高利贷资本产生于货币支付手段职能，并扩大了这种职能，并由此形成生息资本，在这个层面，它也是产业资本形成的一个历史性因素。“在现代信用制度下，生

〔1〕 马克思:《资本论》第三卷，人民出版社 2004 年版，第 375 页。
〔2〕 马克思:《资本论》第三卷，人民出版社 2004 年版，第 375 页。
〔3〕 马克思:《资本论》第三卷，人民出版社 2004 年版，第 375 页。
〔4〕 马克思:《资本论》第三卷，人民出版社 2004 年版，第 671 页。
〔5〕 马克思:《资本论》第三卷，人民出版社 2004 年版，第 671 页。

息资本要适应于资本主义生产的各种条件，”[1]并进而成为“资本主义生产方式的一个重要要素。”[2]生息资本与高利贷资本的区别，在于它执行职能的条件已经发生了变化，生息资本是现代信用制度在社会总资本中的作用的体现。

而在第六篇“超额利润转化为地租”中对“资本主义地租的起源”的考察，马克思通过对历史上出现的劳动地租、产品地租、货币地租、分成制和农民的小块土地所有制的分析，论证了土地所有制的演变和农业剩余产品的不同占有方式，说明了租地农场主经济即农业资本的形成及其与传统土地所有制的矛盾，以及相应的地租形式和地价的变化，进而论证小土地所有制经济被租地农场主的资本主义经济取代的必然性。“小土地所有制的前提是：人口的最大多数生活中农村，占统治地位的，不是社会劳动，而是孤立劳动；在这种情况下，财富和再生产的发展，无论是再生产的物质条件还是精神条件的发展，都是不可能的，因而，也不可能具有合理耕作的条件。在另一个方面，大土地所有制使农业人口减少到一个不断下降的最低限量，而同他们相对立，又造成一个不断增长的拥挤在大城市中的工业人口。由此产生了各种条件，这些条件之社会的以及由生活的自然规律所决定的物质变幻的联系中造成一个无法弥补的裂缝，于是就造成了地力的浪费，并且这种浪费通过商业而远及国外。”[3]对直接生产者土地私有权

〔1〕马克思：《资本论》第三卷，人民出版社2004年版，第678页。
〔2〕马克思：《资本论》第三卷，人民出版社2004年版，第679页。
〔3〕马克思：《资本论》第三卷，人民出版社2004年版，第918—919页。

的直接剥夺，是资本主义生产方式的基础，而资本主义生产方式又导致更大范围的社会经济矛盾，并阻碍生产力的发展，这也就意味着“地力”的浪费。这是与《资本论》第一卷中对资本主义积累的历史趋势的分析相呼应的，从地租和土地所有制的演变，马克思说明了资本主义经济制度对“以自己劳动为基础的所有制”的否定，并因为内在矛盾而被新的经济制度再否定的历史必然性。正是在这个意义上，《资本论》规定和论证的资本主义经济制度本质及其矛盾发展规律的逻辑，与历史上的资本主义经济制度的实际发展统一起来了。

“《资本论》的逻辑”总体地从抽象上升到具体的概念运动对资本主义经济关系及其制度化历史的集中论证，与从具体到抽象的概念运动对政治经济学说史的批判性概括，是相辅相成、相互促进和互为验证的。在规定现实的资本主义经济制度本质，论证其矛盾构成的同时，马克思剖析和阐述了资本主义在人类社会发展进程中的形成、演化和灭亡的必然性。马克思“逻辑与历史相统一”的原则由此确立，并在《资本论》及其手稿中系统贯彻，以辩证的研究和论述，否定并超越了黑格尔的思辨逻辑与绝对精神，将辩证法提升到一个新的高度，为当代世界继往开来的实践探索与理论创新奠立了科学的认识论基础，也同时为进一步推进社会革命与自我革命的逻辑演绎诠释了历史性“应然”的方向。

结语　解蔽的力量

批判性视域

聚焦全球资本主义不可逾越的“秩序性危机”，英国左翼经济学者盖伊·斯坦丁（Guy Standing）在其出版于2021年的《朝不保夕的人》（*The Precariat: the new dangerous class*）一书的开篇部分，即对资本主义意识形态的当代范式展开其延传自马克思经济认识论的批判视域：

> 20世纪70年代，一群受意识形态影响的经济学家俘获了政客们的耳朵和头脑。他们倡导“新自由主义”模式，其核心是依赖市场竞争推动经济增长和发展；主张应尽一切努力推动竞争和竞争力最大化，并让市场原则

> 渗透到生活的方方面面。
>
> 其中一个核心思想就是各国应该提高劳动力市场的弹性，这就意味着将风险和不安全性转嫁给劳动者及其家庭。其结果是创造出了一个全球性的朝不保夕群体，包括世界各地数百万没有稳定生活支柱的人。他们正在形成一个新的危险阶级。[1]

正是在资产阶级学者、政客和资本家的合谋中，新的极端境遇出现了，这一被斯坦丁称之为新“危产阶级”[2]（Dangerous Class）的群体，重现了《资本论》中所关切的劳动者困苦境遇（现实版的霍布斯式“自然状态”），而这正是以“经济学帝国主义”所推行的“让市场原则渗透到生活的方方面面”为圭臬的契约主义所达致的扭曲版“道成肉身”（Incarnation）。在畸形的意识形态“说服”之下，

> 这个社会颂扬和培育了一种弱肉强食、精英政治、弹性灵活的生存方式，这就是现实。过去几个世纪以来，人类社会并不是在持续性的变动中创建的；而是在稳定的认同和相当“刚性”的安全环境中缓缓建造起来的。某些人却把弹性当成福音，宣传僵死是它的敌人。启蒙

〔1〕［英］盖伊·斯坦丁：《朝不保夕的人》，徐偲骕译，浙江人民出版社2023年版，第3页。
〔2〕［英］盖伊·斯坦丁：《朝不保夕的人》，徐偲骕译，浙江人民出版社2023年版，第1页。

> 运动的教训之一是人类应该掌握自己的命运，而不是被上帝或自然力量支配，因此朝不保夕者要服膺于市场力量，适应所有可能的环境。其后果是越来越多的人处于异化、失范、焦虑和易怒的状态中。除了依赖大笔财产、与社会脱节的精英阶级，我们所有人都可能陷入这种状态。[1]

当代技术治理版本的“无所逃于天地之间”，其实是“物竞天择”原则进一步泛滥化的症候，资本宰制下的“优绩治理”（Meritocracy）本身内蕴的“后果论”视域以新的方式对应并回应着亚当·斯密《道德情操论》（The Moral Sentiments）中的“无形之手”论证（Invisible Hand Argument）。

> 在任何时候，土地产品供养的人数都接近于它所能供养的居民人数。富人只是从这大量的产品中选用了最贵重和最中意的东西。他们的消费量比穷人少；尽管他们的天性是自私的和贪婪的，虽然他们只图自己方便，虽然他们雇用千百万人来为自己劳动的唯一目的是满足自己无聊而又贪得无厌的欲望，但是他们还是同穷人一样分享他们所作一切改良的成果。一只看不见的手引导他们对生活必需品作出几乎同土地在平均分配给全体居

[1]［英］盖伊·斯坦丁:《朝不保夕的人》，徐偲骕译，浙江人民出版社 2023 年版，第 44 页。

> 民的情况下所能作出的一样的分配，从而不知不觉地增进了社会利益，并为不断增多的人口提供生活资料。当神把土地分给少数地主时，他既没有忘记也没有遗弃那些在这种分配中似乎被忽略了的人。后者也享用着他们在全部土地产品中所占有的份额。在构成人类生活的真正幸福之中，他们无论在哪方面都不比似乎大大超过他们的那些人逊色。在肉体的舒适和心灵的平静上，所有不同阶层的人几乎处于同一水平。〔1〕

这种奠基于“资本秩序”的新型“等级体系”（Hieratical System），事实上将“不平等”（Inequality）作为生命存在的“优先”（Priority）定义而接受下来，突显了“市场原则”的本质。亚当·斯密对正义之“神”的诉诸，则正是资产阶级仁爱主义的伪善标志，在“构成人类生活的真正幸福”的论域下，恰恰是对社会上“最不利者”的压迫、奴役和剥削才保证了他们对自身利益的捍卫，才可以高枕无忧地实现“满足自己无聊而又贪得无厌的欲望”的生活目标。正是凭借一种充满“量词错误”（“所有不同阶层的人几乎处于同一水平”）的修辞性论证（Rhetorical Discourse），亚当·斯密得以“说服”人们相信，“社会可以在人们相互之间缺乏爱或感情的情况下，像它存在于不同的人中间；并且，虽然在这一社会中，没有人负有任何义务，或者一定

〔1〕［英］亚当·斯密：《道德情操论》，蒋自强等译，商务印书馆2020年版，第232页。

要对别人表示感激，但是社会仍然可以根据一种一致的估价，通过完全着眼于实利的互惠行为而被维持下去。”[1]正如斯坦丁在2020年代所给出的对于“无边的市场主义”的分析一样，斯密在“道德与社会”议题下所提出的“完全着眼于实利”的行为主体，正是被“互惠性”（Reciprocity）的“功利”观念所束缚，成为如假包换的“危产者”。“在人类社会这个大棋盘上每个棋子都有它自己的行动原则，它完全不同于立法机关可能选用来指导它的那种行动原则。”[2]人们普遍的逐利行径为社会运行的“公正性”（Justice）打下了基础，替代古代寡头与僭主的正是现代资本“博弈论”（Game Theory）局域的优胜者，而在这一新“目的论”秩序（Teleological Order）之下，那所谓“完全着眼于实利的互惠”原则“成为政治制度的重要部分，国家机器的轮子似乎因为它们而运转得更加和谐和轻快了。我们看到这个如此美好和重要的制度完善起来感到高兴，而在清除任何可以给它的正常实施带来丝毫干扰和妨碍的障碍之前，我们一直忧虑不安。然而，一切政治法规越是有助于促进在它们的指导下生活的那些人的幸福，就越是得到尊重。这就是那些法规的唯一用途和目的。”[3]“看不见的手”连同其中涵蕴的“自然法”运思由此而成为资产阶

---

〔1〕［英］亚当·斯密：《道德情操论》，蒋自强等译，商务印书馆2020年版，第107页。

〔2〕［英］亚当·斯密：《道德情操论》，蒋自强等译，商务印书馆2020年版，第303页。

〔3〕［英］亚当·斯密：《道德情操论》，蒋自强等译，商务印书馆2020年版，第232—233页。

级主导的“剥削伦理”[1]（Ethics of Exploitation）的机制解释（Mechanistic Explanation），成为“斗争的精神”所指向的否证对象。

在亚当·斯密所开启的“古典功利主义”意义上的“幸福叙事学”中，现代资本治理模式以基于制度性服从的“美德伦理学”（Virtue Ethics）而大行其道，[2]成为替代中世纪宗教约束的新的“规训”之源。

> 对自己幸福的关心，要求我们具有谨慎的美德；对别人幸福的关系，要求我们具有正义和仁慈的美德。前一种美德约束我们以免受到伤害；后一种美德敦促我们促进他人的幸福。在不去考虑他人的情感是什么、应该

---

〔1〕波兰学者安德热·斯托因斯基在其2014年的文章《公正面前的剥削》中考察了基于“互惠性”的伦理视角而得出的“剥削”意识形态：“就受益情况而言，所有人际互动可分为三种类型：（1）双方都从中受益（或一方受益，另一方不受任何损失）的有利可图的互动；（2）一方受益、另一方亏损的单边受益互动（按比例，称为零和博弈）；（3）相互无利可图的互动，即参与互动的双方都遭受损失（或一方损失，另一方不受益）。从上述划分的角度来看，剥削不可能是第（3）点所述的互动。因此，我们只能考虑第（1）点和第（2）点的可能性。因此，剥削是这样一种情况：双方都受益，然而一方或双方的受益与贡献是不相称的；或者一方受益，而另一方没有受益甚至有损失。关于利益不相称的第（1）条实质性和程序性前提的内容清楚地表明，所获得的利益是相互的，但又是不相称的。”参见：陈贵喜主编：《资本主义、剥削与公正》，中国人民大学出版社2021年版，第92页。

〔2〕这样的一种充满蛊惑的“情感教育”，正如尼采所讽刺性地指出的：“在这样的时刻，个人一下子觉醒了，以一种创造世界的气度指点江山，用他自身的光明为周围带来光明；在这样的时刻，个人突然感到一种充溢全身的幸福的确实性，确信那使他得到升华并把他带到极境——因而还有一种独一无二的最高感觉。”［德］尼采：《哲学与真理》，田立年译，上海社会科学院出版社1993年版，第1页。

> 是什么，或者在一定的条件下会是什么这些问题的时候，那三种美德中的第一种最初是我们的利己心向我们提出来的要求，另两种美德是我们仁慈的感情向我们提出来的要求。然而，对别人情感的关心，会强迫所有这些美德付诸实施并给予指导；而且一个人若在其整个一生中或一生中的大部分时间坚定而又始终如一地仿效谨慎、正义或合宜的仁慈这种思想方式，则其行为便主要是受这样一种尊重的指导，即对那个想象中的公正的旁观者、自己心中的那个伟大居住者、判断自己行为的那个伟大的法官和仲裁者的情感尊重。〔1〕

作为在《道德情操论》最后一个修订版本（即斯密在过世前完成修订的“第六版”）中完整添加的内容，无论是基于“对自己的责任”，还是展现为“对他人的责任”，资本主义制度秩序所要求的“美德”（Virtues）恰恰意味着对“危产阶级”之被动地位视而不见，或者使用市场原则来进行基于“敬重”的辩护。这背后所依存的，正是对于“公正无偏旁观者”（Impartial Spectator）的忠实信靠，而这也是马克思在其“政治经济学批判”中要彻底“解蔽”的对于资本主义体制的绝对“信仰”（Belief）：互惠互利原则将带来人类的“共同福祉”（Commonwealth）。

---

〔1〕［英］亚当·斯密：《道德情操论》，蒋自强等译，商务印书馆 2020 年版，第 343 页。

精神与否证

对于马克思的批判事业而言，最为关键的是对作为现代资产阶级意识形态的自由主义经济学内在的错谬结构进行鉴别与论证，并由此准确把握资本主义经济制度矛盾，而这也就是《资本论》中所要揭示的“资本主义精神”的核心逻辑。

> 劳动力的消费过程，同时就是商品和剩余价值的生产过程。劳动力的消费，像任何其他商品的消费一样，是在市场以外，或者说在流通领域以外进行的。因此，让我们同货币占有者和劳动力占有者一道，离开这个嘈杂的、表面的、有目共睹的领域，跟随他们两人进入门上挂着“非公莫入”牌子的隐蔽的生产场所吧！在那里，不仅可以看到资本是怎样进行生产的，而且还可以看到资本本身是怎样被生产出来的。赚钱的秘密最后一定会暴露出来。劳动力的买和卖都是在流通领域或商品交换领域的界限以内进行的，这个领域确实是天赋人权的真正伊甸园。那里占统治地位的只是自由、平等、所有权和边沁。[1]

马克思的批判的理性精神直指亚当·斯密式“情感教育”贯彻而

---

〔1〕《马克思恩格斯文集》第5卷，人民出版社2009年版，第204页。

下最终凝聚而成的“幸福计量学”（Felicific Calculus），这一由杰里米·边沁（Jeremy Bentham）创发，约翰·穆勒（John Stuart Mill）拓展的“经济意识”（Economic Consciousness）理论，作为“自然权利”—“天赋权利”谱系的辩护逻辑，马克思所反讽刻画的“商品交换领域的界限以内”的“真正伊甸园”实际上正是人们由以遭遇无穷宰制的根源性“失乐园”（Paradise Lost）。

> 自由！因为商品例如劳动力的买者和卖者，只取决于自己的自由意志。他们是作为自由的、在法律上平等的人缔结契约的。契约是他们的意志借以得到共同的法律表现的最后结果。平等！因为他们彼此只是作为商品占有者发生关系，用等价物交换等价物。所有权！因为每一个人都只支配自己的东西。[1]

在马克思的批判性视域中，“契约主义”（Contractarianism）的社会建构是将“自由”“平等”“财产所有权”这些资本主义的“普遍价值”完全绑定的关键理论，而边沁的“功利主义”则意味着把延传自亚当·斯密的“情感—蛊惑法”向自利之“最大化”（Optimizing）的急功近利模式进一步推演。

> 边沁！因为双方都只顾自己。使他们连在一起并发

[1]《马克思恩格斯文集》第5卷，人民出版社2009年版，第204页。

> 生关系的唯一力量，是他们的利己心，是他们的特殊利益，是他们的私人利益。正因为人人只顾自己，谁也不管别人，所以大家都是在事物的前定和谐下，或者说，在全能的神的保佑下，完成着互惠互利、共同有益、全体有利的事业。
>
> 一旦离开这个简单流通领域或商品交换领域，——庸俗的自由贸易论者用来判断资本和雇佣劳动的社会的那些观点、概念和标准就是从这个领域得出的，——就会看到，我们的剧中人的面貌已经起了某些变化。原来的货币占有者作为资本家，昂首前行；劳动力占有者作为他的工人，尾随于后。一个笑容满面，雄心勃勃；一个战战兢兢，畏缩不前，像在市场上出卖了自己的皮一样，只有一个前途——让人家来鞣。[1]

马克思在此引入德国哲学家莱布尼茨的“前定和谐”论题，无疑是以一种特定的“神义论”方式回应斯密式“看不见的手”论证，以“特殊利益”作为行为动机的“彼此只是作为商品占有者发生关系”正是《国富论》中所要辩护的对象，而这种以“庸俗的自由贸易论”为表象的“契约化”思维，真正要掩盖的正是被古典自由主义者粉饰为“互惠互利、共同有益、全体有利的事业”的“契约”境遇背后匿藏的不平等与不公正。马克思分析

〔1〕《马克思恩格斯文集》第5卷，人民出版社2009年版，第204—205页。

指出，

> 旧欧洲劳动者的劳动条件是怎样被剥夺，从而资本和雇佣劳动是怎样产生的呢？靠一种非常原始的社会契约。“人类……采用了一种促进资本积累的简单方法”，自然，这种积累从亚当时代起就被人类当做自己生存的最终的和唯一的目的；“人类把自己分为资本所有者和劳动所有者……这种划分是自愿协商和结合的结果”。一句话，人类的大多数为了“积累资本”而自己剥夺了自己。这样我们就应当相信，这种克己的狂热本能必定会特别在殖民地最充分地表现出来，因为只有在那里才存在着能够把一种社会契约从梦想变为现实的人和条件。[1]

可以看到，马克思一方面像大卫·休谟那样对“原初契约”（Original Contract）的理想状态保持怀疑，而另一方面则对人之为人的“自欺”（Self-Deception）行为有着至深的观察：“契约”之为“根据”，正是基于“自己剥夺自己”的“狂热本能”，是对“欺骗”行径不可遏止的渴盼。马克思所刻画的人性图景如此悖谬，但却是资本主义意识形态的实然造物，而这一切都要拜边沁学说的强大吸引力所赐，因为正如马克思所分析的，“这种偏见只是在庸人的鼻祖耶利米·边沁手里，即在19世纪资本阶级平庸理

〔1〕《马克思恩格斯文集》第5卷，人民出版社2009年版，第879页。

智的这个枯燥乏味的、迂腐不堪的、夸夸其谈的圣哲手里，才确立为教条。”[1]边沁的教诲逾越斯密的地方，恰恰在于他对于因将欲望“量化”而达致的“规训化”的“道德”目标设定为社会进步的最终衡量标准。正是在这个意义上，马克思指出，

> 耶利米·边沁纯粹是一种英国的现象。在任何时代，任何国家里，都不曾有一个哲学家，就连我们的哲学家克里斯蒂安·沃尔弗也算在内，曾如此沾沾自喜地谈论这些庸俗不堪的东西。效用原则并不是边沁的发明。他不过把爱尔维修和18世纪其他法国人的才气横溢的言论平庸无味地重复一下而已。假如我们想知道什么东西对狗有用，我们就必须探究狗的本性。这种本性本身是不能从“效用原则”中虚构出来的。如果我们想把这一原则运用到人身上来，想根据效用原则来评价人的一切行为、运动和关系等等，就首先要研究人的一般本性，然后要研究在每个时代历史地发生了变化的人的本性。但是边沁不管这些。他幼稚而乏味地把现代的市侩，特别是英国的市侩说成是标准人。凡是对这种古怪的标准人和他的世界有用的东西，本身就是有用的。他还用这种标准来评价过去、现在和将来。[2]

---

〔1〕《马克思恩格斯文集》第5卷，人民出版社2009年版，第703—704页。
〔2〕《马克思恩格斯文集》第5卷，人民出版社2009年版，第704页。

在此，马克思对“效用原则”（Utility Principle）的批判同样可以对应于斯密的“看不见的手”话语，特别是《国富论》中的相应论述。边沁的将所有“行动者”（Agency）的心智内容（Mental Content）都设想 / 规定为“现代的市侩”，就与斯密将所有人规定 / 设想为以交换为逻辑前设的“交易性主体”相一致，从而必然陷入同样的悖谬。

在对边沁主义的批评中，马克思引入了源自生物学的驳论，将边沁的“原则—推论”结构证明为一种纯粹的“虚构”。边沁的“幼稚而乏味”同时就是资本逻辑的“偏执而单向度”，生命的“意向性”（Intentionality）层级上对不同事物的禀好，在资本主义的视域中被化约为以金钱积累为旨归的“幸福伦理学”，并完全为资本的扩张图利而服务。这种激进到无可救药的“有用性”话术构成了边沁的代名词，“这位勇敢的人的座右铭是‘没有一天不动笔’，他就用这些废话写出来堆积如山的书。如果我有我的朋友亨·海涅那样的勇气，我就要把耶利米先生成为资产阶级蠢材中的一个天才。”[1]

边沁所开启的功利主义传统事实上与斯密的古典自由主义一脉相承，是为了资本主义经济政治体系进行辩护的理论工具。在一个中立化的立场上，功利主义指向“行为的正确或错误仅仅取决于其结果总体上的善与恶，也就是对所有人类（或许是所有具有感知之生物）福利的效果。”但是以边沁为肇始功利主义实

〔1〕《马克思恩格斯文集》第 5 卷，人民出版社 2009 年版，第 704 页。

践，恰恰如马克思所言，是将当时的“英国人”所意欲的行为方式和生活方式强行设定为“所有人类”的“共同善”（Common Good），甚至是柏拉图意义上最高的“善的理念”（The Idea of Good），这无疑趋向于一种“资产者”意识形态的普遍化与规范化，并最终将一切带入无以复加的昏聩境地。

> 使实际的资产者最深切地感到资本主义社会充满矛盾的运动的，是现代工业所经历的周期循环的各个变动，而这种变动的顶点就是普遍危机。这个危机又要临头了。

食人资本主义[1]

德国当代社会哲学家理查德·大卫·普莱希特（Richard David Precht）在其2022年的新著《众生无束》一书中以“劳动社会的未来”（das Ende der Arbeit wie wir sie kannten）视角回归马克思的“每个人的自由”话语，并在其具体论述中重构了边沁语境的“当代化”：

> 如今的消费社会已经达到了前所未有的规模，其为人们提供了无数令人着迷的商品和满足需求的机会。在21世纪的工业化国家，大多数人都是被广告教育得很好

[1]《马克思恩格斯文集》第5卷，人民出版社2009年版，第23页。

> 的消费者，他们愿意在网络平台上为了搭讪付费，愿意化身为社交网络中的产品载体或产品本身，甚至愿意将最私人的事物商品化。在这个世界中，几乎所有人都追求着相同的目标：通过购买一些量产的产品来显示自己与他人的不同。消费信仰成了当今世界的普遍信仰，成功地将所有需求都转化为货币价值。[1]

以消费之“信仰”（Faith）为纽带的“束缚”模式构造新的“剥削”前景，“一切都与金钱有关”的理念无疑成为当代社会“规训与惩罚”的预置前提。对此，英国当代著名社会学家齐格蒙特·鲍曼（Zygmunt Bauman）在《工作、消费主义和新穷人》一书中援引弗洛伊德的精神分析视角阐发“消费信仰”无所不在的“食人”属性：“弗洛伊德在消费时代来临之前指出，并不存在所谓的幸福状态，我们只有在满足了某个令人烦恼的需求时，才会获得短暂的幸福，紧接着就会产生厌倦感。一旦欲望的理由消失，欲望的对象就失去了诱惑力。然而，事实证明，消费市场比弗洛伊德更有创造力，它唤起了弗洛伊德无法实现的幸福状态。秘诀在于：在欲望被安抚之前激发新的欲望，在因占有而感到厌倦、烦躁之前替换新的猎物。”[2]消费社会的欲望“永动机”模式彻底掩盖了理性个体在资本秩序下的“束缚状态”，尽管那似乎被冠以

〔1〕［德］理查德·大卫·普莱希特:《众生无束：劳动社会的未来》，廖然等译，中国科学技术出版社 2024 年版。

〔2〕［英］齐格蒙特·鲍曼:《工作、消费主义和新穷人》。郭楠译，上海社会科学院出版社 2021 年版，第 50 页。

富丽堂皇的“幸福”之名。“永远不出现厌倦——这才是消费者的生活准则，也是切实可行的准则、触手可及的目标。达不到这个目标的人只能怪自己，并容易成为他人鄙视和谴责的对象。”[1]不可一世的资本体系架构出人性的终极救济方案，而其所试图佑护的则正是社会制度的永恒合理性，因为基于资本逻辑的诸种社会性建制“存在的意义是让欲望不断沸腾，永不停歇，也无法停歇，但由于预期的满足而深感欢愉”。[2]由此，基于弗洛伊德式（Freudian）理解的消费化“欲望机器”成为资本意识形态的共犯机制。

在边沁主义所主导 / 逼迫的以“预期效益”（Expected Utility）为中心的行为“规训”[3]模式中，生命的秩序被默化改写，并且日益成为社会现实变革的强大阻力，延续着以剥削演绎功利的荒谬模态（Modality）。

> 对于边沁来说，这种具备一座有权力的和洞察一切的高塔的、著名的透明环形铁笼，或许是一个完美的规训机构的设计方案。但是，他也开始论述，人们如何能够实行纪律，使之以一种多样化的扩散方式在整个社会

〔1〕［英］齐格蒙特·鲍曼:《工作、消费主义和新穷人》。郭楠译，上海社会科学院出版社 2021 年版，第 50 页。

〔2〕［英］齐格蒙特·鲍曼:《工作、消费主义和新穷人》。郭楠译，上海社会科学院出版社 2021 年版，第 51 页。

〔3〕根据福柯在《规训与惩罚》中给出的定义，“‘规训’既不会等同于一种体制也不会等同于一种机构。它是一种权利类型，一种行使权力的轨道。它包括一系列手段、技术、程序、应用层次、目标。它是一种权力‘物理学’或权力‘解剖学’，一种技术学。”［法］米歇尔·福柯:《规训与惩罚》，刘北成、杨远婴译，生活·读书·新知三联书店 2019 年版，第 232 页。

> 机体中运作。这些纪律是古典时代在特定的、相对封闭的地方——兵营、学校和工厂中制定的。人们只能想象在瘟疫流行的城镇——这种有限而暂时的范围内，全面彻底地贯彻它们。而边沁则梦想把它们变成一种机制网络，无所不在，时刻警醒，毫无时空的中断而遍布整个社会。全景敞视结构提供了这种普遍化的模式。它编制了一个被规训机制彻底渗透的社会在一种易于转换的基础机制层次上的基本运作程序。[1]

在无限接近透明而又不断趋近于“无所不在”的规训（机制）社会，被金钱（内在化）准则所牵制、框限的“危产者”渐渐逝去了反抗性的思辨意识，并反向生成为欲望宰驭的奴隶。“穷人越是贫穷，展现在他们面前的生活模式就越高高在上，越匪夷所思，令他们崇拜、觊觎，渴望仿效。”[2]而相应的代价也恰恰就是失去了真正的创造性（Creativity），成为一种“自我废除”的废墟式主体。“消费者梦想的天空越升越高，曾经帮助力有不逮的人民飞往天堂的恢弘飞行器耗尽了燃料，被丢弃在‘过气’的废品场。”[3]以“用进废退”为“道德法则”的畸形社会治理，将“众生

〔1〕［法］米歇尔·福柯:《规训与惩罚》，刘北成、杨远婴译，生活·读书·新知三联书店 2019 年版，第 225 页。
〔2〕［英］齐格蒙特·鲍曼:《工作、消费主义和新穷人》。郭楠译，上海社会科学院出版社 2021 年版，第 54 页。
〔3〕［英］齐格蒙特·鲍曼:《工作、消费主义和新穷人》。郭楠译，上海社会科学院出版社 2021 年版，第 54 页。

之束缚”作为秩序的理由与根基，从而使资本奴役下的理性行动者陷入罢黜理性的深渊而不自知。

> 理性的危机体现于个体的危机之中，而个体的危机又是由理性的危机发展所推动的。那种认为传统哲学珍视个体、珍视理性的幻想——也就是认定个体和理性之永恒的幻想——正在烟消云散。个体曾经将理性设想为自我的独一无二的工具。他现在所经历的正是这一自我神化的对立面。机器抛弃了驾驶员，它正在盲目地驶向虚空之中。在这个圆满的时刻，理性已经变得不合理并且迟钝。此时此刻的主题是自我保存，然而不存在“自我”可供保存。〔1〕

资本主义的巨大噬力建基于现代社会的“自我神话”，但是又在其“总体性”（Totality）的统治中将被现代人“神化”的“自我”认同彻底吞蚀殆尽，而这正是根源于人类自诩的“自私的基因”。“当每个人都决定转向一切只顾自己时，个体性就遭到了损害。当一个普通人抽身退出政治事务时，社会就会倾向于退回丛林法则，这便会破坏所有的个体性的痕迹。绝对孤立的个体一直以来都是一种幻觉。”〔2〕被强力裹挟的主体主义者们陷入意识形态

〔1〕［德］马克斯·霍克海默：《理性之蚀》，郑兴译，上海人民出版社 2024 年版，第 119 页。

〔2〕［德］马克斯·霍克海默：《理性之蚀》，郑兴译，上海人民出版社 2024 年版，第 119 页。

的迷宫，在“资产者”的虚构境遇中堕入否定性的循环。“因此，个体化的理性主体越发倾向于成为一种萎缩的自我，它被瞬息即逝的当下所困扰，忘记了去使用他的智性能力，忘记了他曾经就是依靠这样的能力超越了他在现实中的实际位置。”[1] 世界的本来面目从此隐而不彰，人们只能被封印于“黑暗的现代社会”却无从获得疗救。

沿袭霍克海默式的批判理论主张，南希·弗雷泽（Nancy Fraser）在其2022年的新著中以“食人的资本主义”（Cannibal Capitalism）概念来界定资本逻辑下“主体的虚无化”危机。

> 与贫乏的“系统理论”理解相反，在经历危机之前，没有什么东西能完全算是危机。在外部观察者看来是危机，在社会参与者将其视为危机之前，不会成为历史性的危机，例如，直到他们直觉到，他们所经历的紧迫问题不是在既定秩序下出现的，而是因为既定秩序无法在其中得到解决。只有到那时，当一个临界点出现时，认为秩序可以而且必须通过集体行动加以改变，客观困境才会获得主观上的呼声。然后，也只有在那时，我们才能在更恢弘的意义上来谈论危机，即一个需要做出决定的重大历史十字路口。[2]

---

〔1〕［德］马克斯·霍克海默:《理性之蚀》，郑兴译，上海人民出版社2024年版，第130页。

〔2〕［美］南希·弗雷泽:《食人资本主义》，蓝江译，上海人民出版社2023年版，第218页。

社会系统的弊病昭然若揭，“食人”的世界“通过将这个系统的固有缺陷提高到突破点，它将一束刺眼的光束照在我们社会所有的隐蔽之处。把它们从阴影中拖到阳光之下。”[1]而无视人性与尊严的“噬梦者”也必将召唤其“掘墓人”。

> 资本固有的吞噬自然的动力，直到地球陷入大灾难的边缘；把我们的能力从社会再生产的真正重要工作中转移出来；它削弱了公共权力，削弱到无法解决该系统产生的问题；依赖于吞噬人们不断减少的财富和种族化的人口的日渐恶化的健康为生；不仅剥削而且掠夺工人阶层。……现在是时候弄清楚应该如何饿死这头饕餮巨兽，一劳永逸地结束食人资本主义了。[2]

精神层次的腐蚀是“食人资本主义”的重要特征，意识形态上对“未来社会”图景的抹杀使得被愚弄的“诸众”（Multitude）如尼采所预言的，泥足于现实秩序，他们“对于认识和感觉的骄傲像是一场弥天大雾，遮住了人类的视线和知觉，从而在存在价值问题上骗过了他们。在这种骄傲中，认识被捧到天上，致幻是其最普遍的后果，而它的那些最具体的后果也带有同样的欺骗

〔1〕［美］南希·弗雷泽：《食人资本主义》，蓝江译，上海人民出版社 2023 年版，第 266 页。
〔2〕［美］南希·弗雷泽：《食人资本主义》，蓝江译，上海人民出版社 2023 年版，第 266—267 页。

性。”[1]在普遍而孱弱的贫乏中，屈服于全方位压制的系统，“作为个体保存的一种手段，智力专心致志于作假。”[2]当更多的人选择自我噤声，“我们时代的真正个体是那些已然在抵抗征服和压迫中经历磨难和剥蚀烈焰的殉道者，而不是那些流行文化的膨胀的名人、那些循规蹈矩的显贵。面向那些其他人在社会进程中无意识经历的恐怖主义毁灭，这些未被颂扬的英雄有意识地敞开他们作为个体的存在。”[3]而这也就意味着，面对全球资本主义的强力模式，马克思的经济认识论所带来的事件性反思成为当今世界应对资本之宰制所必然且必须的批判理论“定向”（Standpoint）。

> 这也就是说，今天，在资产阶级社会雇佣劳动制下无法生存下去的无产阶级，只有起来推翻资产阶级的统治才能获得新生。这个新生当然是通过无产阶级革命来实现的。马克思恩格斯断言，资产阶级社会已经生产出“它自身的掘墓人”——革命的无产阶级，“资产阶级的灭亡和无产阶级的胜利同样是不可避免的。”他们认为，只有在共产党的领导下，全世界无产阶级联合起来，才能彻底消灭私有制，消灭人对人的剥削，走向人的彻底解

---

〔1〕［德］尼采：《哲学与真理》，田立年译，上海社会科学院出版社 1993 年版，第 101 页。

〔2〕［德］尼采：《哲学与真理》，田立年译，上海社会科学院出版社 1993 年版，第 101 页。

〔3〕［德］马克斯·霍克海默：《理性之蚀》，郑兴译，上海人民出版社 2024 年版，第 148 页。

> 放，即“一个以各个人自由发展为一切人自由发展的条件的联合体”——共产主义。[1]

资本主义社会“掘墓人”的当代觉醒，本身意味着巨大的步出常轨的“精神性转变”，“精神性要求一旦通向真理的道路开放了，这一道路就会产生为达致真理而形成精神方法的结果。”[2]在边沁主义所主导的消费社会倾轧下，马克思的经济认识论对于资产阶级意识形态的彻底揭露，将使得行动者的“真理”重新获得其对于革命的主体性（Subjective）表达。

个体生命

马克思以个体性生命的“创造性视域”为经济认识论奠立“德性”（Virtue）之基。在“自身同一性”（Personal Identity）的意义上，“由于生命同其自身的首要关系是非间距化和非外在化的自身感受，因此，个体从来不能够逃离其生命，而是需要沉溺于生命的实践之中，实际上，个体已经不可逆转地被抛于其生命之中，他需要接受这种被抛性并在其基础上展开自己所有的活动。”[3]生命的“被抛”促成了一种“被动性”的构化，但同时，

〔1〕张一兵：《资产阶级社会的历史地位和掘墓人——〈共产党宣言〉研究》，《思想理论战线》2022年第1期。

〔2〕［法］米歇尔·福柯：《主体解释学》，佘碧平译，上海人民出版社2018年版，第20页。

〔3〕司晓静、陈辉：《亨利对马克思经济哲学的现象学解释述评》，《教学与研究》，2023年第6期。

“被抛中的筹划”又因此而必然具有“能动性”的特征。“当我们说大众是一个阶级的时候，我们的意思是，一种新性质的剥削正在被强加在大众身上以实施控制。如果现在正在遭受剥削的是生产的社会维度，那么，你的抵抗就会立刻表现为社会生产语境中的反抗。”[1]这也正是“生命存在”的内蕴力量使然，“主体性”在渐进而曲折的展开过程中不断克服新的障碍与桎梏。

从思想史进行考察，针对“反抗主体”的“被抛”与“顺从”，马克思和恩格斯曾在《共产党宣言》中给出了经典刻画：

> 资产者唯恐失去的那种教育，对绝大多数人来说是把人训练成机器。
>
> 但是，你们既然用你们资产阶级关于自由、教育、法等等的观念来衡量废除资产阶级所有制的主张，你就请你们不要同我们争论了。你们的观念本身是资产阶级的生产关系和所有制关系的产物，正像你们的法不过是被奉为法律的你们这个阶级的意志一样，而这种意志的内容是由你们这个阶级的物质生活条件来决定的。
>
> 你们的利己观念使你们把自己的生产关系和所有制关系从历史的、在生产过程中是暂时的关系变成永恒的自然规律和理性规律，这种利己观念是你们和一切灭亡

---

〔1〕［意］安东尼奥·内格里：《超越帝国》，李琨、陆汉臻译，北京大学出版社 2016 年版，第 128 页。

了的统治阶级所共有的。[1]

“客观性”（Objectivity）的前提恰恰是经济主体（Economical Agents）“具身化”的“驯服”，与之相对应的，是“革命行动”与“阶级意识”的现实的对话结构。

> 我们要消灭私有制，你们就惊慌起来。但是，在你们的现存社会里，私有财产对十分之九的成员来说已经被消灭了；这种私有制之所以存在，正是因为私有财产对十分之九的成员来说已经不存在。可见，你们责备我们，是说我们要消灭那种以社会上的绝大多数人没有财产为必要条件的所有制。
>
> 总而言之，你们责备我们，是说我们要消灭你们的那种所有制。的确，我们是要这样做的。[2]

事实上极度的“不平等”（关涉社会上“十分之九”的“重要”成员）被资产阶级意识形态所抹消，如哈耶克般的言论自马克思的时代就已经广泛传播：“有人反驳说，私有制一消灭，一切活动就会停止，懒惰之风就会兴起。”[3]而这显然又是针对那“十分之九”已经被剥夺了私有财产的社会成员而言说的。

---

〔1〕 马克思、恩格斯：《共产党宣言》，人民出版社 2018 年版，第 45 页。
〔2〕 马克思、恩格斯：《共产党宣言》，人民出版社 2018 年版，第 44 页。
〔3〕 马克思、恩格斯：《共产党宣言》，人民出版社 2018 年版，第 45 页。

与任何惧怕改变发生的“惊慌”言辞如出一辙，基于不同的“物质生活条件”而产生的阶级意识，在关涉“以社会上的绝大多数人没有财产为必要条件的所有制”的命题上采取了截然不同的立场，在此，“完全真实的是，我是在面对一场可能的革命采取立场时，认识到了自己是工人或资产者；这一立场的采取不是机械因果地来自我的工人身份或资产者身份（这就是为什么所有的阶级都有其叛徒），更不是一种无原由的、没深思的和无根据的评估，而是由一种细微的过程酝酿出了的，且在表现为言语并与一些客观目的关联起来之前就已经成熟与共存之中。”[1]行动者之“自我意识”的界定，“内嵌”于其“在世存在”的结构之中，“各种科学都是此在的存在方式，在这些存在方式中此在也对那些本身无须乎是此在的存在者有所交涉。此在本质上就包括：存在在世界之中。因而这种属于此在的对存在的领会就同样源始地关涉到对诸如‘世界’这样的东西的领会以及对在世界之内可通达的存在者的存在的领会了。由此可见，凡是以不具备此在式的存在特性的存在者为课题的各种存在论都植根于此在自身的存在者层次上的结构并由以得到说明，而此在的存在者层次上的结构包含着先于存在论的存在之领会的规定性。”[2]个体生命的博弈在现实世界中具体化为“生存”的立场与主张，强化了属己之“决断”

〔1〕［法］莫里斯·梅洛－庞蒂：《知觉现象学》，杨大春、张尧均、关德群译，商务印书馆2021年版，第610页。
〔2〕［德］马丁·海德格尔：《存在与时间》，陈嘉映、王庆节译，生活·读书·新知三联书店2012年版，第16页。

的“开端”[1]意义。

> 此在总是从它的生存来领会自己本身：总是从它本身的可能性——是它自身或不是它自身——来领会自己本身。此在或者自己挑选了这些可能性，或者陷入了这些可能性，或者本来就已经在这些可能性中成长起来了。只有此在以抓紧或者耽误的方式自己决定着生存。生存问题总是只有通过生存活动本身才能弄清楚。[2]

个体生命的“殊异性”（Singularity）刻画了“交互主体”（Intersubjctive）的权利视域（以抓紧或者耽误的方式），而这也是将“生存活动”与“创造性视域”进行连接的关键领域。在此，“我是社会地定位的，而我的自由即使有能力使我介入到别处，仍然没有能力使我立即成为我决定成为的东西。因此，成为资产者或工人并不仅仅是成为资产者或工人的意识，而是要通过一个不言明的或实存的筹划——它与我们给世界赋形并和他者共存的方式相融合——把自己评估为工人或资产者。我的决定再现了它可

〔1〕“开端乃是自行建基者和抢先者；在通过开端而得到探基的基础中自行建基；作为建基的抢先，而且因而是不可赶超的。因为每一个开端都是不可赶超的，所以它必须总是重复地、在争辩中被置入它的开端状态的唯一性之中，因而也被置入它无可回避的抢先的唯一性之中。如若这种争辩本身是开端性的，那它就是原始的争辩——但必然地作为另一开端。”［德］马丁·海德格尔：《哲学论稿》，孙周兴译，商务印书馆 2016 年版，第 68 页。

〔2〕［德］马丁·海德格尔：《存在与时间》，陈嘉映、王庆节译，生活·读书·新知三联书店 2012 年版，第 15 页。

以认可或宣布无效，却无法取消的我的生活的一种自发意义。”[1]内蕴于生命个体的本质性的“生存论”焦灼定位了全新的“开端”：为权利而斗争（der Kampf Um’s Recht）。

> 财产权对每一个家族，对每一个个人不是相同的重要：评价主要依赖于财产权的获得。一个必须努力与自然，与土地抗争，以保障其生存的劳动民众，会每天想起财产权的意义。之于他，财产权显得是许多劳动、许多匮乏、许多艰辛的表现。因此，不同于用相对缓和的方式去获得财产的时代，这个时代把财产权和对财产权的损害，视为以完全不同的方式对个人本身的侵犯。[2]

引入“第一人称视角”而进行资本主义所有制辩护，无法掩盖这一残酷的现实：“不断在追求创新与变动的现代社会，其实根本上会损害创新能力与创造性的适应能力。”[3]并且，以破坏属人的“创造性”灵光为目标的资本主义“加速”机制，也在不断损耗着“抗争者”的斗争锋芒。“首先，由于工作时间是生产当中的一个根本要素，因此节省时间就是节省成本和获得竞争优势的一个最简单而直接的手段。其次，存贷和利益的原则，会迫使投

---

〔1〕［法］莫里斯·梅洛－庞蒂：《知觉现象学》，杨大春、张尧均、关德群译，商务印书馆 2021 年版，第 612 页。

〔2〕［德］耶林：《为权利而斗争》，郑永流译，商务印书馆 2018 年版，第 77 页。

〔3〕［德］哈特穆特·罗萨：《新异化的诞生：社会加速批判理论大纲》，郑作彧译，上海人民出版社 2018 年版，第 98 页。

资者想办法提高报酬和资本循环的速度。如此一来，所加速的就不只是生产本身，还有循环与消费。最后，不论在过程方面还是生产方面，利用创新来暂时领先其他竞争者，是获得额外收益的必要手段；这无可避免地让企业家想办法加速创新以保持自己的竞争力。于是，逻辑上来看，一般的社会加速，以及特别是科技加速，是充满竞争的资本主义市场体系的后果。”〔1〕全方位的禁锢正融贯于亚当·斯密所谓“看不见的手”寓言/预言，只是其具体而微地实现其“权力的毛细管”〔2〕作用，则完全是在“权利辩证法”的“所得即所失”演绎模式下完成的。但是，尽管全球资本主义的宰制已经达到了无坚不摧的强度，如安东尼奥·内格里（Antonio Negri）所言，“变革的希望”也由此（绝非偶然地）显现：“正是在这个世界之中，乌托邦才变得可能。摧毁生命政治权，即，摧毁人性，使其受资本和生产力奴役的生命政治权，这样的乌托邦就有可能实现。我们也许得忍受奴役、军事暴力、经济金融的世界秩序和种族主义，但超过了这一切，在忍受中，出离的过程又一次发现了乌托邦的潜能。乌托邦不是一个梦想，而是一种可能性。”〔3〕鼓舞的力量来自“内部”（Internal），“在忍受

〔1〕［德］哈特穆特·罗萨：《新异化的诞生：社会加速批判理论大纲》，郑作彧译，上海人民出版社2018年版，第30—31页。

〔2〕在思想史研究中，可以觉察到上位权力结构的作用力“像‘风’一样吹掠而过，形成无处不在的影响。这种影响像毛细管作用般，在最微细的、最日常的、最私密的空间也发挥了意想不到的力量”。王汎森：《权力的毛细管作用》，北京大学出版社2015年版，第3页。

〔3〕［德］哈特穆特·罗萨：《新异化的诞生：社会加速批判理论大纲》，郑作彧译，上海人民出版社2018年版，第36页。

中”迸发。

理性“抗辩”的力量——马克思的经济认识论正是其中重要的“触点”或者“开端”——构成了“悬搁”一切现存的资本主义合理性辩护的独特维度，在不可质疑处以生命的真相锚定了“批判的定向”。“这个完整的生命首先产生自永恒性对于它自身的渴求；在永恒性‘寻求自身’而又‘不能发现自身’的情况下，通过一种令人窒息的方式，一个意志自己生出自己。”[1]这一斗争性“意志”的整全，以“自下而上”的方式将意识形态意义上的“悬搁”发展为至高的觉醒，于是，“在悬搁中我高居于所有这些东西之上，高居于所有在这当中被合理要求和论证的有效性与证明之上，并且由于所有这些有效性以及在其中产生效果的洞穴本身在作为主体的我身上的反映，我重又经验，重又判断，但却是以这样的方式进行的，即我绝不是作为这个世界中的人对世间东西进行判断，而是作为自我对自我进行判断。”[2]框限于“世间”的抗争（“重又经验，重又判断”），并未必然止步于“视角性”的窠臼，勇于反思的“整全的意志”，在“斗争”中预见本真的“和谐”，其“永恒性”正指向“每个人的自由”存在境遇之“本现”，作为革命“视域”（Horizon）的认识论事件（Epistemological Event）。

〔1〕［德］谢林：《世界时代》，先刚译，北京大学出版社 2018 年版，第 191 页。
〔2〕［德］埃德蒙·胡塞尔：《欧洲科学的危机与超越论的现象学》，倪梁康译，商务印书馆 2001 年版，第 490 页。

> 如果说无产阶级在反对资产阶级的斗争中一定要联合为阶级，通过革命使自己成为统治阶级，并以统治阶级的资格用暴力消灭旧的生产关系，那么它在消灭这种生产关系的同时，也就消灭了阶级对立的存在条件，从而消灭了它自己这个阶级的统治。
>
> 代替那存在着阶级和阶级对立的资产阶级旧社会的，将是这样一个联合体，在那里，每个人的自由发展是一切人的自由发展的条件。[1]

认识与行动

马克思的经济认识论“现实化”其“解蔽”的力量。“每一历史时代的经济生产以及必然由此产生的社会结构，是该时代政治的和精神的历史的基础；因此（从原始土地公有制解体以来）全部历史都是阶级斗争的历史，即社会发展各个阶段上被剥削阶级和剥削阶级之间、被统治阶级和统治阶级之间斗争的历史；而这个斗争现在已经达到这样一个阶段，即被剥削被压迫的阶级（无产阶级），如果不同时使整个社会永远摆脱剥削、压迫和阶级斗争，就不再能使自己从剥削它压迫它的那个阶级（资产阶级）下解放出来。”[2] 这一思想的锋刃破解自由主义脉络下斯密—边沁系

〔1〕 马克思、恩格斯:《共产党宣言》，人民出版社 2018 年版，第 51 页。
〔2〕《马克思恩格斯文集》第 2 卷，人民出版社 2009 年版，第 9 页。

谱所编制的“思想迷雾”[1]，将真理的时代化表述公诸于世。

马克思经济认识论指向“解放”（Emancipation）的政治经济建构，而在精神性层面，“主体达至真理的条件是在认识之内被界定的”。[2]这也就意味着，从经济视域出发，那些被压迫、被统治、被侮辱、被损害者只有突破“功利主义”利益观与欲望化心智模式的钳制，才有可能在新的思想地基上超越资产阶级意识形态的政治羁押，建立承袭批判理念的智性王国。

> 当阶级差别在发展进程中已经消失而全部生产集中在联合起来的个人的手里的时候，公共权力就失去政治性质。原来意义上的政治权力，是一个阶级用以压迫另一个阶级的有组织的暴力。如果说无产阶级在反对资产阶级的斗争中一定要联合为阶级，通过革命使自己成为统治阶级，并以统治阶级的资格用暴力消灭旧的生产关系，那么它在消灭这种生产关系的同时，也就消灭了阶级对立的存在条件，消灭了阶级本身的存在条件，从而消灭了它自己这个阶级的统治。[3]

---

〔1〕根据盖·斯坦丁：“新自由主义国家的根基在于功利主义，归结下来，就是一个信条：通过惩罚、助推和监控，保障大多数人的幸福，同时胁迫少数人遵守多数人定下的规范。这将多数人的暴政带到了一个前所未有的历史高度。当底层人口还不算太多，他们的收入增长停滞而尚未缩水，功利主义者的方案还能侥幸维持。一旦朝不保夕群体开始壮大、收入断崖式下跌，人们对功利主义的论调和大量不平等现象的怒火就会暴发。”［英］盖伊·斯坦丁：《朝不保夕的人》，徐偲骕译，浙江人民出版社 2023 年版，第 280 页。

〔2〕［法］米歇尔·福柯：《主体解释学》，佘碧平译，上海人民出版社 2018 年版，第 21 页。

〔3〕《马克思恩格斯文集》第 2 卷，人民出版社 2009 年版，第 53 页。

正是在这个意义上，马克思的经济认识论是一种“革命认识论”[1]（Revolutionary Episteme）。着力于延传自启蒙运动的革命定见（以自由发展为核心的“革命目的论”），但又绝非单纯为了夺取政治权力的“单向度”运作，而是蕴含着自身“扬弃”的重要过程：达致阶级意义上的“统治”（Domination）的目的恰恰在于对于“阶级统治”的取消。于是，呈现为社会性“断裂”的革命实践，“在‘共产党主义’的名义下，对革命政治后果的历史书写，或对解体解放迥异的片段的历史书写，揭示了它们的真理：根据历史的意义向前发展。这种潜在的真理对其历史意义的屈服，必然使我们可以以共产主义政治、共产主义政党和共产主义战士的‘真理’讲话。”[2]马克思的经济认识论也是一种“社会认识论”[3]（Social Epistemology）。“阶

---

〔1〕在其所擘画的认知视域变革中，“正是马克思实现的政治经济学批判的‘哥白尼式革命’，才彻底打破了普遍永恒资本的幻象和符咒。这既意味着从‘物’走向了‘人’，也意味着从‘经济关系’走向了‘阶级斗争’，更意味着从‘资本’走向了‘自由’。”白刚：《资本、革命与自由——从〈共产党宣言〉到〈资本论〉》，《学术研究》2016年第5期。

〔2〕［法］阿兰·巴迪欧：《共产主义的理念》，载：［加］安德鲁·彭达基斯等编：《当代西方马克思主义文选》，王珊、郭建、张贯之译，中国社会科学出版社2022年版，第360页。

〔3〕根据当代知识论学者阿尔文·戈德曼和马修·麦克格雷斯的界定，社会认识论在其实质性的论说中，“应该说明在认知的交互中认识群体所使用的认识标准，并提出改进与扩展的方法来利用我们同辈的认识资源。”［美］阿尔文·戈德曼、马修·麦克格雷斯：《当代知识论导论》，方环非译，中国人民大学出版社2023年版，第250页。而这也正呼应了马克思关于出于“党性”原则而发生的特定社会条件下“认识与行动”关系的论述：“革命的进展不是在它获得的直接的悲喜剧式的胜利中，相反，是在产生一个联合起来的、强大的反革命势力的过程中，即在产生一个敌对势力的过程中为自己开拓道路的，只是通过和这个敌对势力的斗争，主张变革的党才走向成熟，成为一个真正革命的党。”［德］马克思：《1848年至1850年的法兰西阶级斗争》，人民出版社2014年版，第25页。

级本身的存在条件”和“阶级对立的存在条件”都绝非是“方法论个人主义”（Methodological Individualism）所预设的隔离性孤立个体的简单加总，也不是边沁试图通过“全景敞视主义”所要达成的规训化的群体生存。在马克思的批判性视域下，对于“真理”的探究，意味着要揭示出“我们的认知产物，如何受到知识生产者彼此生存其中且变化着的社会关系的影响”[1]，而这也就进一步在否定性的意义上考察“包括资本主义经济，宪制政府，关于财产和继承的法律（在司法意义上），军队，警察……通过所有这些体系，所有这些机制，当然也包括阿尔都塞所说的那些‘意识形态国家机器’——这些可以通过它们的一个共同目的（即防止共产主义理念表明某种可能性）加以限定。”[2]马克思的经济认识论更是一种“德性认识论”[3]（Virtue Epistemology）。超越于亚当·斯密在《道德情操论》中许诺的基于资产阶级意识形态的“谨慎”“正义”“仁爱”等敏于接纳事实上的不平等与不公正的

〔1〕［美］史蒂夫·富勒:《社会认识论：科学、科技与社会》，姚雅欣译，中央编译出版社2021年版，第3页。

〔2〕［法］阿兰·巴迪欧:《共产主义的理念》，载:［加］安德鲁·彭达基斯等编:《当代西方马克思主义文选》，王珊、郭建、张贯之译，中国社会科学出版社2022年版，第362页。

〔3〕基于对Virtue概念的不同理解，赵汀阳认为，在中文语境中，“如果要与‘道德’更准确地对应，恐怕是arete或virtue比较接近。Arete或virtue都是‘卓越性’，尤其是人之为人的卓越性，与‘德’之本义接近，与合‘道’之‘德’的意义就更接近了。道德被俗化或曲解为‘符合伦理’是后来的事情，多半是出于社会管理的需要。真正的道德是高于规范的事情，甚至不需要听说过伦理规范，而是人使自己获得作为人的卓越性的行为性质。”赵汀阳:《秩序的理由》，生活·读书·新知三联书店2024年版，第Ⅳ—Ⅴ页。而这其实也恰恰证明了“德者，得也”的“卓越”论式。

所谓“美德”，无产阶级革命者所体现出的首先是洞悉资本主义宰制规律的“理智德性”（Intellectual Virtues），这一认识既指向具体的“知识”（Knowledge），又关涉作为认知过程的“求知”（Knowing）；既是针对“反抗之可能性”的“所知”（Knowing-that），又是展现为现实的集体行动（Collective Actions）本身的“知道如何”（Knowing-how）。在此，能够准确辨析资本主义宰制奥秘的拥有理智德性的“认知—革命者”就是获得认识维度上“规范性”（Normativity）的首要对象，而这种规范性的向度则无疑指向了构建美好“未来社会”的卓越良能（Excellence）。“既然在一切稍微长久的革命时期中，广大的人民群众如此容易被那些拼命挤到前面来的少数人的纯粹的花言巧语所欺蒙，那么他们对于那些最确切地反映他们经济状况的思想，对于那些正好是明确而合理地表达了他们自己尚未理解，而只是刚刚模糊地感觉到的要求的思想，难道会很难接受吗？诚然，当幻想消失而失望袭来的时候，人民群众的这种革命情绪几乎总是，而且往往很快就变为心灰意冷，甚至转到相反的方面去。但是，这里所涉及的问题不是欺蒙，而是实现大多数人本身的真正利益；虽然这些利益当时还根本没有为这大多数人所认识，但是在其实际实现的过程中，由于亲眼目睹而令人信服，一定很快就会为他们所认识。”[1]由此可见，直面现代社会的危机，需要的不仅仅是一种外在体制的抗

〔1〕［德］马克思：《1848年至1859年的法兰西阶级斗争》，人民出版社2014年版，第9页。

争，更是每个人自己的革命。[1]

> 对个人而言，如果一种理念是主观的运作，由此一种具体真实的真理以想象的方式被投射到象征的历史运动之中，那么我们可以说一种理念呈现的真理就像是一种事实。换句话说，理念以真理的真实性的象征呈现某些事实。这就是共产主义理念如何使革命的政治及其政党刻写在历史意义的再现之中，而它的必然结果则是共产主义。[2]

深入探究资本主义“去边界化”原则无所不用其极的“规范化、程式化、通用化”[3]目标，以“每个人的自由”为目标的突破性思维，重申经典作家关于危产阶级作为“最不利者”的处身情境：“他们不仅仅是资产阶级的、资产阶级国家的奴隶，他们每日每时都受机器、受监工、首先是受各个经营工厂的资产者本人的奴役。这种专制制度越是公开地把营利宣布为自己的最终目的，

〔1〕诚如巴迪欧所断言，在当代社会“对共产主义假设提供一种有力的主体性存在，是我们今天要努力以自己的方式完成的任务。我坚持认为，这是一项令人激动的任务。通过把知识构成（总是全球性的和普遍性的）与真理片段（地方性的和单一性的，然而可以普遍传播）结合起来，我们可以在个人的意识里复活共产主义的假设，甚至复活共产主义的理念。”［法］阿兰·巴迪欧：《共产主义的理念》，载：［加］安德鲁·彭达基斯等编：《当代西方马克思主义文选》，王珊、郭建、张贯之译，中国社会科学出版社 2022 年版，第 369 页。

〔2〕［法］阿兰·巴迪欧：《共产主义的理念》，载：［加］安德鲁·彭达基斯等编：《当代西方马克思主义文选》，王珊、郭建、张贯之译，中国社会科学出版社 2022 年版，第 363 页。

〔3〕［德］安德雷亚斯·莱克维茨：《独异性社会：现代的结构转型》，巩婕译，社会科学文献出版社 2024 年版，第 26 页。

它就越是可鄙、可恨和可恶。”[1]立足于“改变”（Change）的世界图景，反思以现代“权利”观念建立的资本主义现实“秩序”，在批判的定向中鉴别异化与剥削的乖戾状态，突出批判之理性的体系性概念表达，以奠基于“立场”之维的“本质”省察推动实现历史性的跃迁（Evolution）与更化（Emergence）。

> 虽然自由王国的基础是必然王国，但从必然王国到达彼岸的自由王国，从物质生产到作为目的本身的人的全面发展，不能靠意识内部的理想，而要靠物质力量；虽然共产主义社会人的全面发展的条件是孕育在资本主义社会中逐渐成熟的胚胎。在此意义上，这些条件是现实的，但现实的条件转变为现实的社会形态，胚胎的成熟和结果不是自然的生成，而是革命实践的创造。[2]

“现实的人”本已存在的“自成目的性”（Autotelicity）设定历史与逻辑的统一，思维与存在的辩证，在现代社会变革的进程中，“无产阶级不仅是一个受苦最深的阶级，而且与先进的社会化大生产相联系，因此，其否定资产阶级所有制关系的革命，非但要将资产阶级社会条件下形成的现代性的物质变换、普遍交往和丰富关系以扬弃的形式包含于新社会的制度框架之中，还要在更高的水平上使之不断地生产和再生产出来，并成为从属和服务于人的

---

〔1〕《马克思恩格斯文集》第2卷，人民出版社2009年版，第38页。
〔2〕赵敦华：《马克思哲学要义》，江苏人民出版社2018年版，第193页。

自由联合体的肯定性力量。”[1]在克服资本之压制、困缚、凌虐的踔厉奋发中，斗争的精神擘画出现代历史全新的视域和主旨。

> 资本主义现实主义压迫性的无处不在意味着，甚至替代性的政治和经济可能性的微光，也会产生超乎寻常的巨大影响。最微小的事件也能在反动的灰幕（在资本主义现实主义下，这个灰幕标志着可能性的地平线）上撕出一个洞。在什么都不可能发生的情况下，突然一切又变得可能了。[2]

直面“可能世界”（Possible Worlds）的“解蔽”绝非截取式片面论证“秩序的理由”（the Justification of Order），在“从经济出发”[3]对人类状况（Human Condition）所给出的恰切观

〔1〕张凤阳:《历史辩证法的政治修辞呈现——文本视角下的〈共产党宣言〉创作史研究》,《中国社会科学》2023年第6期。

〔2〕［英］马克·费舍:《资本主义现实主义》，王立秋译，南京大学出版社2024年版，第146页。

〔3〕与马克思主义的“从经济论域出发”的整体性理解相区别的，是法国左翼激进学者雅克·朗西埃所批评的“政治”式断言，因为“只要将政治关系和政治主体联系起来，就会出现一个恶性循环。这个恶性循环假定，存在这样一种生活方式，一种可以名之为‘真正的’政治的生活方式。于是，政治关系就可以从这个具体的生存秩序的特征中演绎出来，并通过一个拥有善的或具体的普遍性的个体存在的角度（而不是通过私人的或民生的必备生活基础或利益世界的角度）进行阐述。简言之，政治被解释为一种生活的完成：此生活对那些注定如此生活的人来说是适当的。这种分离——它本是政治的对象——被假定为政治的基础。”［法］雅克·朗西埃:《政治十论》，载:［加］安德鲁·彭达基斯等编:《当代西方马克思主义文选》，王珊、郭建、张贯之译，中国社会科学出版社2022年版，第678—679页。

审中，“真正共同体”的宏阔图景循序展开“真理过程”的内在（Immanence）与超越（Transcendence）。

以心智贯彻真知的理性行动者，在强韧而具化的实践（Praxis）中认肯“变革之为责任”！

参考文献

著　作

1.《马克思恩格斯文集》第1—10卷，人民出版社2009年版。

2. 张世英:《论黑格尔的逻辑学》，中国人民大学出版社2010年版。

3. 张一兵:《回到马克思：经济学语境中的哲学话语》，江苏人民出版社2020年版。

4. 赵敦华:《马克思哲学要义》，江苏人民出版社2022年版。

5. 赵敦华:《西方近代早期政治哲学的起源和形态》，北京大学出版社2022年版。

6. 赵敦华:《中西哲学与马克思哲学对话》，江苏人民出版社2023年版。

7. 顾海良:《在马克思经济学道路上》，河北大学出版社1997年版。

8. 张会永:《康德式后果主义伦理学》，商务印书馆2024年版。

9. 胡好:《康德的相容论》，中国社会科学出版社2023年版。

10. 李科政:《康德与本体论证明的批判——当代争论中的阐释与辩护》，中国社会科学出版社2022年版

11. 周礼全:《黑格尔的辩证逻辑》，中国社会科学出版社1987年版。

12. 黄裕生:《权利的形而上学》，商务印书馆2019年版。

13. 刘哲:《黑格尔辩证—思辨的真无限概念——在康德与费希特哲学视域中的黑格尔〈逻辑学〉》，北京大学出版社2009年版。

14. 余玥:《从自然时间到精神历史——黑格尔耶拿哲学体系规划研究》，商务印书馆2022年版。

15. 罗久:《理性、自然与伦理形而上学：黑格尔法哲学思想探源》，商务印书馆2022年版。

16. 曾劭恺:《黑格尔与现代西方本体论》，上海三联书店2021年版。

17. 王路:《形而上学研究》，清华大学出版社2024年版。

18. 韩林合:《分析的形而上学》，商务印书馆2003年版。

19. 陈嘉映:《个殊者相应和》，商务印书馆2023年版。

20. 赵汀阳:《秩序的理由》，生活·读书·新知三联书店 2024 年版。

21. 赵汀阳:《论可能生活》，生活·读书·新知三联书店 2024 年版。

22. 杨国荣:《伦理与存在——道德哲学研究》，华东师范大学出版社 2022 年版。

23. 杨国荣:《认识与价值》，华东师范大学出版社 2021 年版。

24. 徐向东:《怀疑论、知识与辩护》，北京大学出版社 2006 年版。

25. 徐向东:《当代知识论导论》，北京大学出版社 2024 年版。

26. 慈继伟:《正义的两面》，生活·读书·新知三联书店 2014 年版。

27. 夏可君:《余让与诡异：世界哲学的重新开端》，南京大学出版社 2024 年版。

28. 卞绍斌:《自律与客观性：追寻社会团结的规范基础》，商务印书馆 2024 年版。

29. 潘建雷:《为现代社会而拯救自然：卢梭的“自然学说”释义》，上海三联书店 2018 年版。

30. 邓晓芒:《康德伦理学：解读、研究与启示》，文津出版社 2020 年版。

31. 邓晓芒:《康德〈道德形而上学奠基〉句读》，上海人民出版社 2012 年版。

32. 邓晓芒：《黑格尔〈精神现象学〉句读》，人民出版社 2017 年版。

33. 邓晓芒：《黑格尔哲学讲演录》，人民出版社 2020 年版。

34. 甘绍平：《伦理学的当代建构》，中国发展出版社 2015 年版。

35. 于光远：《经济学问题的哲学探析》，科学出版社 2013 年版。

36. 陈飞：《经济哲学视域中的马克思》，中央编译出版社 2019 年版。

37. 王东京：《经济学反思》，人民出版社 2016 年版。

38. 孙大权：《术语革命：中国近代经济学主要术语的形成》，社会科学文献出版社 2024 年版。

39. 秦朵：《拯救经济计量学——由概率论方法转向概率近似正确学习》，北京大学出版社 2024 年版。

40. 仰海峰：《形而上学批判——马克思哲学理论前提的当代阐释》，中国人民大学出版社 2022 年版。

41. 刘森林：《启蒙的辩证——马克思启蒙辩证法的当代阐释》，中国人民大学出版社 2024 年版。

42. 朱正平：《马克思恩格斯对黑格尔历史观的批判与超越》，社会科学文献出版社 2024 年版。

43. 孙海洋：《批判的历险——马克思及其后的批判理论》，中国社会科学出版社 2020 年版。

44. 黄志军：《马克思辩证法研究——以政治经济学批判为中

心》，社会科学文献出版社 2020 年版。

45. 黄云明:《马克思法哲学思想研究：基于劳动哲学视阈》，科学出版社 2024 年版。

46. 陈永杰:《马克思的本体论革命及其当代意义研究》，浙江大学出版社 2023 年版。

47. 王晓蓓:《面向人的本真——马克思劳动理论与阿伦特行动理论比较研究》，黑龙江人民出版社 2018 年版。

48. 姚颖:《苏联时期马克思恩格斯重要著作编纂研究》，中国人民大学出版社 2018 年版。

49. 张义修:《“两个伟大发现”的枢纽：马克思的“对象化”概念》，南京大学出版社 2022 年版。

50. 王晓升:《走出现代性的困境——法兰克福学派现代性批判理论研究》，江苏人民出版社 2021 年版。

51. 吴晓明、姜佑福等:《西方马克思主义的存在论视域及其批判》，北京师范大学出版社 2021 年版。

52. 张凤阳:《现代性的谱系》，江苏人民出版社 2022 年版。

53. 桑明旭:《资本逻辑与公共性——马克思现代性批判的双重视域》，中国社会科学出版社 2022 年版。

54. 杨大春:《现代性与主体的命运》，中国人民大学出版社 2019 年版。

55. 徐晟:《现象与主体：当代法国哲学的进路》，社会科学文献出版社 2021 年版。

56. 师庭雄:《海德格尔的惟一之思：存在》，中国社会科学出版社 2017 年版。

57. 周爱民:《阿多尔诺否定的道德哲学研究》，上海人民出版社 2023 年版。

58. 倪逸偲:《前期谢林的先验存在论研究》，人民出版社 2024 年版。

59. 赵卫国:《生命的秩序》，商务印书馆 2024 年版。

60. 邓刚:《绵延与生命——柏格森与康吉莱姆的生命哲学》，人民出版社 2024 年版。

61. 鲁宝:《空间生产的知识：列斐伏尔晚期思想研究》，北京师范大学出版社 2021 年版。

62. 刘黎:《生命权力、生命形式与共同体：阿甘本的生命政治学研究》，北京师范大学出版社 2021 年版。

63. 陈赟:《文明论的历史哲学》，上海人民出版社 2023 年版。

64. 包刚升:《儒法道：早期中国的政治想象》，广西师范大学出版社 2023 年版。

65. 傅正:《蜀学今文学与近代革命》，华东师范大学出版社 2018 年版。

66. 李荣山:《历史个体与普遍历史：迈向和而不同的比较历史社会学》，商务印书馆 2022 年版。

67. 李恒威:《心智的生命观与后人类社会议题》，中国社会科学出版社 2023 年版。

68. 董心:《干涉主义框架下的心灵因果性问题》，中国社会科学出版社 2024 年版。

69. 王晓阳:《心物一如：物理主义视域中的心—身问题》，上海人民出版社 2023 年版。

70. 梅剑华:《即物以穷理：一种有我的物理主义世界观》，北京大学出版社 2023 年版。

71. 刘新文等:《可能世界的名字》，中国社会科学出版社 2017 年版。

72. 魏屹东等:《认知、模型与表征——一种基于认知哲学的探讨》，科学出版社 2016 年版。

73. 杨国静:《伦理》，外语教学与研究出版社 2020 年版。

74. 丛杭青等:《自然主义认识论研究》，浙江大学出版社 2023 年版。

75. 王小伟:《技术意向性与现代技术治理》，辽宁人民出版社 2023 年版。

76. 郭喨:《原因、理由与解释：从哲学模型到生活世界》，浙江大学出版社 2022 年版。

77. 白洁:《知觉的认知渗透性》，中央编译出版社 2022 年版。

78. 王聚:《当代知识论导论》，复旦大学出版社 2022 年版。

79. 黄宗智:《实践社会学的方法、理论与前瞻》，广西师范大学出版社 2023 年版。

80. 殷杰等:《社会科学哲学的语境论研究纲领》，北京师范大学出版社 2023 年版。

81. 殷杰:《当代社会科学哲学：理论建构与多元维度》，北京师范大学出版社 2017 年版。

82. 林岗、张宇主编:《马克思主义与制度分析》，经济科学出版社 2001 年版。

83. 陈喜贵主编:《资本主义、剥削与公正》，中国人民大学出版社 2021 年版。

84. [美] 戴维 · 布伦南等编著:《劳特里奇马克思主义政治经济学手册》，姜国敏等译，上海财经大学出版社 2023 年版。

85. [美] 戴维 · 莱布曼:《价值、技术变革与危机：马克思主义经济理论探索》，上海财经大学出版社 2023 年版。

86. [美] 罗德尼 · 佩弗:《马克思主义、道德与社会正义》，李旸译，重庆出版社 2019 年版。

87. [美] 迈克尔 · 佩雷尔曼:《马克思的危机理论：稀缺性、劳动与金融》，丁晓钦译，上海财经大学出版社 2023 年版。

88. [美] 罗伯特 · 弗里德曼:《马克思主义体系：经济、政治与社会观》，汪堂峰译，上海财经大学出版社 2021 年版。

89. [美] 丹尼尔 · 布鲁德尼:《马克思告别哲学的尝试》，陈浩译，中国人民大学出版社 2019 年版。

90. [美] 戴维 · 麦克莱伦:《马克思传》，王珍译，中国人民大学出版社 2010 年版。

91. [英] 莱姆克等:《马克思与福柯》，陈元等译，华东师范大学出版社 2007 年版。

92. [法] 笛卡尔:《笛卡尔主要哲学著作选》，李琍、徐卫翔译，华东师范大学出版社 2021 年版。

93.［法］笛卡尔:《哲学原理》，陈启伟译，商务印书馆 2023 年版。

94.［英］霍布斯:《利维坦》，黎思复、黎廷弼译，商务印书馆 2017 年版。

95.［英］约翰·洛克:《论降低利息和提高货币价值的后果》，徐式谷译，商务印书馆 2009 年版。

96.［英］约翰·洛克:《自然法论文集》，李季璇译，商务印书馆 2014 年版。

97.［英］约翰·洛克:《论人类的知识》，胡景钊译，上海人民出版社 2017 年版。

98.［英］约翰·洛克:《政府论（第二篇）》，顾肃译，译林出版社 2023 年版。

99.［英］大卫·休谟:《道德原理研究》，周晓亮译，崇文书局 2024 年版。

100.［英］亚当·斯密:《国富论》，郭大力、王亚南译，商务印书馆 2015 年版。

101.［英］亚当·斯密:《法理学讲义》，冯玉军、郑海平、林少伟译，中国人民大学出版社 2018 年版。

102.［法］卢梭:《政治经济学》，李平沤译，商务印书馆 2013 年版。

103.［法］卢梭:《社会契约论》，何兆武译，商务印书馆 2003 年版。

104. [德] 康德:《纯粹理性批判》，韩林合译，商务印书馆 2023 年版。

105. [德] 康德:《实践理性批判》，韩水法译，商务印书馆 1999 年版。

106. [德] 康德:《道德形而上学原理》，苗力田译，上海人民出版社 2012 年版。

107. [德] 康德:《道德形而上学》，李秋零译，中国人民大学出版社 2013 年版。

108. [德] 费希特:《伦理学体系：根据知识学的原则》，梁志学、李理译，商务印书馆 2010 年版。

109. [德] 谢林:《先验唯心论体系》，先刚译，北京大学出版社 2024 年版。

110. [德] 谢林:《全部哲学的本原：埃尔朗根讲授录》，王丁译，北京大学出版社 2023 年版。

111. [德] 谢林:《世界时代》，先刚译，北京大学出版社 2018 年版。

112. [德] 谢林:《近代哲学史》，先刚译，北京大学出版社 2016 年版。

113. [德] 黑格尔:《精神现象学》，邓晓芒译，人民出版社 2017 年版。

114. [德] 黑格尔:《逻辑学Ⅰ》，先刚译，人民出版社 2019 年版。

115. [德] 黑格尔:《逻辑学Ⅱ》，先刚译，人民出版社 2021

年版。

116.［德］黑格尔:《哲学科学百科全书：逻辑学》，先刚译，人民出版社 2023 年版。

117.［德］黑格尔:《哲学科学百科全书：自然哲学》，刘哲译，人民出版社 2022 年版。

118.［德］黑格尔:《法哲学原理》，邓安庆译，人民出版社 2017 年版。

119.［德］黑格尔:《历史哲学讲演录》，王志宏译，人民出版社 2024 年版。

120.［英］约翰・穆勒:《功利主义》，徐大建译，商务印书馆 2019 年版。

121.［英］约翰・斯图尔特・密尔:《道德科学的逻辑》，李涤非译，商务印书馆 2024 年版。

122.［德］尼采:《偶像的黄昏》，卫茂平译，华东师范大学出版社 2007 年版。

123.［德］尼采:《哲学与真理：尼采 1872—1876 年笔记选》，田立年译，上海社会科学院出版社 1993 年版。

124.［德］马丁・海德格尔:《康德〈纯粹理性批判〉的现象学阐释》，溥林译，商务印书馆 2021 年版。

125.［德］马丁・海德格尔:《论哲学的规定》，孙周兴、高松译，商务印书馆 2015 年版。

126.［美］艾伦・伍德:《康德的伦理思想》，黄涛译，商务印书馆 2023 年版。

127.［德］奥利弗·森森：《康德论人类尊严》，李科政、王福玲译，商务印书馆 2022 年版。

128.［美］赫伯特·马尔库塞：《理性与革命：黑格尔和社会理论的兴起》，程志民等译，上海人民出版社 2007 年版。

129.［法］让·伊波利特：《马克思与黑格尔研究》，齐闯译，中央编译出版社 2024 年版。

130.［法］让·伊波利特：《黑格尔历史哲学导论》，张尧均译，商务印书馆 2023 年版。

131.［英］安德鲁·塞斯：《黑格尔主义与人格》，王兴赛译，商务印书馆 2024 年版。

132.［英］迈克尔·福斯特：《柏拉图与黑格尔的政治哲学》，孙铁根译，北京大学出版社 2024 年版。

133.［德］恩斯特·布洛赫：《主体—客体：对黑格尔的阐释》，舒远招、庄振华译，中国社会科学出版社 2024 年版。

134.［美］斯蒂芬·霍尔盖特：《论黑格尔〈逻辑学〉的开篇：从存在到无限性》，刘一译，中国人民大学出版社 2021 年版。

135.［法］雅克·董特：《黑格尔传》，李成季、邓刚译，上海人民出版社 2023 年版。

136.［美］特里·平卡德：《黑格尔传》，朱进东、朱天幸译，商务印书馆 2015 年版。

137.［德］君特·策勒：《十九世纪哲学：从康德到尼采》，周烨楠译，上海三联书店 2024 年版。

138.［美］汉娜·阿伦特：《马克思主义与西方政治思想传

统》，孙传钊译，江苏人民出版社 2012 年版。

139.［德］西美尔:《货币哲学》，陈戎女译，华夏出版社 2018 年版。

140.［匈］格奥尔格·卢卡奇:《心灵与形式》，吴勇立、张亮译，江苏人民出版社 2024 年版。

141.［德］马克斯·霍克海默:《理性之蚀》，郑兴译，上海人民出版社 2024 年版。

142.［德］阿多诺:《辩证法导论》，谢永康、彭晓涛译，上海人民出版社 2024 年版。

143.［法］米歇尔·福柯:《主体解释学》，佘碧平译，上海人民出版社 2018 年版。

144.［法］吉尔·德勒兹:《康德的批判哲学》，夏莹、牛子牛译，西北大学出版社 2018 年版。

145.［法］吉尔·德勒兹:《意义的逻辑》，董树宝译，上海文艺出版社 2024 年版。

146.［法］阿兰·巴迪欧:《主体理论》，王欢译，华中科技大学出版社 2023 年版。

147.［美］休·普莱斯:《无镜的自然主义》，周靖译，复旦大学出版社 2024 年版。

148.［德］阿克塞尔·霍耐特:《权力的批判——批判社会理论反思的几个阶段》，童建挺译，上海人民出版社 2020 年版。

149.［美］迈克尔·哥文:《真理与存在》，周建漳译，崇文书局 2024 年版。

150.［瑞士］本杰明·施特劳曼:《从衰落到革命——危机中的罗马政治思想》，方凯成、夏尔凡译，生活·读书·新知三联书店 2024 年版。

151.［美］海伦娜·罗森布拉特:《自由主义被遗忘的历史：从古罗马到 21 世纪》，社会科学文献出版社 2020 年版。

152.［法］阿尔贝·索布尔:《法国大革命史》，马胜利、高毅、王庭荣译，北京师范大学出版社 2015 年版。

153.［澳］彼得·麦克菲:《自由与毁灭：法国大革命 1789—1799》，杨磊译，中信出版社 2019 年版。

154.［美］吉尔·莱波雷:《分裂的共识：一部全新的美国史》，邵旭东、孙芳译，新星出版社 2024 年版。

155.［法］弗朗索瓦·阿赫托戈:《与历史的对抗》，吕一民、白玮译，商务印书馆 2024 年版。

156.［英］乔纳森·伊斯雷尔:《思想的革命：激进启蒙运动与现代价值观念的起源》，桑海、姜文涛、汪蘅译，商务印书馆 2024 年版。

157.［意］吉奥乔·阿甘本:《王国与荣耀——安济与治理的神学谱系》，蓝江译，南京大学出版社 2021 年版。

158.［法］甘丹·梅亚苏:《有限性之后——论偶然性的必然性》，吴燕译，河南大学出版社 2018 年版。

159.［美］罗伯特·索科拉夫斯基:《现象学导论》，张建华、高秉江译，上海文化出版社 2021 年版。

160.［美］阿莉莎·奈伊:《形而上学导论》，谢沛宏译，中国人民大学出版社 2024 年版。

161. [美] 阿尔文 · 戈德曼、马修 · 麦克格雷斯 :《当代知识论导论》，方环非译，中国人民大学出版社 2022 年版。

162. [美] 理查德 · 费尔德曼 :《知识论》，文学平、盈俐译，中国人民大学出版社 2019 年版。

163. [法] 阿代尔 · 雷斯等 :《哲学之路》，杨华、殷楚薇译，上海三联书店 2023 年版。

164. [美] 唐 · 伊德 :《物质阐释学：反转语言转向》，张进、王红丽译，知识产权出版社 2023 年版。

165. [英] 詹姆斯 · 博纳 :《哲学与政治经济学——历史关系的考察》，张东辉、夏国军译，商务印书馆 2021 年版。

166. [比] 鲁道夫 · 贝耐特 :《语言、经验与哲学》，黄笛等译，北京大学出版社 2024 年版。

167. [美] 史蒂芬 · 斯密什 :《政治哲学》，贺晴川译，北京联合出版公司 2015 年版。

168. [韩] 郭峻赫 :《西方政治哲学导论》，张书豪译，中国社会科学出版社 2023 年版。

169. [英] 琼 · 罗宾逊 :《经济哲学》，安佳译，商务印书馆 2019 年版。

170. [加] 金 · 帕克 :《洛克现代性政治学之根》，张杰、赵雪纲译，华夏出版社 2024 年版。

171. [英] 罗杰 · 克里斯普 :《密尔论功利主义》，马庆、刘科译，人民出版社 2023 年版。

172.［澳］斯玛特等:《功利主义：赞成与反对》，劳东燕、刘涛译，北京大学出版社 2018 年版。

173.［印］阿玛蒂亚·森等:《超越功利主义》，梁捷等译，复旦大学出版社 2011 年版。

174.［英］伯纳德·威廉斯:《道德：伦理学导论》，魏犇群译，上海文艺出版社 2024 年版。

175.［英］昆廷·斯金纳:《政治的视野》，王涛、孔新峰等译，商务印书馆 2024 年版。

176.［加］莎迪亚·德鲁里:《列奥·施特劳斯的政治观念》，张新刚、张源译，新星出版社 2010 年版。

177.［德］延斯·贝克特:《想象的未来：虚构预期与资本主义动态发展》，黄勤等译，华中科技大学出版社 2023 年版。

178.［美］安德鲁·阿伯特:《社会科学的未来》，邢麟舟、赵宇飞译，商务印书馆 2023 年版。

179.［加］马里奥·邦格:《在社会科学中发现哲学》，吴鹏飞译，科学出版社 2018 年版。

180.［美］菲利普·戈尔斯基:《规训革命：加尔文主义与近代早期欧洲国家的兴起》，李钧鹏、李腾译，北京师范大学出版社 2021 年版。

181.［英］杰西·诺曼:《亚当·斯密传》，李烨译，中信出版集团 2021 年版。

182.［美］彼得·加伯:《泡沫的鼻祖：早期金融狂热的基本面》，陈小兰译，北京大学出版社 2018 年版。

183.［英］罗伯特·艾伦:《工业革命》，史正永、赵后振译，译林出版社2023年版。

184.［法］让·波德里亚:《美国》，张生译，南京大学出版社2011年版。

185.［英］齐格蒙特·鲍曼:《工作、消费主义和新穷人》，郭楠译，上海社会科学院出版社2021年版。

186.［德］理查德·大卫·普莱希特:《众生无束：劳动社会的未来》，廖然等译，中国科学技术出版社2024年版。

187.［德］安德雷亚斯·莱克维茨:《独异性社会：现代的结构转型》，巩婕译，社会科学文献出版社2024年版。

188.［德］安德雷亚斯·莱克维茨、哈特穆特·罗萨:《晚期现代社会的危机》，郑作彧译，上海人民出版社2024年版。

189.［美］南希·弗雷泽:《食人资本主义》，蓝江译，上海人民出版社2023年版。

190.［英］马克·费舍:《资本主义现实主义》，王立秋译，南京大学出版社2024年版。

191.［英］盖伊·斯坦丁:《朝不保夕的人》，徐偲骕译，浙江人民出版社2023年版。

192.［英］阿伦·布洛克:《西方人文主义传统》，罗爽译，九州出版社2023年版。

193.［英］保罗·格赖斯:《理性的面向》，荣立武译，科学出版社2022年版。

194.［英］约翰·布鲁姆:《推理得来的理性》，荣立武译，科学出版社 2021 年版。

195.［英］约翰·布鲁姆:《伦理的经济学诠释》，王珏译，中国社会科学出版社 2008 年版。

196.［美］扎卡里·戈德堡:《恶的哲学研究》，安冬译，商务印书馆 2024 年版。

197.［英］马克·布劳格:《经济学方法论：经济解释的哲学基础》，苏丽文译，格致出版社、上海人民出版社 2022 年版。

198.［澳］斯蒂芬·海瑟林顿:《知识论的未来》，方环非译，中国人民大学出版社 2022 年版。

199.［加］丹尼尔·德莱契主编:《市场还是公共领域：全球治理及权力不对称》，翟婵、邬璟璟译，中国社会科学出版社 2024 年版。

200.［西］塞雷娜·奥尔萨雷蒂编:《牛津分配正义手册》，李石等译，商务印书馆 2024 年版。

201.［加］安德鲁·彭达基斯、［加］杰夫·戴阿曼蒂、［美］尼古拉斯·布朗、［英］乔希·罗宾逊、［加］伊莫瑞·济曼:《当代西方马克思主义文选》，王珊、郭建、张贯之译，中国社会科学出版社 2022 年版。

论　文

1. 顾海良:《马克思主义中国化史学术和学理的创新性研究》，《北京大学学报（哲学社会科学版）》2021 年第 5 期。

2. 顾海良:《马克思主义的历史发展与21世纪马克思主义的时代课题》,《中国高校社会科学》2022年第3期。

3. 裴长洪:《〈资本论〉的当代价值与习近平经济思想的理论基础》,《马克思主义研究》2024年第7期。

4. 何爱平、徐艳:《以中国式现代化作为中国特色社会主义政治经济学的逻辑主线——基于〈资本论〉主线视角的探析》,《人文杂志》2024年第3期。

5. 苗瑞丹:《〈共产党宣言〉的自我革命思想及其当代价值》,《马克思主义研究》2022年第8期。

6. 赵敦华:《批判哲学的马克思特色》,《北京大学学报(哲学社会科学版)》2018年第2期。

7. 赵敦华:《〈资本论〉和〈逻辑学〉的互文性解读》,《哲学研究》2017年第7期。

8. 赵敦华:《黑格尔哲学体系的理论意义和现实性》,《武汉大学学报(人文科学版)》2016年第2期。

9. 张一兵:《资产阶级社会的历史地位和掘墓人——〈共产党宣言〉研究》,《思想理论战线》2022年第1期。

10. 张一兵:《〈资本论〉:走向历史唯物主义的道路——列斐伏尔"马克思〈资本论〉中的形式、功能与结构"研究》,《学术月刊》2024年第4期。

11. 蓝江:《空间、时间与生命政治:价值形式的三次重组——从〈资本论〉来解读数字资本主义下的价值形式》,《学习与探索》2024年第2期。

12. 张凤阳:《历史辩证法的政治修辞呈现——文体视角下的〈共产党宣言〉创作史研究》,《中国社会科学》2023 年第 6 期。

13. 丁堡骏:《〈资本论〉中的辩证法与黑格尔〈逻辑学〉中的辩证法具有本质区别》,《海派经济学》2024 年第 2 期。

14. 曹志平、杨思维:《论〈资本论〉的科学现象结构》,《哲学分析》2024 年第 3 期。

15. 周千祝:《马克思资本逻辑批判视域下人的技术化生存——基于〈资本论〉及其手稿的分析》,《哲学分析》2024 年第 3 期。

16. 卢鑫、刘新刚:《〈资本论〉"国际价值"范畴及其当代启示》,《当代经济研究》2024 年第 6 期。

17. 吴弈乐、陈嘉明:《资本如何驯服劳动力?——马克思〈资本论〉的福柯式权力主义解读》,《浙江大学学报(人文社会科学版)》2024 年第 5 期。

18. 孙代尧:《中国式现代化的文明哲学与叙事创新》,《哲学研究》2024 年第 8 期。

19. 刘少明:《〈资本论〉中资本辩证法的四重时间化展开》,《江苏社会科学》2024 年第 1 期。

20. 刘少明:《〈资本论〉中技术与时间的关系理论及其现实启示》,《马克思主义与现实》2024 年第 2 期。

21. 涂良川、徐良:《"生息资本"打造"物神形态"的政治叙事——基于〈资本论〉的一种考察》,《学术研究》2024 年第 3 期。

22. 牛子牛:《马克思社会哲学的康德式阐释——社会关系结构的自我再生产及其等效表述》,《天津社会科学》2024 年第 2 期。

23. 史玲:《马克思恩格斯批判对〈资本论〉的五重误读》,《当代经济研究》2024 年第 4 期。

24. 李天慧、张润枝:《马克思政治经济学批判的研究方法再研究——马克思对“从抽象上升到具体”是形而上学方法质疑的回应》,《北京社会科学》2024 年第 2 期。

25. 冯波:《总体性与外在性——〈资本论〉辩证法的晚期谢林式阐释》,《马克思主义与现实》2024 年第 1 期。

26. 董彪、王玥:《〈资本论〉对资本逻辑的双重阐释》,《清华大学学报(哲学社会科学版)》2024 年第 1 期。

27. 魏传光、龚利鑫:《数据资本算法控制的正义批判与建构》,《哲学动态》2024 年第 8 期。

28. 刘作:《如何理解对自我的义务?——基于康德伦理学的分析》,《哲学分析》2024 年第 4 期。

29. 时家贤、张晶晶、裴雨墨:《从知识论到存在论——论海德格尔对黑格尔真理观的批判与“变革”》,《浙江社会科学》2024 年第 8 期。

30. 刘镇玮:《马克思意识形态理论的演进逻辑》,《理论研究》2024 年第 4 期。

31. 段忠桥:《卢梭的三种平等观念及其对现代平等观念的贡献》,《世界哲学》2024 年第 1 期。

32. 杨大春:《告别关于人的康德式提问的黑格尔式回答——

通向“人是什么？”的法国当代哲学解读》,《天津社会科学》2024年第5期。

33. 杨兴凤:《克服先验哲学：三种实用主义方案及其与黑格尔的关系》,《广西大学学报（哲学社会科学版）》2024年第4期。

34. 白刚、那玉:《两种实践观：黑格尔与马克思》,《马克思主义与现实》2024年第4期。

35. 王国坛、郭秋晨:《论自身关系——关于德国古典哲学遗产的思考》,《浙江社会科学》2024年第7期。

36. 朱佳峰:《洛克与康德国家理论的现实意涵：一个非正统的观点》,《世界哲学》2024年第2期。

37. 杨耕:《唯物主义历史观基本观点研究：概述与反思》,《社会科学战线》2024年第9期。

38. 周芳、陈思怡:《异化劳动批判与共产主义幸福之路——基于〈1844年经济学哲学手稿〉的释读》,《湖北大学学报（哲学社会科学版）》2024年第5期。

39. 甘志军:《资本逻辑中的劳动、工人与“真正的人”——〈1844年经济学哲学手稿〉中马克思对资产阶级财富理论的批判与当代意义》,《理论观察》2024年第8期。

40. 李逢玲:《思维如何掌握世界——重申〈政治经济学批判·导言〉的叙述方法问题》,《哲学动态》2024年第9期。

41. 李猛:《青年马克思对黑格尔批判方法的再现实化》,《厦门大学学报（哲学社会科学版）》2024年第4期。

42. 王璐、陈鹏飞:《马克思经济学的总体方法论辨析——兼论西方主流经济学方法论的内在缺陷》,《政治经济学评论》2024年第4期。

43. 韩蕾:《马克思人的本质论对黑格尔精神现象学的借鉴与超越》,《内蒙古社会科学》2024年第4期。

44. 张东辉:《费希特的经济哲学思想探究》,《南京社会科学》2023年第10期。

45. 张东辉、李春晓:《黑格尔论财富的起源、发展和异化》,《南京社会科学》2024年第7期。

46. 颜景高、胡敏:《正义范式的超越:从黑格尔到马克思》,《云南大学学报(社会科学版)》2024年第4期。

47. 杨国荣:《所知与能知:人类知识的多重向度》,《中国社会科学》2024年第3期。

48. 杨国荣:《走进历史的深层——关于重写中国哲学史的思考》,《中国社会科学》2022年第6期。

49. 杨国荣:《重思正义——正义的内涵及其扩展》,《中国社会科学》2021年第5期。

50. 丁耘:《天下与天命——基于气论的历史哲学》,《开放时代》2024年第1期。

51. 赵汀阳:《历史性与存在论事件》,《中国社会科学》2023年第7期。

52. 赵汀阳:《动词存在论与创造者视域》,《中国社会科学》2022年第8期。

53. 赵汀阳:《形成本源问题的存在论事件》,《哲学研究》

2021 年第 12 期。

54. 尹邦睿:《黑格尔劳动论题“抽象化的过程”的理论智慧探寻——基于马克思的视角》,《理论观察》2024 年第 7 期。

55. 庄振华:《辩证法与希望的“世纪之争”——简评布洛赫的黑格尔阐释》,《浙江社会科学》2024 年第 7 期。

56. 陆凯华:《植根社会历史泥沼的辩证法——论阿多诺对黑格尔辩证法的社会学改造》,《福建论坛（人文社会科学版）》2024 年第 6 期。

57. 陆凯华:《从经验想象力到先验想象力——〈纯粹理性批判〉中想象力的先验改造与疑难》,《世界哲学》2016 年第 3 期。

58. 刘同舫:《重释马克思辩证法的“批判”本质》,《四川大学学报（哲学社会科学版）》2024 年第 3 期。

59. 陈良斌、王静:《重申马克思“新世界观”创立的哲学史进路：从类本质到唯一者再到现实的个人》,《世界哲学》2024 年第 3 期。

60. 王卓群:《劳动与美好生活关系的哲学阐释——基于马克思主义对自由主义反至善论的批判》,《世界哲学》2024 年第 2 期。

61. 李育书:《现代个体为何无需回家——基于黑格尔〈法哲学原理〉的考察》,《伦理学研究》2024 年第 3 期。

62. 郁锋:《感觉何以替代：超克神经可塑主体的神话》,《探索与争鸣》2024 年第 2 期。

63. 郁锋:《重审经验内容的非概念论——基于获得性和构成性的两种解释》,《学术月刊》2018 年第 12 期。

64. 孙宁:《直观”的不同意涵及效应——从塞拉斯和麦克道尔对康德的解读来看》,《学术月刊》2022年第2期。

65. 魏犇群:《外在理由真的存在吗——威廉斯和麦克道威尔之争》,《道德与文明》2023年第6期。

66. 惠春寿:《公共理性: 共识还是聚合》,《哲学动态》2024年第7期。

67. 孙炳炎、周昱晴:《技术审视与资本主义批判——德勒兹控制社会理论研究》,《社会科学论坛》2024年第5期。

68. 陈常燊:《中层论的社会本体论》,《科学技术哲学研究》2023年第3期。

69. 周靖:《消除语义表征和直接表征的界限——布兰顿和麦克道尔的思想分疏与和解》,《哲学分析》2018年第1期。

70. 何华:《经验的形而上学——麦克道尔的经验论哲学评析》,《科学技术哲学研究》2014年第2期。

71. 韩林合:《麦克道尔论心灵事项的客观意蕴》,《世界哲学》2014年第2期。

72. 张曙光、张弛:《奥地利经济学:是非功过及其复兴》,《学术界》2019年第4期。

73. 王时中:《从“旁观的逻辑”到“行动的逻辑”——以米塞斯对韦伯的批评看话语体系的转换》,《华东师范大学学报(哲学社会科学版)》2020年第6期。

74. 丁堡骏、夏鑫雨:《可通约性与经济核算: 评米塞斯对社会主义计划经济的批判》,《经济纵横》2023年第12期。

75. 冯科、杨威:《信息技术革命与社会主义经济计算——再论兰格 – 米塞斯争论》,《首都师范大学学报（社会科学版）》2018 年第 3 期。

76. 冯兴元:《奥地利经济学派评述》,《社会科学战线》2017 年第 8 期。

77. 朱海就:《理性与道德：协调的视角》,《学术界》2017 年第 8 期。

78. 李秀辉、韦森:《重温马克思的货币、信用与经济周期理论》,《山东大学学报（哲学社会科学版）》2021 年第 5 期。

79. 韦森、陶丽君、苏映雪:《“哈耶克矛盾”与“诺思悖论”：Social Orders 自发生成演化抑或理性设计建构的理论之惑》,《清华大学学报（哲学社会科学版）》2019 年第 6 期。

80. 周冠宇、韩潮:《论霍布斯的建国契约》,《政治思想史》2024 年第 2 期。

81. 韩潮:《马基雅维里的“现实主义”疑难》,《云南大学学报（社会科学版）》2017 年第 2 期。

82. 吴增定:《实体与事物——重思斯宾诺莎对亚里士多德主义的批评》,《世界哲学》2021 年第 1 期。

83. 宋一帆:《青年马克思的“斯宾诺莎问题”研究》,《哲学研究》2024 年第 7 期。

84. 邹诗鹏:《马克思哲学中的斯宾诺莎因素》,《哲学研究》2017 年第 1 期。

85. 邹诗鹏、赖诗奇:《马克思剥削理论的“活动力”主题及其论域》,《社会科学》2024 年第 6 期。

86. 赵凯荣:《论马克思法哲学的基础》,《马克思主义哲学研究》2024 年第 1 期。

87. 冯庆:《沃格林〈新政治科学〉对现代心灵失序的诊断》,《中山大学学报(社会科学版)》2024 年第 3 期。

88. 甘绍平:《现代社会道德建构的逻辑理路》,《伦理学研究》2022 年第 4 期。

89. 甘绍平:《个体的崛起与道德的主体》,《哲学动态》2021 年第 8 期。

90. 甘绍平:《现代伦理学中利他主义的地位》,《武汉大学学报(哲学社会科学版)》2024 年第 3 期。

91. 赵海丞:《证言、理由与局部还原论》,《哲学动态》2022 年第 12 期。

92. 金凤琴、郑伟平:《知识是行动的正当理由吗?——从认知成就的视角上看》,《伦理学研究》2022 年第 4 期。

93. 王奇琦:《道德知识论的核心问题及其争议》,《厦门大学学报(哲学社会科学版)》2018 年第 2 期。

94. 余玥:《20 世纪后半叶至今的德国古典哲学自我更新运动》,《世界哲学》2016 年第 6 期。

95. 余玥:《“这个”与无限——黑格尔耶拿逻辑学与形而上学中独特的真无限问题》,《云南大学学报(社会科学版)》2019 年第 1 期。

96. 余玥:《自然情感与所有权问题:费希特与黑格尔规范理

论的重要差异》,《江苏社会科学》2019 年第 1 期。

97. 王南湜、肖宛直:《迈向〈资本论〉阐释的第三种逻辑》,《吉林大学社会科学学报》2024 年第 3 期。

98. 吴宏政、任春雨:《人类文明形态演进的哲学基本问题》,《浙江学刊》2024 年第 3 期。

99. 鲁克俭:《马克思财产理论:一个法哲学视角的考察》,《甘肃社会科学》2024 年第 2 期。

100. 陈治国:《"颠倒"的辩证法:重新理解马克思对黑格尔的超越》,《南京社会科学》2024 年第 4 期。

101. 徐强:《人间失"格":人设的拟像存在及其反思》,《南京社会科学》2024 年第 6 期。

102. 宁殿霞:《金融资本主义的幻相逻辑批判》,《哲学研究》2024 年第 7 期。

103. 卓承芳:《存在与危机——维希留与技术摆置理论的最新进展》,《南京社会科学》2023 年第 12 期。

104. 郗戈、陆君瑶:《〈资本论〉的"抽象力"与唯物辩证法的发展》,《中共中央党校(国家行政学院)学报》2024 年第 2 期。

105. 高爽:《论马克思对黑格尔"自我确证"的批判性超越》,《东北大学学报(社会科学版)》2024 年第 2 期。

106. 黄志军:《论马克思对黑格尔思辨哲学的批判及其改造》,《四川大学学报(哲学社会科学版)》2024 年第 2 期。

107. 朱华辉:《"非自然与倒退次序":亚当·斯密论现代经济转型的制度基础》,《社会》2024 年第 4 期。

108. 尹邦睿:《黑格尔劳动论题“抽象化的过程”的理论智慧探寻——基于马克思的视角》,《理论观察》2024 年第 7 期。

109. 元晋秋:《论马克思对斯密生产劳动理论的批判与超越》,《广西大学学报（哲学社会科学版）》2024 年第 3 期。

110. 李淑梅:《马克思劳动和享受关系思想及其重要价值》,《北京大学学报（哲学社会科学版）》2024 年第 3 期。

111. 倪逸偲:《历史哲学的生成——重解卢卡奇的费希特批评》,《浙江社会科学》2024 年第 7 期。

112. 倪逸偲:《探求意识实在性的终极根据：费希特与谢林早期先验哲学的平行演进（1794—1797）》,《哲学研究》2021 年第 1 期。

113. 王绍梁:《理性主义与抽象劳动的形而上学本质——兼论马克思与黑格尔、费希特的内在联系》,《宁夏社会科学》2024 年第 1 期。

114. 张靖:《论康德与费希特的“自我”问题之争》,《社会科学论坛》2023 年第 2 期。

115. 周小龙:《费希特知识学关于存在问题的主体哲学方案》,《现代哲学》2023 年第 1 期。

116. 张程程:《自我、非我与他人——费希特主体间性思想基础重审》,《伦理学术》2021 年第 2 期。

117. 崔文奎、张晓峰:《费希特“外化”思想对马克思异化理论的影响》,《山西大学学报（哲学社会科学版）》2021 年第 4 期。

118. 张柯:《远方无声闪电：论海德格尔 1929 年“费希特阐

释”的结构与旨趣》,《哲学动态》2020 年第 11 期。

119. 谢地坤:《费希特知识学的演变及其内在逻辑》,《现代哲学》2020 年第 4 期。

120. 汶江涛、钱立卿:《反思与自我设定——论费希特早期知识学的基本动机与进路》,《社会科学研究》2020 年第 3 期。

121. 先刚:《试析早期谢林与费希特的“绝对自我”观的差异》,《云南大学学报(社会科学版)》2019 年第 4 期。

122. 朱渝阳:《批判与建构——论黑格尔的〈伦理体系〉及其对费希特自然法的批判》,《伦理学术》2017 年第 2 期。

123. 孙冠臣:《海德格尔与费希特：哲学史上的一个另类迂回》,《南京社会科学》2017 年第 11 期。

124. 罗久:《论黑格尔对费希特主观观念论的批判——以耶拿时期的“知识学”为中心》,《人文杂志》2017 年第 10 期。

125. 唐树生、张荣:《此在乃自我的根据——海德格尔对费希特自我与设定的存在论解读》,《江苏社会科学》2017 年第 3 期。

126. 王建军、闫涛:《理智直观：从康德到谢林的演变》,《天津社会科学》2014 年第 5 期。

127. 王丁:《论晚期谢林“启示”概念的三重内涵》,《同济大学学报(社会科学版)》2015 年第 5 期。

128. 苏光恩:《同情的进步——亚当·斯密道德哲学中的文明问题》,《道德与文明》2024 年第 2 期。

129. 卢俊豪:《马克思双重批判视角下的道德客观性问题》,《哲学研究》2024 年第 7 期。

130. 寇东亮:《论马克思基于“劳动—资本”辩证法的人类文明观》,《广西社会科学》2023 年第 9 期。

131. 孙伟宇:《哲学话语中的劳动概念深化:〈伦敦笔记〉的文本学研究》,《河北学刊》2024 年第 1 期。

132. 李家莲:《论亚当·斯密政治经济学中的投射及其道德影响》,《山东师范大学学报(社会科学版)》2023 年第 6 期。

133. 晏智杰:《亚当·斯密的理论遗产及其现实意义》,《河北经贸大学学报》2023 年第 5 期。

134. 刘秀:《“劳动所得”与“劳动应得”的辩证分析——兼析马克思劳动价值论的理论品质》,《理论月刊》2023 年第 7 期。

135. 李秀辉:《马克思与斯密:货币分析的两种传统及其亚里士多德根源》,《经济纵横》2023 年第 7 期。

136. 杨耕:《唯物主义历史观基本观点研究:概述与反思》,《社会科学战线》2024 年第 9 期。

137. 贺存定:《动力与机制:“劳动创造了人本身”语义的考古学辨正》,《西北大学学报(哲学社会科学版)》2024 年第 5 期。

138. 王天恩:《马恩劳动理论的信息科技展开》,《哲学分析》2024 年第 3 期。

139. 姜如雪、陈培永:《马克思恩格斯“劳动创造人”命题的阿伦特式解读及回应》,《湖北社会科学》2024 年第 6 期。

140. 邹文广、王璇:《论马克思恩格斯对“历史”的两种用法——兼论“历史”与“自然”》,《中国高校社会科学》2024 年第 4 期。

141. 姜昊良:《精神历程、概念发展和文明进步的“三者一致”——探析黑格尔〈精神现象学〉的辩证法》,《社会科学战线》2024 年 7 期。

142. 杨顺利:《“反对拜偶像”：阿多诺论乌托邦》,《哲学动态》2024 年第 8 期。

143. 孙正聿:《辩证法的理论思维、实践智慧和学说体系》,《东北师范大学学报（哲学社会科学版）》2024 年第 4 期。

144. 丁立群:《劳动之成为实践：历史嬗变及其意义》,《中国社会科学》2023 年第 9 期。

145. 付文军:《〈资本论〉的空间批判叙事及其社会历史意义》,《马克思主义研究》2024 年第 8 期。

146. 苗贵山:《马克思恩格斯“历史合力论”的历史生成、思想内涵与实践指向》,《马克思主义研究》2024 年第 5 期。

147. 姜海波:《马克思“卢梭摘要”发微》,《马克思主义与现实》2022 年第 6 期。

148. 司晓静、陈辉:《亨利对马克思经济哲学的现象学解释述评》,《教学与研究》2023 年第 6 期。

149. 李猛:《在自然与历史之间：“自然状态”与现代政治理解的历史化》,《学术月刊》2013 年第 1 期。

150. 姚大志:《西方马克思主义对罗尔斯正义理论的批评》,《马克思主义与现实》2022 年第 4 期。

151. 韩骁:《文明视野下的全人类共同价值及其哲学意蕴》,《哲学研究》2021 年第 8 期。

152. 孙来斌:《在展望与回眸的双重视野中读懂 21 世纪马克思主义》,《马克思主义与现实》2022 年第 6 期。

153. 张爱茹:《以中国式现代化全面推进中华民族伟大复兴》,《马克思主义与现实》2022 年第 6 期。

154.［德］霍耐特:《劳动：一个现代概念的简史》，王卓群译,《国外理论动态》2022 年第 6 期。

155.［奥］蒂姆·塞德尔:《商品化与根本性变革：从理论上阐明数字资本主义》，马英杰、刘歆译,《马克思主义与现实》2024 年第 4 期。

156.［荷］泰吉斯·利斯特:《“一切物化皆为遗忘”：本雅明、阿多诺与物化辩证法》，魏清高、李永新译,《马克思主义美学研究》2023 年第 2 期。

157.［美］艾伦·伍德:《马克思与康德论资本主义剥削》，李琛译,《世界哲学》2023 年第 4 期。

158.［英］塞耶斯:《论黑格尔辩证法的合理内核》，姜昊良、曲红梅译,《世界哲学》2023 年第 4 期。

159.［德］费维克:《从概念到理念：黑格尔概念论的逻辑展开》，郭冠宇译,《世界哲学》2022 年第 1 期。

160.［美］埃伦:《超越康德与黑格尔的对立——一种为批判的规范性奠基的替代策略》，孙秀丽译,《世界哲学》2022 年第 3 期。

161.［德］菲利普·施瓦布:《从原则到无定者——从与黑格尔的争辩看谢林“世界时代”与“埃尔朗根讲座”中的体系概

念》，王丁译，《哲学评论》2018 年第 1 期。

162.［德］萨尔：《力量、情动与社会：批判理论与（新）斯宾诺莎主义的挑战》，《世界哲学》2022 年第 3 期。

163.［美］塔德·斯科特尼基、凯利·尼尔森：《迈向异化理论：金融资本主义的无未来感趋势》，杨嵘均、郑佳鸿译，《国外社会科学前沿》2024 年第 7 期。

164.［美］卡拉塔利斯：《世界霸权秩序、分配（非）正义与全球社会变革》，王文彬译，《马克思主义与现实》2024 年第 3 期。

165.［美］沃伦·布雷克曼：《马克思与浪漫主义》，闫书帝译，《马克思主义与现实》2024 年第 2 期。

166.［美］汤姆·洛克摩尔：《柏拉图和康德的先验建构主义》，姚宇臣译，《外国哲学》第 34 辑。

167.［英］盖伊·斯坦丁：《食利资本主义者、不稳定无产者与基本收入》，张超译，《现代哲学》2024 年第 1 期。

168.［加］布赖恩·帕尔默：《我们生命中的时间：对工作和资本主义时间性的反思》，邓建华、朱春燕译，《国外理论动态》2023 年第 4 期。

169.［法］朱利安—弗朗索瓦·格伯：《资本主义的精神分析批判及其要素》，郭成译，《国外理论动态》2023 年第 5 期。

170.［德］米夏埃尔·宽特：《卡尔·马克思的历史哲学》，王兴赛、李靖新弘译，《现代哲学》2023 年第 2 期。

171.［德］安德烈亚斯·阿恩特：《从康德来看黑格尔的辩证法概念》，魏非夺译，《现代外国哲学》2023 年第 2 期。

172.［墨］劳尔·德尔加多·维斯、马特奥·科罗萨·尼尔：《资本、科学、技术：当代资本主义生产力的发展》，曹天飞、付筱娜译,《国外社会科学前沿》2022 年第 12 期。

173.［英］布鲁斯·罗宾逊:《不同的马克思：Web 2.0 时代资本主义的价值和矛盾》，吴悠译,《国外社会科学前沿》2022 年第 8 期。

174.［英］黑尔:《康德本可以是一个功利主义者吗？》，尚兴红译,《世界哲学》2023 年第 6 期。

175.［英］伯纳德·威廉斯:《为什么哲学需要历史》，吴芸菲译,《世界哲学》2023 年第 3 期。

176.［加］大卫·詹森:《资本主义的消亡：终极危机与价值实质》，徐天意译,《国外理论动态》2024 年第 4 期。

177.［英］托尼·伯恩斯:《马克思与社会形态概念》，夏巍、林艺译,《国外理论动态》2024 年第 3 期。

178.［德］汉斯—格奥尔格·伽达默尔:《从话语到概念：作为哲学的诠释学的使命》，陈莹译,《世界哲学》2022 年第 5 期。

179.［美］塔尔斯基:《论逻辑后承概念》，刘新文译,《世界哲学》2020 年第 1 期。

180.［英］弗兰克·普伦普顿·拉姆齐:《普遍对象》，刘新文译,《世界哲学》2021 年第 6 期。

181.［爱尔兰］里夫:《亚里士多德：幸福是一项政治成就》，孔祥润译,《世界哲学》2020 年第 6 期。

182.［英］阿德里安·摩尔:《人类的有限性》，隋婷婷、王小塞译,《外国哲学》2022 年第 2 期。

183.［德］汉斯·莱纳·塞普:《居间、对话与均衡》，王明宇译,《外国哲学》2020 年第 1 期。

184.［英］约翰·兰肖·奥斯汀:《对事实不公》，杨玉成、刘艳译,《现代外国哲学》2022 年第 2 期。

185.［德］于尔根·哈贝马斯:《信仰与知识》，方环非译,《现代外国哲学》2021 年第 2 期。

186.［丹］丹·扎哈维:《交互主体性、社会性与共同体》，罗志达译,《现代外国哲学》2022 年第 1 期。